UN HURACÁN LLAMADO PROGRESO:
UTOPÍA Y AUTOBIOGRAFÍA
EN SARMIENTO Y ALBERDI

Esta publicación integra la colección *INTERAMER* de la Secretaría General de la Organización de los Estados Americanos. Las ideas, afirmaciones y opiniones expresadas no son necesariamente las de la OEA ni de sus Estados Miembros. La responsabilidad de las mismas compete a sus autores. La correspondencia debe dirigirse al Centro Editorial, *La Educación*, Departamento de Asuntos Educativos, 1889 "F" Street, N.W., 2º Piso, Washington, D.C., 20006, U.S.A.

UN HURACÁN LLAMADO PROGRESO:

UTOPÍA Y AUTOBIOGRAFÍA EN SARMIENTO Y ALBERDI

ADRIANA RODRÍGUEZ PÉRSICO

INTERAMER 22
SERIE EDUCATIVA

Portada: Edificio del antiguo Cabildo de Buenos Aires a principios de 1880. Detalle de un dibujo de la época por *D. Lancelot*.

Primera edición 1993/*First edition 1993*
Primera reimpresión 1996/*First reprint 1996*

INTERAMER No. 22 - Serie Educativa/*Educational Series*

Library of Congress Cataloging-in-Publications Data

Rodríguez Pérsico, Adriana.
Un huracán llamdao progreso : utopía y autobiografía en Sarmiento y Alberdi / Adriana Rodríguez Pérsico.
p. cm. (Colección INTERAMER ; no 22.)
Includes bibliographical references and index.
ISBN 0-8270-3158-0
1. Spanish American prose literature—19th century—History and criticism. 2. Utopias in literature. 3. Politics in literature. 4. Autobiography. 5. Sarmiento, Domingo Faustino, 1811-1888-Criticism and interpretation. 6. Alberdi, Juan Bautista, 1810-1884—Criticism and interpretation.
I. Title.
PQ7082,P76R63 1992
860.9'868—dc20 92-43306
CIP

Esta publicación se realiza en el marco de las actividades
que ejecutan los Estados Miembros de la OEA
con el apoyo de los Programas Regionales
de Desarrollo Educativo (PREDE/OEA)
y de Desarrollo Cultural (PRDC/OEA)

ÍNDICE

CAPÍTULO IV
OTRAS RUPTURAS E INVERSIONES

EPÍLOGO

PRESENTACIÓN

En su ya clásico *Nations and Nationalism* (Oxford: Basil Blackwell, 1988), Ernest Gellner sostiene que si se considera al nacionalismo como una ideología de unificación, éste antecede siempre a la constitución de las naciones; de otro modo, el nacionalismo se apropia de las culturas y sobre ellas funda las naciones. La pregunta por las relaciones entre nación, nacionalismo y cultura supone una anterior que abre un interrogante sobre la cuestión temporal: ¿cuál es el elemento que funda a los demás?

El siglo XIX encuentra a Europa en el fervor de los nacionalismos; en esta época de apogeo se acuña la idea del estado-nación cuyo máximo teórico ha sido, sin lugar a dudas, Hegel. Empujadas por las coyunturas políticas y la atmósfera ideológica que insufla en ellas los principios de la Revolución Francesa, las colonias americanas emprenden con vértigo alucinante la guerra de las armas y la lucha por las ideas contra las metrópolis. En el caso particular de la Argentina, hubo una élite intelectual --la llamada "Generación del 37"-- que imaginó el perfil de la nación futura al mismo tiempo que discurría sobre cuestiones estéticas y discutía políticas de la lengua. El tema siempre renovado era la liberación. La construcción de los estados nacionales coincide con el nacimiento de las literaturas nacionales y con un debate encendido sobre la cuestión de las lenguas vernáculas. El sentido de pertenencia a una comunidad se reafirma en ciertos elementos objetivos --la lengua, el suelo, la historia-- que concretan, hacen tangible ese sentido: los límites definen territorios, sean geográficos o simbólicos.

En el presente estudio Adriana Rodríguez Pérsico otorga a la literatura una función crucial en la fundación del estado-nación mostrando los modos en los que el discurso despliega una *utopía de la unificación*. Su hipótesis central es la siguiente: mediante el uso de ciertos géneros discursivos la literatura construye dos tipos de modelos --uno atañe a la vida colectiva, el otro describe la identidad personal-- al tiempo que busca la legitimación apoyándose en la idea de *patria*. Si bien la obra literaria tanto de Domingo Faustino Sarmiento como la de Juan Bautista Alberdi han sido consideradas siempre como acción política, en *Un huracán llamado progreso* la definición de *literatura política* tiene que ver con la *representación de los elementos del estado* (el poder, los tipos de sociedad, los aparatos y las instituciones, el lugar de los individuos en su inserción con la comunidad).

Una pregunta básica recorre y guía el trabajo: por qué dos intelectuales importantes de la Argentina del siglo pasado --Sarmiento y Alberdi-- escribieron *utopías y autobiografías*, gesto que significa --desde la perspectiva de Rodríguez Pérsico-- el intento por restablecer la continuidad de los tiempos históricos así como la posibilidad de representar las esferas privada y pública simultáneamente.

Quizás porque la categoría de género literario implica, de algún modo, una prisión, la crítica prefiere adoptar la noción de *enunciado* y el concepto de *género discursivo*. Una forma de sortear los estrechos límites de la obra. La representación de lo público y lo privado ancla en dos tipos de enunciados diseminados en lo respectivos corpus. Esos dos tipos construyen los espacios colectivos y personales, diseñan las imágenes del país futuro o imponen rectificaciones al orden contemporáneo. También delinean las figuras de los líderes, el político o el legislador, encargados de conducir los destinos comunes.

Una cantidad de problemas teóricos, que la autora resuelve apelando a varias disciplinas, sostienen las argumentaciones: por ejemplo, con qué concepto de utopía se opera, porqué la literatura de Sarmiento y Alberdi es una literatura política, qué teorías se adoptan para la cuestión de los modelos de estado, cómo construir el sistema con el cual leer los sistemas textuales, qué categorías sirven para conectar la literatura con lo que no es ella, cómo se analiza la construcción del espacio y el tiempo en la lengua desde el momento en que el concepto de estado-nación dibuja mapas, traza límites y establece fronteras.

En el siglo pasado, las prácticas discursivas inventan lo que falta en el dominio de lo fáctico. En otras palabras, la literatura completa y reformula el plano histórico, realiza los pactos ausentes en la sociedad. El objeto crítico se configura en torno a dos escenas: una trata de la *fundación* de algo, otra representa la *ruptura* de las alianzas.

Con argumentaciones que unen la literatura con la política Rodríguez Pérsico insiste en que cuando el enemigo ocupa un lugar central en la vida pública, la literatura genera escenas de fundación o ruptura. Allí se proponen las soluciones literarias y políticas para la consolidación del poder estatal: se aniquila al enemigo, se ponen al descubierto los complots y se hacen alianzas con los amigos.

Ese esquema --la alternancia entre fundaciones y rupturas-- que organiza la vida colectiva y modela las instituciones estatales, arma también modelos de identidad personal, la del líder que necesita el estado imaginado o delinea, por el contrario, los contornos de las subjetividades que deben ser excluidas. Es decir, en las textualidades utópicas y autobiográficas o biográficas, estas escenas dibujan en su conjunto un sistema de inclusiones y exclusiones.

El trabajo crítico con modelos plantea el riesgo incesante de caer en esquematismos, de que las similitudes sepulten las diferencias. Las lecturas canónicas han insistido en presentar las ideas de Sarmiento a Alberdi como opuestos. Lo novedoso de *Un huracán llamado progreso* es que considera sus proyectos como *complementarios*. No interesan los enfrentamientos sino ver cómo se reparten los valores fundamentales que se representan en sus discursos. De otro modo, qué significa desde una perspectiva literaria inscribir la ley o la educación en el proyecto estatal.

Algunos teóricos, como Benedict Anderson (*Imagined Communities. Reflections on the Origin and Spread of Nationalism*, London: Verso, 1990), rechazan las posiciones esencialistas que arraigan la nación en elementos objetivos --suelo, lengua, historia, costumbre, etnias-- y se inclinan a una definición constructivista: las naciones son artefactos fabricados por los nacionalismos. "Comunidades imaginarias". La pregunta por la nación expresada en *qué es una nación* ha sido desplazada por otra: *cómo se construye la nación*. Esta pregunta tiene siempre respuestas políticas. En el siglo pasado, la literatura argentina, junto con otras prácticas verbales como el periodismo, configura un espacio donde se politiza la *idea nacional*. El producto del estudio de Adriana Rodríguez Pérsico es una investigación rigurosa sobre la redefinición de la literatura política desde una práctica crítica que se pretende a la vez literaria y política.

Carlos E. Paldao

UN HURACÁN LLAMADO PROGRESO:
UTOPÍA Y AUTOBIOGRAFÍA EN SARMIENTO Y ALBERDI

Hay un cuadro de Klee que se llama Angelus Novus. En él se representa a un ángel que parece como si estuviese a punto de alejarse de algo que le tiene pasmado. Sus ojos están desmesuradamente abiertos, la boca abierta y extendidas las alas. Y éste deberá ser el aspecto del ángel de la historia. Ha vuelto el rostro hacia el pasado. Donde a nosotros se nos manifiesta una cadena de datos, él ve una catástrofe única que amontona incansablemente ruina sobre ruina, arrojándolas a sus pies. Bien quisiera él detenerse, despertar a los muertos y recomponer lo despedazado. Pero desde el paraíso sopla un huracán que se ha enredado en sus alas y que es tan fuerte que el ángel ya no puede cerrarlas. Este huracán le empuja irreteniblemente hacia el futuro, al cual da la espalda, mientras que los montones de ruinas crecen ante él hasta el cielo. Ese huracán es lo que nosotros llamamos progreso.

— Walter Benjamin

INTRODUCCIÓN

"Me parece que lo que vemos aparecer en el texto de Kant es la cuestión del presente como evento filosófico al cual pertenece el filósofo que habla. Si se considera la filosofía como una práctica discursiva que tiene su propia historia, me parece que con el texto sobre la *Aufklarung* vemos a la filosofía (...) problematizando su propia contemporaneidad discursiva (...)".

Este prólogo podría caber íntegro en el fragmento de Foucault. Lejos de la imagen segura de un sujeto todo pensamiento que reflexiona aislado del mundo, el sujeto que escribe involucra en la práctica discursiva su actualidad —su intimidad— más inmediata. Ese sujeto interesado y pasional apuesta a un trabajo minucioso capaz de atar los hilos que configuren entramados significantes mientras ejerce modos de acción posibles en la articulación que la literatura mantiene con la política.

Aunque las declaraciones de principios resulten a menudo sospechosas, creo que el presente impone temas y, más aún, se impone como tema. En este sentido mi reflexión conecta con un momento particular de la vida argentina. El reencuentro con la democracia reveló que la utopía de la libertad estaba al alcance de la mano. Cuando el sueño encarnó en la historia, la recuperación de la dignidad abrió una época de esperanzas angostadas luego por actos políticos —como las leyes de punto final, de obediencia debida y, posteriormente, los indultos— que legalizaron la impunidad y ratificaron la injusticia.

Casi de modo borgeano reconocimos en lo efímero nuestro destino sudamericano. En mi caso, volver al pasado y rastrear allí los proyectos de los antecesores significó acompañar una trayectoria intelectual que se inició con imágenes luminosas de la nación futura, para desembocar en el crispado escepticismo del discurso xenófobo cuando los sueños se concretaron en una realidad muy distante de la imaginada.

Utopía, identidad, nación, nacionalismos, modernización, son cuestiones del tiempo que nos ha tocado vivir. En América Latina, la historia de estos conceptos se remonta al siglo XIX, cuando las colonias, después de liberadas, necesitan darse una identidad, arraigar un sentimiento de pertenencia que las diferencie del poder central. La prioridad fue entonces, fundar la nación.

La élite intelectual del 37 apretó al país en la metáfora del desierto e intentó llenar ese espacio vacío con lenguaje. El imaginario geográfico —a la vez cultural, político e histórico— adquirió la forma de un cuerpo original (pura tierra) sobre el que debían escribirse los signos de la cultura. Si los guerreros de la independencia habían forjado la patria con las armas, los jóvenes aspiraron a instaurar la república de las leyes y de las letras. En otras palabras, darle cultura a la naturaleza.

Como fundadores, Sarmiento y Alberdi nos legaron una herencia que consiste en dos lenguas: una literaria, la otra jurídica. Paradójicamente, esas lenguas acuñadas en el exilio han consolidado paradigmas interpretativos con los que las generaciones posteriores leyeron: la literatura, el derecho y hasta la vida cotidiana.

El exilio marca los modos de pensar el país y los modos de pensar la subjetividad, tanto en su interioridad como en la inserción en el grupo. El exiliado ocupa un lugar descentrado, marginal respecto del centro —una especie de zona sin límites claros— que como el *utopos* de la isla de Tomás Moro despliega sentidos contradictorios y complementarios. Ese espacio ubicado fuera de las fronteras de la patria es el elegido para moldear otros espacios que perfilan identidades personales y nacionales por medio de una operación de recorte que delinea los territorios de lo público y lo privado.

Argentinos en el exilio: un estereotipo que incluye algunos ingredientes en dosis precisas. Dos imágenes concurren para su construcción: al exiliado político se adhiere la figura del intelectual exiliado. Si desandamos el tiempo, la encontramos encarnada en cuerpos y nombres ilustres porque los proscritos de la generación romántica son también los padres de la patria, santificados por la historia oficial y la institución escolar.

Se dice que la condición del exilio destruye la conciencia temporal; que lejos de la escena de los acontecimientos, el presente permanece congelado, custodiado por un pasado que la memoria frecuenta porque conserva intactos los objetos y los rostros perdidos y un futuro que se entrevé dichoso, liberado de toda opresión. Sin embargo, las producciones de estos argentinos muestran que sólo más allá de las fronteras geográficas propias, la imaginación puede configurar los espacios internos. En otras palabras, la exterioridad es condición para construir una interioridad, sea ésta física, política, social, individual o colectiva. En ese espacio exterior y periférico, la práctica literaria se hace cargo de llenar los vacíos, constituyendo identidades y lugares donde asentarlas. Así, la escritura se convierte en máquina de producción de sentidos que densifican los espacios: son los sentidos de la nacionalidad y de la nación.

Los intelectuales cultivan líneas utópicas. Poderoso antídoto contra el desamparo del exilio, este tipo de pensamiento se define como forma privilegiada de conciencia colectiva al tiempo que ofrece una manera particular de supervivencia en el momento en que el sujeto está privado de casi todo: suelo, historia y, muchas veces, despojado hasta de su lengua. Realidad política, esperanzas colectivas y memorias individuales son los materiales que se entrelazan para originar las matrices de las prácticas discursivas.

La vinculación estrecha entre las esferas privada y pública, entre la política y la estética, determina el cultivo de géneros como las utopías y los relatos de vida, géneros que por marcas internas, por contextos determinados o por convenciones sociales y artísticas, imponen protocolos especiales de lectura en la medida en que no se leen como ficción pura, sino en un vaivén entre el texto y lo extratextual. Así, el uso de estos *géneros limítrofes* posibilita la construcción discursiva de sistemas alternativos que atenten contra el sistema central.

En Sarmiento y Alberdi, la razón legítima al mismo tiempo los proyectos de estado y los modelos de hombres. Las identidades personales se constituyen en un entramado de posiciones que enfrentan espacios propios y ajenos. Cada elemento para plasmar, necesita de la presencia del contrario; si el enemigo político representado en la literatura como un *otro* impone los rasgos y los límites de la identidad del patriota, de modo paralelo el sujeto de la enunciación traza perfiles estereotípicos para capturar esa identidad otra. Los espacios consagrados del yo y de los miembros de la élite pensante comparten las fronteras con los recintos malditos del otro. En las autobiografías, los letrados insisten en un modelo único, en la vida ejemplar del patriota, que destaca en drásticos contrastes la figura del traidor.

Pero las relaciones conflictivas que circulan en los textos moldeando subjetividades no permanecen en lo discursivo; se dan también en las existencias individuales: la tensión entre el lugar imaginario y el lugar real de cada escritor determina posiciones de locución y modos discursivos. Alberdi se coloca como ideólogo más allá y más arriba de las coyunturas, tanto en los momentos de persecución como en el instante en que opta por la exclusión. El espacio en que se inscriben los sentidos de la identidad subjetiva corresponde, entonces, al ámbito abstracto de la filosofía. Y porque se consideraba un filósofo, buceó en las preguntas de su época acerca del origen y fundamento de las leyes, e indagó las relaciones entre razón, bien y verdad. Estos conceptos están en la base de la escritura; el espacio colectivo diseñado por los textos diagraman el espacio universal de la ley.

La posición de Sarmiento es más cambiante. Porque el imaginario individual recala en la figura del líder político, el sujeto se coloca en el centro de la contienda y da batalla. La suerte le deparó todos los lugares posibles, desde la falta de reconocimiento hasta el ejercicio de los máximos cargos públicos. Sarmiento distinguía la literatura de la pedagogía; amaba apasionadamente el oficio de escribir al igual que las luchas políticas; y como la literatura y la vida constituían un único frente, el discurso revela a cada paso las coyunturas históricas y las circunstancias biográficas.

Orientada por una función pragmática, la prosa encarna las ideas en cuerpos y representa los conceptos en microrrelatos. Los sentidos de los espacios textuales se definen en torno al uso puntual que se hace de ellos; Sarmiento prefiere los espacios limítrofes entre los que el cuerpo adquiere relieve particular al constituirse en espacio pleno donde convergen la pasión, el coraje y la ley gaucha.

Para resumir, los espacios colectivos imaginados por los discursos utópicos se acoplan como dos caras de una moneda. Si Alberdi escribe la ley para la nación, Sarmiento condensa el futuro comunitario en el principio de la educación. Los letrados comparten el imaginario del patriota que sostiene los espacios individuales creados en los relatos de vida. Cabe agregar que, en el género de la biografía, Sarmiento diseña la subjetividad rechazada, es decir, la identidad gaucha que debe excluirse del proyecto nacional.

Podría concluirse que la primera condición para producir un contrasistema discursivo que enfrente al sistema político existente está unida a las circunstancias biográficas. Y que la segunda condición consiste en un tipo de práctica específica que, mediante ciertas representaciones, se revela capaz de fundar las bases para el consenso, al tiempo que desenvuelve un conjunto de estrategias textuales que trabajan por la subordinación de un grupo con poder político real. De este modo, el imaginario utópico y el imaginario subjetivo logran internalizar modelos de país y modelos de hombres cuando realizan el encuentro entre lo íntimo y lo público y traman armonías entre el sujeto y la comunidad.

En la década del 60, en una conversación con Adorno, Bloch redefine el concepto de utopía; sostiene que los contenidos son históricos y, por consiguiente, niega la existencia de una idea clave que sintetice el espíritu utópico. Propone en su lugar un entramado de categorías insertas en un contexto preciso. Es también Bloch quien otorga al arte una función utópica al describirlo como un espacio donde la sociedad elabora sus problemáticas, localiza sus sueños y concreta planes futuros. El arte toma a cargo esta función en tanto plasma imágenes que arrojan luz sobre las posibilidades de reorganizar las relaciones sociales y políticas.

Entonces, si la utopía nace de la historia, puede pensarse que la literatura corrige la historia, o simplemente la reescribe. Quizás las discusiones recurrentes en torno al apogeo o la decadencia de las utopías puedan conectarse con esta función primera que coincide con la que señala Foucault para la filosofía: la crítica del presente. Y aquí concurre también la literatura.

CAPÍTULO I

UNA PRÁCTICA LEGITIMANTE

Se puede suponer que el intelectual 'universal' tal como ha funcionado en el siglo XIX y a principios del siglo XX se deriva del hecho de una figura histórica bastante particular: el Hombre de justicia, el hombre de ley, quien opone al poder, al despotismo, a los abusos, a la arrogancia de la riqueza, la universalidad de la justicia y la equidad de una ley ideal. Las grandes luchas políticas en el siglo XVIII se hicieron alrededor de la ley, del derecho, de la constitución, de lo que es justo por razón y naturaleza, de lo que puede y debe valer universalmente.

—M. Foucault

Todo lo concebible es posible; lo no concebible es nada, es totalmente extraño al impulso de la intelección.

—M. Fernández

I. La escritura como práctica de legitimación y consenso

En el siglo XIX, estado, nación, gobierno son núcleos de un debate que, lejos de circunscribirse a la esfera de las ideas, se materializa en enfrentamientos armados que se extienden durante gran parte del período. La construcción de la nación es una problemática general en los países hispanoamericanos recientemente liberados de su condición de colonias; los modelos de la Revolución Francesa y de la independencia de los Estados Unidos de Norteamérica se convierten en paradigmas para las jóvenes repúblicas.

La cuestión penetra distintos sectores del campo social y determina sus características. Dicho de otro modo, la preocupación por lo público desplaza lo privado hacia un plano secundario. Se busca no solamente la edificación de sistemas que funcionen respecto de la sociedad como principios rectores, generadores de orden y progreso, sino también su legitimación.

La ansiedad por definir los fundamentos de una sociedad, así como las condiciones para su desarrollo, aglutina proyectos que, más allá de sus diferencias, giran alrededor de un denominador común expresado en los conceptos de libertad, progreso, consagración del ideal, posibilidades de evolución de las masas, obligaciones y derechos, sistemas de gobierno. Los filósofos y políticos de los siglos anterior y contemporáneo son las fuentes recurrentes; nuestra realidad nacional —condensada en la metáfora del desierto, el país sin habitantes, pero también sin historia— el obstáculo a vencer para que lo imaginado adquiera cuerpo.

En este contexto, el peso de lo político resulta decisivo para la constitución de otras esferas. La literatura trabaja con la fusión de ficción y acontecer histórico; los discursos aparecen contaminados por el objetivo primordial de eficacia y utilidad. Hasta la constitución del estado en 1880 configura un espacio de imbricación de discursos donde la política impone la función; y la literatura aporta formas específicas para una recepción más amplia de los proyectos.[1]

Los universales de la ley y la educación recorren la producción de discursos mixtos que encarna en el género gauchesco, pasa por relatos novelescos, recala en ensayos sociológicos, se articula en panfletos políticos o en artículos periodísticos. Desde estos distintos lugares se explicitan proyectos que focalizan aspectos esenciales para la futura nación: formas de gobierno; conformación del aparato legal; incentivos para el desarrollo y el progreso, participación de las masas; educación en la ley.

Ambos conceptos vinculan o enfrentan las producciones de Sarmiento y Alberdi. El espacio otorgado a cada uno determina los modelos de país y las imágenes del letrado. Poseedor de una verdad oculta para el resto de los mortales, el letrado adopta las vestiduras de un profeta laico; la trascendencia, en vez de apelar a religiones consagradas, se vincula con un nuevo tipo de mística cimentada en el modelo de las ciencias madres, la filosofía, para Alberdi, la historia, para Sarmiento.[2] Y porque es un sacerdote y además de este mundo, sus revelaciones contenidas en programas tienden a establecer las bases de un futuro que entrevé luminoso. Y porque el pensamiento utópico fluctúa entre la racionalidad y el mesianismo, estos intelectuales-profetas tratan de anudar la esperanza del progreso al retorno a los orígenes colectivos —Mayo— que son a la vez los orígenes individuales.[3]

Halperín Donghi señala que el proceso argentino adquiere características excepcionales respecto de otros similares hispanoamericanos en la medida en que en esta parte del Continente el progreso "es la encarnación en el cuerpo de la nación de lo que comenzó por ser un proyecto formulado en los escritos de algunos argentinos cuya única arma política era su superior clarividencia".[4] Programa e individuo se santifican mutuamente. Bien colectivo y nombre propio se unen en un mismo gesto y proyecto. La búsqueda del bien colectivo desemboca en la afirmación del nombre propio que se vuelve social al ser investido por el consenso.

La generación del 37 surge en el horizonte delineado por las luchas entre unitarios y federales como grupo revulsivo y superador de viejas antinomias. La hegemonía anhelada se sustenta en la posesión de las ideas revolucionarias recogidas, en particular, del iluminismo dieciochesco y de las doctrinas liberales o humanitarias de la época. Reafirman un sitio privilegiado para la *razón* concebida como motor primario en el logro de los objetivos. La insistencia en la elaboración de un modelo previo y su posterior aplicación a la sociedad existente, inaugura un modo de relación entre la especulación y la praxis que penetrará hondamente en las generaciones siguientes hasta sellar la organización definitiva en la década del 80, momento en el que cristaliza el diagrama de una nación pensada durante casi cincuenta años.

El pensamiento utópico dominante en los siglos XVIII y XIX europeos marca, en nuestro país, la trayectoria intelectual de la generación del 37 y de aquellos relacionados a ella estrecha o tangencialmente. Echeverría, Sarmiento, y Alberdi transitan un discurso utópico que a pesar de que se distancia de las convenciones preserva el espíritu crítico de sus congéneres.[5] Desde la Revolución de Mayo hasta casi fin de siglo, la construcción del nombre privado corre paralela a la justificación del accionar político.[6] El sujeto es modelado en cada caso sobre la base de una tensión productiva entre el imaginario personal —la misión rectora de actos— y el lugar real que ocupa en la esfera pública.

La posición específica del sujeto genera lógicas distintas: puede hablar por *delegación*, por encargo de un grupo mayor, y entonces su intimidad se socializa porque es representativa de la comunidad; o por el contrario, cuenta su vida para hacerse el lugar público al que se piensa destinado. En el primer caso, el sujeto tiende a borrarse para fundirse con la esfera que le ha dado el nombre; en el segundo, la narración de lo singular prepara el reconocimiento, busca validez insospechable para un nombre propio dudoso o desconocido. Si el sujeto confirma su identidad a través de la acción pública o la práctica escrituraria, complementaria y simultáneamente, el proyecto vale por su firma al pie, porque el nombre concentra múltiples significaciones personales y colectivas.

La superposición de las esferas privada y pública define la tarea primera de la escritura que consiste en la dilucidación o constitución del *lugar actual* del sujeto en la sociedad. Porque esos sujetos se imaginan punto de cruce entre el pasado y el futuro nacionales transitan géneros discursivos que vinculan distintos tiempos. El lugar deseado se fundamenta, por una parte, en el relato de un *pasado propio* que anuda con la historia del país, con lo cual lo individual encuentra el destino común;

por otra, ese sujeto que se contempla como guía intelectual (Alberdi) y como guía y político (Sarmiento) asume la misión de planificar el *futuro político* mediante la elaboración de un proyecto que se cumplirá inexorablemente porque es *racional.*

Ambos escritores discuten a través de dos géneros discursivos —utopía y autobiografía— las articulaciones entre sujeto y sociedad, de qué manera lo público conforma lo privado y a la inversa, lo íntimo entra en contacto con lo social. Sobre estas relaciones, Sarmiento desarrolla las formas socio-políticas que definen el estado. Alberdi explora las formas jurídicas. La cuestión de la legitimidad está en la base de los modelos de estado. En rigor, los géneros discursivos permiten representar el pasaje de la noción legitimante de patria al estado todavía no consolidado.

En los siglos XVIII y XIX en Europa y en el XIX en este Continente, el tópico del enfrentamiento entre razón y sin-razón disuelve los matices y esquematiza los conflictos según una lógica maniquea que coloca la razón del lado de los que poseen ideas —cultura, libros— y la sin-razón del lado de los *otros* que, signados por la inversión, no tienen lugar en los proyectos. Aunque adopten representaciones diferentes, esos otros comparten el rasgo de la irracionalidad, obstáculo máximo en el camino hacia la plenitud. El modelo contempla la disolución del impedimento por la incorporación o la aniquilación.

Los conflictos políticos y culturales se presentan como la aspiración a una razón superior, comprehensiva, que abrace la razón subjetiva y lo otro de la razón. La posesión de este tipo de razón permite elaborar estrategias de apropiación del otro mediante discursos que explican y justifican las supuestas diferencias. Este tipo de razón está vinculado a un modelo de subjetividad que conoce y decide en soledad. Al mismo tiempo, y porque el proyecto debe lograr consenso, los textos ponen en juego un modo de racionalidad basada en la relación entre individuos que se consideran iguales. Las *rupturas* y las *alianzas* son las figuras discursivas de ambas formas de racionalidad.[7]

II. Discurso autobiográfico y discurso utópico: Construcción del sujeto patriota y de los espacios-tiempos colectivos

Dos tipos de enunciados ligan lo privado con lo público, diseñando los espacios-tiempos del sujeto y de la comunidad.[8] Estas formas que se expanden en las producciones constituyen las matrices donde pueden leerse los mundos imaginados. Sus fronteras encierran la configuración del individuo, de la sociedad, de la nación y del estado, así como la inserción de estos términos en un contexto mayor. Los textos construyen un modelo finito en el que, sin embargo, cabe el universo.

El discurso autobiográfico resulta paralelo y complementario al discurso utópico y se refuerzan mutuamente. Más que circunscribir una serie de rasgos distintivos para constatar la adecuación o el desvío respecto de la convención, interesan esos rasgos en la medida en que conforman dispositivos, fuerzas que accionan de manera permanente. Su aparición señala momentos privilegiados, núcleos semánticos y estructurales donde se encuentran el proyecto y el sujeto.

El concepto de obra-enunciado[9] —como réplica de un diálogo con otras obras— permite pensar continuidades entre los textos que se adecuan aproximadamente a las convenciones genéricas y ciertas formas relativamente estables de los enunciados. La definición de estas unidades —de sentido y de composición— obligan a una pequeña genealogía.

Etimológicamente, la palabra *outopos* o *eutopos* alude simultáneamente al "no lugar" y al "buen lugar". La utopía es una producción constante a través de siglos que genera lecturas diversas: función revolucionaria, mirada hacia el futuro o regresión nostálgica al pasado; pensamiento prelógico o de ruptura; espíritu reaccionario o militante. Diversas taxonomías han sido ensayadas: utopías naturales, urbanas, religiosas, políticas, sexuales; utopías sistemáticas y puntuales; utopías y contrautopías. Las relaciones proliferan: utopía y mito, utopía y milenarismo, utopía e ideología, utopía y otros géneros literarios (relatos de viajes, sátira, literatura didáctica). Desde un punto de vista ideológico, algunos teóricos las clasifican en conservadoras, socialistas, libertarias, liberales.[10] Algunos perciben en la utopía elementos anticipatorios, otros ven su efectividad no en la concreción del proyecto sino en la fuerza crítica de la contrapropuesta.

Todas las interpretaciones son posibles y hasta cierto punto válidas en torno al significado, por demás escurridizo, del concepto de utopía. Aunque las formas literarias, las técnicas, los géneros son históricos y a pesar de transgresiones y cambios, permanecen en la utopía ciertas invariantes. Bajo aspectos gastronómicos o metafísicos, políticos o sexuales, autoritarios o democráticos, la utopía encierra la *construcción de un mundo alternativo* que concreta ciertos ideales. Ese sistema otro altera y por lo tanto cuestiona las leyes del *mundo real*. La utopía nace así ligada a una historia precisa; la descripción del universo imaginado se postula cercana a una coyuntura determinada por lo que su lectura exige el examen del *aquí* y el *ahora*, operando sobre la base de desplazamientos y transformaciones de la sociedad en que se produce.

La intersección entre acontecer histórico y su reconstrucción literaria es el espacio utópico por excelencia. Género fuertemente contextualizado, se recorta sobre la actualidad conformando un otro. Uno de sus rasgos fundantes consiste en que el sentido le viene dado por el orden real, al punto que podría definirse como un género montado sobre pasajes, un corredor de doble dirección, porque si la realidad se transforma en sustrato de lo imaginado, éste a su vez recoge formas históricas no concretadas; anticipa y materializa lo que se halla en estado germinal en la sociedad, concretando lo posible en su espacio.[11] El género perfila las distintas imágenes que se dan las sociedades al pensarse como totalidades organizadas. En resumen, la utopía regula la vida colectiva por medio de la representación de esos tiempos y espacios alternativos.

Si el futuro presiona sobre la utopía —su destino está definido siempre por esa virtualidad— el pasado ejerce un papel similar en la autobiografía. Anaqueles saturados hablan del espacio otorgado al género. Prolijos estudios tratan de establecer los límites entre autobiografía y otros géneros (memorias, diarios, novelas autobiográficas, poemas autobiográficos, autorretratos). Los trabajos de Ph. Lejeune[12] describen rasgos específicos que diferencian el relato de vida de sus vecinos literarios. La pretensión de exhaustividad desemboca en rigidez, dejando afuera textos "inclasificables". Al aseverar que la autobiografía es: "relato retrospectivo en prosa que una persona real hace de su propia existencia, cuando pone el acento sobre su vida individual, en particular sobre la historia de su personalidad",[13] Lejeune fecha su nacimiento en el siglo XVIII, momento en que la identidad se consolida por la historia personal.

Retengo dos conceptos: la condición de posibilidad del género es la identidad entre autor-narrador y personaje principal; entre autor y lector se establece un "pacto autobiográfico" por el que el autor se compromete a decir "la verdad" y el lector retribuye con su confianza. La producción primera de textos no autobiográficos constituye el espacio en el que la autobiografía adquiere sentido. Marcada por ese carácter secundario, su lectura impone protocolos distintos de los que rigen en otros textos de ficción, porque si el autor declara su honestidad, su intención férrea de atenerse a los "hechos verídicos", el lector acecha las posibles tergiversaciones, la ruptura del pacto; atisba como detective sagaz las distorsiones, confrontando el relato autoral con otros materiales y testimonios.

Se sabe: la elección del género tiene por finalidad la configuración de un modelo de artista, de político, de profesional. Envueltas en tonos irónicos o nostálgicos, las estrategias textuales enfatizan o eliden recuerdos; seleccionan acontecimientos que se exhiben como circunstanciales o decisivos para el desenvolvimiento de una vida; los personajes y los espacios que giran en torno del sujeto vertebran la esfera colectiva y el escenario sobre los que se destaca la singularidad del individuo.

Escribir el relato de la propia vida es realizar un gesto tan polivalente como emblemático. En la recapitulación constante, en la búsqueda de una justificación para la acción o el temperamento, el sujeto reafirma su identidad porque el ser actual se sitúa en la perspectiva de lo que ha sido y ambos aspectos delinean el sujeto en devenir. Al fijar una imagen, el autobiógrafo trata de atrapar la inmortalidad, de asegurarse un puesto en la historia deslizándose del oscuro anonimato a la celebridad del héroe.[14] Asume la tarea de hilvanar los fragmentos dispersos; cohesiona las partes y bosqueja una totalidad en donde cada elemento adquiere sentido respecto a y por los otros.

"Diagrama de un destino" (Gusdorf), la autobiografía cumple el precepto de ordenar el mundo. En la medida en que postula un ejemplo de vida, cada frase retiene un sentido que se articula lógicamente con el sentido global. Los recortes y vacíos narrativos no obstaculizan la pretensión de reinstalar la plenitud de un sujeto demiúrgico que en el acto de escribir logra metamorfosear el fragmento en totalidad. El autobiógrafo prefiere la figura retórica de la *sinécdoque*: en el acontecimiento puntual halla la explicación general; en el gesto casual, la condensación de una actitud vital; en los juegos infantiles, la vocación madura; en el individuo, los rasgos definitorios de un grupo mayor que lo designa representante.

Los teóricos dan al término *totalidad* diferentes significados. Para algunos, la noción remite estrictamente a la vida individual en su relación con un tú que confirma a la primera persona.[15] Otros incluyen una dimensión más amplia: cuando Bajtín estudia los vínculos entre literatura y sociedad, postula lo social como el género mismo. Remonta sus inicios a la antigüedad grecorromana y le otorga funciones específicas: los relatos de vida acompañan acontecimientos político-sociales y se desarrollan en los cronotopos del ágora o la familia que transmutan el espacio físico en espacio socio-ideológico.[16]

Las teorías presentan puntos comunes en torno de tres ejes que entrelazan el *espacio-tiempo* con el *sujeto* y la *verdad*. Más allá de discrepancias acerca de la génesis y la evolución, de clasificaciones tediosas, de especulaciones sobre tonos o posiciones de locución, de prescripciones modales o temáticas, el género conserva rasgos que median entre el texto y lo extra-textual: la *identidad* autor-narrador-personaje y el *carácter verificable del tema* crean un núcleo de resistencia contra cambios o transgresiones.[17] La *función* es la tercera constante porque toda autobiografía se escribe para defender, rectificar o inventar un nombre.

La preocupación por el nombre propio se inicia en las postrimerías de la edad media, se prolonga durante el renacimiento donde comienza a vislumbrarse la concepción del sujeto pleno y culmina en el siglo XVIII. El nombre propio introduce la *diferencia* que permite aislar lo singular de lo masificado. En él permanece cifrada la historia de una estirpe aceptada y continuada o, por el contrario, vilipendiada. El que relata su vida opta por alguna de estas posiciones cuando se presenta como heredero, trasmisor de valores o como rebelde impugnador de los ancestros. Otra actitud mantiene cuando se encierra en un silencio obstinado respecto de los mayores; el sujeto deviene entonces su propio padre.

Tanto la utopía como la autobiografía pertenecen a un tipo de géneros que se constituyen en el borde de lo literario y lo no-literario así como en el juego oscilante entre ficción y no-ficción. Porque ponen en el centro la categoría de verdad, adquieren un carácter fronterizo; incluyen modos de referencialidad que obligan a cotejar el adentro con el afuera: por un lado, rearmar las relaciones intratextuales; por otro, confrontar texto y extra-texto siguiendo ciertos protocolos de lectura.

Entre escamoteos y desnudamientos, juegan con la confusión de las nociones de *verdad* y *realidad.* La literatura sólo puede apelar a una verdad *interna* bajo convenciones; pero la homologación de los términos anteriores deriva en la concepción de la literatura como copia del mundo exterior. Esta idea choca con la que afirma que el arte es una *construcción.* La literatura adquiere derecho a la autonomía sin caer en el solipsismo en la medida en que se entablan relaciones dialécticas entre los campos interno y externo de referencias: si el primero representa o apunta al segundo, éste a su vez revierte sobre el otro modelándolo.[18]

La utopía y la autobiografía elaboran la dupla *verdad-realidad*, borrando frecuentemente los límites entre los términos y resbalando hacia uno u otro. Surgen y se desarrollan bajo la premisa de un parentesco próximo entre literatura y vida. Ya sea por marcas internas, ya por contextos determinados, o ya por convenciones sociales y literarias, poseen una fuerza elocutiva surgida de la finalidad explícita de búsqueda y mostración de una *verdad colectiva o personal.*

Esa verdad no se impone por sí misma. Así, los discursos que se autoarrogan la facultad de exponer la verdad, pretenden lograr en los juegos lingüísticos la *legitimación* de un sujeto y de su pensamiento. Si "el lazo social observable está hecho de 'juegos' de lenguaje";[19] en dichos juegos la necesidad de legitimación sustituye a la verdad, aunque cuando se dan a publicidad, esos discursos subrayan el interés por la "verdad objetiva", ocultando en la trastienda los deseos de valoración personal.

Paradojas y reversiones

La historiografía romántica asume la tarea de restaurar el contacto con lo primigenio. El desciframiento progresivo del pasado abre el segundo paso: la reconstrucción de una totalidad fracturada en la que los cortes se relativizan porque son vistos como obstáculos coyunturales que no inciden drásticamente en la continuidad temporal. El historiador comparte con el profeta, con el legislador o con el poeta el rango de "elegido"; es aquel capaz de hacer patente lo que los demás no logran vislumbrar.

La literatura provee patrones y la historia se escribe a la manera de novela histórica; entre las técnicas frecuentadas, el suspenso narrativo procede por develación paulatina del sentido.[20] En el intercambio de roles y discursos, la literatura se inmiscuye en el campo histórico, prestándole sus leyes. Al mismo tiempo, el peso de la historia se cuela en el espacio literario: los discursos utópico y autobiográfico son dos modos de construirla.

Ilustres franceses —Voltaire, Montesquieu, Rousseau, Chateaubriand, Lamartine, Victor Hugo, Saint-Simon— que conforman el grueso de la biblioteca de Alberdi y Sarmiento, inventaron un modo de totalidad en el cruce de utopía y autobiografía. En los argentinos, el gesto condensa el deseo de hacer una historia nacional, integrando en el presente de la escritura lo mejor del pasado, con las esperanzas de un futuro feliz.

Los discursos utópicos de Sarmiento y Alberdi reeditan rasgos de las utopías político-sociales que encarnan en ciertos tópicos el camino hacia la felicidad general: el desenmascaramiento de las causas de los males sociales, la descripción de la buena sociedad como contrapartida y solución racional a las deficiencias actuales, la sacralización de valores individuales y objetivos últimos del hombre, la puntualización de instrumentos o medios para alcanzarlos.[21]

Sarmiento edita en 1850 *Argirópolis* y *Recuerdos de Provincia.* En 1852 en *Bases y puntos de partida para la organización política de la República Argentina,* Alberdi delinea un programa jurídico y político que constituye en su trayectoria intelectual el grado cero de la utopía; el punto máximo será *Peregrinación de Luz del Día* escrita en 1871 y publicada en 1874; las autobiografías *Mi vida privada* y *Palabras de un ausente* datan de 1873 y 1874, respectivamente. Pero si estos textos ejemplifican de manera puntual la necesidad de representar las esferas privada y pública de modo simultáneo, el gesto se prolonga en dos tipos de enunciados diseminados a lo largo de las producciones que construyen los espacios colectivos y los personales, las imágenes del país futuro o las rectificaciones del modelo actual y las figuras del político o legislador aptos para conducirlo.

El discurso autobiográfico sobreimprime a las figuras del legislador y del político, la del *patriota.* Cuando se accede a este título no es necesaria ninguna otra instancia legitimante. Todas las estrategias textuales sirven al propósito de esbozar los elementos que entran en el modelo: su despliegue bajo la forma de anécdotas en Sarmiento o de argumentaciones filosóficas en Alberdi ratifican esa imagen como punto de encuentro e intercambio de lo íntimo y lo público.

La afirmación de que la utopía materializa el futuro colectivo y la autobiografía recupera el pasado individual no resulta siempre válida, puesto que muchas veces la utopía se proyecta hacia atrás y la autobiografía se dirige hacia adelante. Complementariedades, paradojas e inversiones son coágulos donde leer el imaginario del escritor, el intento de atrapar y hacer converger la memoria personal y la esperanza colectiva.

Para el pensamiento utópico, el orden real es anatema; el contrasistema hace estallar en la escritura el referente externo. Pero en las utopías clásicas la escena de la aniquilación permanece oculta. La supresión del otro se elabora a partir de una primera figura de *oposición* que cede lugar a una lógica sustentada en la *armonía* de todos los elementos. Sociedades estratificadas, espacios cerrados, comunidad de intereses, separación de roles, jerarquías e igualdades impuestas responden a la concepción subyacente de que el orden ideal debe cercenar lo discordante, eliminar cualquier signo que no encaje en la maquinaria estratégicamente planificada.

Al dejar afuera toda ambigüedad, la coherencia se convierte en una forma de *clausura* que reprime las contradicciones inherentes al orden cuestionado. La utopía esgrime como condición de posibilidad la desaparición del oponente al que se tacha de extraño peligroso.

Pero el enemigo es su origen ineludible y su anclaje a la historia. Cuando la utopía mata al "padre corrupto", borra los orígenes —aunque ellos puedan leerse en palimpsesto— y crea una sociedad sin memoria anterior. Rasgo medular es ese olvido del pasado reemplazado por una nueva génesis cuyo principal atributo radica en la perfección congelada del eterno presente. Así, la plenitud arrastra la inmovilización del tiempo, el desconocimiento del devenir histórico. Engendrada bajo el signo del cambio permanente, la utopía se sumerge en un estatismo a perpetuidad, porque en el momento en que lo imaginado futuro se vuelve concreción presente, los tiempos conflictivos se disuelven y en este proceso diluyen también otras contradicciones.

El juego con los dos órdenes —el real y el imaginario— caracteriza los discursos utópicos de Sarmiento y Alberdi. Sus sistemas no presentan mundos paralelos o autárquicos, escindidos del orden contemporáneo; por el contrario anclan en una geografía reconocible sobre la que se asienta un sistema distinto en otro tiempo. Agónicamente, los textos hacen coexistir en un mismo espacio el orden presente degradado y el orden perfecto virtual. El otro es incorporado y cuestionado individualizando a los responsables del desastre. Rosas para Sarmiento, Sarmiento para Alberdi personalizan la figura del otro, *impedimento* en la evolución individual o colectiva y también motor *causal* contra el que se conforma la subjetividad y se concibe el proyecto.

La descripción e impugnación de una instancia colectiva a través de un protagonista excepcional o mediante tipos sociales es sello de estas utopías argentinas. Inversamente a las utopías tradicionales que se distinguen por la anonimia de los sujetos, aproximan su lente a los representantes de sistemas en pugna. Las utopías así estructuradas literaturizan lo histórico al historizar lo literario; se vinculan con un lugar y una época determinados con lo cual a la dupla *historia-literatura* agregan el tercer término de la *política*. El duelo acaba en una victoria y una derrota: en *Argirópolis* los perdedores serán Rosas y el caudillismo; el ganador adquiere el perfil del patriota, mientras que al vencido corresponde el rostro del traidor. *Peregrinación* trama otros sentidos: el desenlace adverso corresponde al dominio de las especulaciones puras.

Ambos géneros que trabajan con la apoteosis del pasado y del futuro funcionan como *marcadores del presente*: en ese presente se instala el sujeto patriota cuya palabra recoge validez en ese origen. Al dignificar los orígenes, los letrados se reconocen eslabones de la cadena histórica que comenzaron sus antecesores y prolongarán sus descendientes. Esta concepción muta el relato de una vida irrepetible en una narración ejemplar en la que el yo involucra al nosotros; y en el pasaje, lo que parecía constitutivo de uno se torna marca del grupo de semejantes.

A pesar de reveses, desilusiones o tergiversaciones, la esperanza insiste. Influidos por las teorías evolutivas provenientes de las ciencias naturales, Sarmiento y Alberdi aplican sus postulados y métodos al conocimiento de la sociedad; lenta pero segura entre avances y retrocesos —pensaban—, la humanidad camina hacia la perfección, sinónimo de progreso para el siglo.

Si el último Alberdi insiste en los viejos ideales de Mayo, las doctrinas de la generación del 37 y las *Bases*, la esperanza en el porvenir emerge en la figura de Fígaro. *Palabras de un ausente* también recoge cierta actitud optimista al hacer propio el credo de Bastiat: "Es mi fe que Aquel que arregló el mundo material, no quiso quedar extraño a las cosas del mundo social. Creo yo que Él supo combinar y hacer mover en armonía los agentes libres tan bien como las moléculas inertes (...)" —"Creo que todo en el orden social es causa de mejoramiento y progreso, aun aquello mismo que lo daña"— "Creo que basta al desarrollo gradual y pacífico de la humanidad el que sus tendencias no sean perturbadas y que recobren siempre la libertad de sus movimientos".[22]

Sarmiento, en actitud similar, concluye *Recuerdos* con estas palabras: "Nuestra suerte es distinta: luchar para abrirnos paso a la patria; y cuando lo hayamos conseguido, trabajar para realizar en ella el bien que concebimos. Este es el más ardiente y el más constante de mis votos".[23]

El sujeto patriota se constituye en un acto de defensa. Necesita del ataque para circunscribir su lugar, los límites de su espacio respecto de los espacios que ocupan los otros. El uso del pronombre *yo* garantiza la individualidad —"la capacidad del locutor de plantearse como 'sujeto'"—, define a la persona, mientras que la tercera persona escapa a su condición de tal, ya que refiere a una situación objetiva: "(...) La no-persona es el solo modo de enunciación posible para las instancias del discurso que no deben remitir a ellas mismas, sino que predican el proceso de no importa quién o no importa qué (...)".[24]

El enfrentamiento se entabla entonces entre la subjetividad de un campo —habitado por patriotas— y la objetividad del otro. *Ellos* configuran un mundo antagónico —de antipatriotas, de traidores o de tiranos— sobre el cual predica el sujeto de la enunciación y, al hacerlo, lo inventa. Sin embargo, el acto de erigirlos en jueces-verdugos les devuelve el estatuto perdido y el proceso de objetivización revierte sobre el yo: los adversarios convierten al patriota en blanco de crítica.

La polémica involucra al enemigo externo y también a los proyectos y misiones de los miembros de la misma élite; el agresor encarna, según las coyunturas, en el "bárbaro" o en el otro "civilizado" al que se descalifica mediante el oxímoron de "barbarie letrada" (*P.A.*, 156). El adjetivo distribuye los lugares de los sujetos, los coloca en posición de aliados o adversarios, delimitando los campos semánticos que corresponden a cada uno.

Enfrentado al sujeto que enuncia, el otro porta el estigma de la irracionalidad y esta carencia lo condena a la *ilegalidad*. En este conflicto de subjetividades puede leerse el germen del estado, un principio de exclusiones e inclusiones que varía de dimensiones de acuerdo con las circunstancias. El logro de la unidad requiere límites precisos que dividan el afuera del adentro. Las exclusiones surgen de la presencia o ausencia de razón. El bárbaro para Sarmiento proviene del exterior y en consecuencia revela un carácter tan extraño que no habla siquiera la misma lengua. Para Alberdi, el otro sale de las entrañas del campo propio cuando se olvidan los intereses colectivos.

Los textos incorporan el pasado y sus remanentes: totalizan para luego excluir. A primera vista, el proyecto parece quebrar la linealidad del proceso al concebir el antes y el después como polos irreconciliables; a los extremos se los etiqueta de reacción o progreso. Pero el nuevo orden extrae su sentido invirtiendo el viejo. La escritura representa a cada paso la tensión entre los constituyentes del sistema. La escena del espacio colectivo juega con la noción de límite; valida al otro en cuanto que el nuevo régimen constituye su negativo al tiempo que lo descalifica al postularlo como un anacronismo aún poderoso.

NOTAS

1. En su libro sobre el género gauchesco, Ludmer sostiene que la constitución del estado en 1880 permite la separación de los discursos. La literatura habla de la misma problemática de maneras múltiples. Por ejemplo, el género gauchesco propone el pacto imprescindible para el éxito de la guerra a partir de una alianza de voces entre letrado y pueblo; el género discute cómo educar a las masas, cómo inculcarles la ley —liberal o iluminista- para contrarrestar el peso de la ley consuetudinaria que entra en conflicto con la primera. Cfr. J. Ludmer, *El género gauchesco. Un tratado sobre la patria* (Bs. As.: Sudamericana, 1988).

2. Cfr. el artículo de Alberdi publicado en *El Nacional*, "Profecías", *Escritos póstumos*, tomo XIII (Bs. As: 1900) 21-29. También el artículo de Sarmiento en el *Mercurio*, "Segunda contestación a un Quidam" del 22 de mayo de 1842 en *Artículos críticos y literarios*, tomo I (Bs. As.: Luz del Día, 1948) 223.

3. "Al imaginarse como miembro del mandarinato, el intelectual deja de ser el ideólogo de su clase (en el sentido de clase 'real': su lugar de inserción en el proceso productivo) para convertirse en ideólogo de ese estamento en estado naciente. Ello implica, desde luego, también un reclamo de poder. No se trata ya de Moreno o Rivadavia intentando pensar por la burguesía portuaria o los hacendados que perjudica el monopolio colonial, sino de un grupo de pensadores que se representa a sí mismo y exige un espacio social protagónico. Las razones de ese protagonismo son exigencias históricas objetivas: los demás estamentos han fallado, llega la hora del mandarinato". B. Matamoro, "La (re)generación del 37", *Punto de Vista* IX.28 (noviembre 1986): 40-43.

4. T. Halperin Donghi, *Una nación para el desierto argentino* (Bs. As.: C.E.A.L., Capítulo, Biblioteca argentina fundamental, Serie complementaria: Sociedad y cultura/8, 1982) 8.

5. Bloch define la función utópica como una "espera positiva". En este sentido la utopía comparte con la literatura la característica de construir un espacio donde lo posible es real. Lugar de la transgresión sin castigo, para Bloch, el "espíritu de la utopía" reside en la materialización de un sueño. Define al arte de acuerdo con esta función. Bloch mantiene la creencia en la facultad revolucionaria de la utopía en todos sus trabajos. Reivindica un tipo de utopías que denomina concretas, aquellas en las que el "no" real se convierte en un "todavía no". K. Mannheim subraya que en las utopías se condensan tendencias aún no realizadas y necesarias para determinados grupos. En un contexto dado, el precursor enuncia ideas que serán luego apropiadas por un sector mayor. El precursor es un crítico que mantiene relaciones estrechas con el presente, que propone una vía hacia el progreso por medio de la fe en las instituciones y el poder formativo de la política, la economía y la cultura. El precursor piensa en lo que "debe ser", la forma de concebir el tiempo revela su ideología. Cfr. E. Bloch, *El Principio Esperanza*, 2 vols. (Madrid: Aguilar, 1977); *The Utopian Function of Art and Literature* (Cambridge: MIT, 1989); y K. Mannheim, *Ideología y utopía* (Madrid: Aguilar, Cultura e Historia, 1973).

6. "La historia de la literatura autobiográfica argentina condensa, en plano insospechado, la historia de la élite del poder en la Argentina". A. Prieto, *La literatura autobiográfica*

argentina (Bs. As.: C.E.A.L., Capítulo, Biblioteca argentina fundamental, Serie complementaria: Sociedad y cultura/6, 1982) 22.

7. Habermas define la racionalidad comunicativa: "comporta connotaciones relativas a la capacidad de aunar sin coacciones, fundadora de consenso, que posee un discurso en que los participantes superan la subjetividad en que inicialmente se hallan atrapadas sus ideas, para llegar a un acuerdo racionalmente motivado". *El discurso filosófico de la modernidad* (Bs. As.: Taurus, 1989) 373.

8. En el concepto de esfera pública Habermas subraya el lugar intermedio que ocupa entre el estado absolutista y la sociedad burguesa. Aunque nuestros procesos históricos y políticos sean diferentes de los europeos, interesa la constitución de un espacio separado tanto del estado como del dominio privado y de carácter contestatario. La esfera pública niega críticamente las normas del orden político dominante. Cfr. *Historia y crítica de la opinión pública. La transformación estructural de la vida pública* (Barcelona: Gili, 1981).

9. De acuerdo con la teoría bajtiniana, el enunciado consta de tres momentos: contenido temático, estilo y composición. Cfr. M. Bajtin, "El problema de los géneros discursivos", *Estética de la creación verbal* (México: Siglo XXI, 1982) 248-293. También: T. Todorov, "Le discours dans la vie et dans la poésie"; "La structure de l'énoncé", *Le principe dialogique* (Paris: Du Seuil, 1981); M. Bajtin, *La poétique de Dostoievski* (Paris: Du Seuil, 1970). La cita corresponde a "El problema de los géneros discursivos", 265.

10. I. Horowitz, et al., "Formalización de la teoría general de la ideología y la utopía", *Historia y elementos de la sociología del conocimiento* (Bs. As.: Eudeba, 1969): 87-99.

11. Digo corredor de doble día porque si el orden real imprime características definitorias a las utopías, muchas veces el orden imaginario influye sobre la historia. T. Muntzer intentó la empresa; a menudo se interpretan la Revolución Francesa o las teorías marxistas desde una perspectiva utópica. Puede pensarse también en las influencias ejercidas por Fourier y Owen, que se tradujeron, por ejemplo, en la fundación de Oneida (1848). Las dimensiones de los proyectos desbordaban la realidad y la imaginación. Las comunidades utópicas norteamericanas se constituyeron en espacios desgajados del estado; funcionaron durante años por su tamaño pequeño y porque supieron adecuarse al cambio de los tiempos.

12. Los trabajos de Ph. Lejeune sobre el tema se reúnen en *L'autobiographie en France* (Paris: Librairie Armand Colin, Collection V2, 1971); *Le pacte autobiographique* (Paris: Seuil, 1975); y *Je est un autre* (Paris: Seuil, 1980).

13. Ph. Lejeune, *Le pacte autobiographique* 14.

14. "In narrating my life, I give witness of myself even from beyond my death and so can preserve this precious capital that ought not disappear (...). This conscious awareness of the singularity of each individual life is the late product of a specific civilization". G. Gusdorf, "Conditions and Limits of Autobiography", *Autobiography. Essays Theoretical and Critical*, ed. J. Olney (Princeton, New Jersey: Princeton University Press, 1980) 28-48.

15. Cfr. J. Starobinski, "El progreso del intérprete", *La relación crítica* (Madrid: Taurus, 1974) 65-134.

16. A propósito de las biografías y autobiografías antiguas dice Bajtin, "...Il est nécessaire de préciser que ces formes d'autobiographies et de biographies classiques n'étaient pas des oeuvres littéraires de caractère livresque détachées de l'événement sociopolitique concret de leur retentissante publicité. Bien au contraire, elles étaient entièrement définies par cet événement, elles étaient des actes verbaux, civico-politiques, glorification ou autojustification publiques d'un homme réel". "Biographie et autobiographie antiques", *Esthétique et théorie du roman* (Paris: Gallimard, 1978) 279.

17. Cfr. E. Bruss, "L'autobiographie considérée comme acte littéraire", *Poétique* 17 (1974): 14-26.

18. Si la convención se combina con la especificidad se puede decir que un texto es literario cuando por convención se lee como tal o cuando lo recorre cierto énfasis puesto en

el espesamiento de los procedimientos, cuando se subraya cierto carácter autónomo que postula un campo interno de referencias. Cfr. B. Harshaw, "Fictionality and Fields of Reference. Remarks on a Theoretical Framework", *Poetics Today* 5.2 (1984): 227-251.

19. J. F. Lyotard, *La condition postmoderne* (Paris: Les Editions de Minuit, 1979) 24.

20. Sobre la influencia de los modelos literarios en la historiografía romántica, cfr.: H. White, *Tropics of Discourse. Essays in Cultural Criticism* (Baltimore, MD: The Johns Hopkins University Press, 1985); y L. Goosman, "History as Decipherment: Romantic Historiography and the Discovery of the Other" (mimeo).

21. I. Horowitz, *Historia y elementos* 97.

22. J. B. Alberdi, *Palabras de un ausente*, tomo VII (Bs. As.: imprenta de "La Tribuna Nacional", 1887) 175.

23. D. F. Sarmiento, *Recuerdos de provincia*, tomo III (Bs. As.: Luz del Día, 1948) 224.

24. Cfr. E. Benveniste, "La naturaleza de los pronombres" (cita p. 176) y "De la subjetividad en el lenguaje", *Problemas de lingüística general* (Bs. As.: Siglo XXI, 1974).

CAPÍTULO II

CONSTRUYENDO EL MODELO

La figura es un modelo de la realidad
La figura representa un estado de cosas
posible en el espacio lógico.

—L. Wittgenstein

I. Modelos de estado: Figuras utópicas y contrautópicas

En Argentina el pensamiento utópico es la contracara del exilio. Sin exilio, interior o exterior, la utopía no es posible. Se dice: la condición del exilio destruye en el individuo la conciencia del presente. Las producciones de Sarmiento y Alberdi refutan esta afirmación apresurada. Si bien lejos de la escena de los acontecimientos el tiempo queda suspendido entre un pasado al que se recurre como lo intacto y un futuro entrevisto como la eliminación de las condiciones opresivas, ese presente puesto entre paréntesis es el tiempo histórico por excelencia.

El pensamiento utópico constituye, entonces, una forma de conciencia colectiva y un modo de supervivencia en el momento en que el sujeto no tiene suelo, está separado de su historia y, a menudo, privado de su lengua. La utopía reconstruye un espacio-tiempo, un país paradójico cuyo diseño lleva a la vez el grado máximo de imaginación e historicidad.

Cuando acercamos los enunciados utópicos dispersos en la escritura de Sarmiento y Alberdi, organizándolos en constelaciones, configuran escenas o núcleos en los que podemos leer los modelos de país propuestos. Esas *escenas utópicas* representan algún tipo de *fundación* y dibujan en su conjunto la *figura del contrato*. Muestran el nacimiento del estado, exhiben la genealogía de la autoridad. Si el rasgo esencial del estado reside en su absoluta independencia respecto de todo otro poder sobre la tierra, la discusión giraría en torno a la concreción de un *poder unificado* y *legitimado* que es el cimiento de la organización jurídica, política social y económica.

Podemos pensar la utopía como un motor para el cambio, es decir, otorgarle una función positiva o, por el contrario, arrojarla al archivo de los instrumentos peligrosos de dominación. Una u otra postura revelarían una concepción demasiado rígida en la medida en que la tensión entre fuerzas, una liberadora, la otra herramienta de sujeción, configura el proyecto utópico.

De lo anterior se sigue que la construcción de los modelos responde a una lógica jerárquica que detalla las inclusiones y exclusiones imprescindibles para la constitución del estado.[1] Sus fundamentos son condición de posibilidad de las escenas que distribuyen las extensiones y límites del poder, los tipos de sociedad y gobierno, los aparatos de estado, el lugar de los individuos y su relación con la colectividad, las leyes que reglamentan las relaciones sociales, políticas o económicas.

Mientras que las escenas de fundación consignan las inclusiones, los hombres, culturas y formas aptos para el pacto, las *escenas de ruptura* señalan a los réprobos, los no elegidos para integrar el futuro país. Si unas dan cuerpo al "deber ser", las otras dramatizan el "ser"; ambas registran el futuro y el presente nacionales. La dimensión temporal del pasado —tan importante como el futuro— filtra y determina tanto la actualidad como el porvenir no bien se introduce el concepto de *patria*.

El espacio-tiempo de la patria que sustenta los espacios y los tiempos del estado son metáforas políticas. La patria es un modelo original; en ella están las tradiciones, el pasado, la infancia, el hogar. Una función del discurso letrado será recoger ese modelo y transformarlo en centro legitimante del estado futuro. La patria es una singularidad donde se concentra la totalidad de la figura; un punto infinitamente complejo a partir del cual puede reconstruirse un mundo. Los elementos contenidos en ese punto, su extensión y combinatoria hacen visible la *forma legítima del estado*.

Estas dos escenas podrían articular una historia (de la literatura) argentina en tanto representan las marchas y contramarchas de dos modelos de país alternativos. Una diagrama la fundación de un orden —embrión o fragmento de estado— sobre un espacio vacío; la otra, inmediatamente posterior y opuesta, desarrolla la ruptura o absorción de la fundación anterior.

El esquema secuencial de esta disyuntiva histórico-literaria sería:

- ocupación de un espacio vacío, concebido como desierto geográfico e histórico;
- en la ocupación de ese espacio se delinea un universo, se perfila un sistema: en él entran las relaciones sociales, las instituciones estatales, las formas culturales y políticas, las bases económicas;
- la ocupación del espacio conlleva el trazado de límites y fronteras: la instauración de un orden al que sucede otro orden con la consiguiente reformulación de límites.

En el juego constante de huecos y plenitudes, las ausencias y desmembramientos del afuera —la falta de centro o estado y los fragmentos de poder— pasan como lleno total a la escritura que completa el afuera, reformulándolo. La ausencia del contrato en la realidad es asumido en la escritura que satura así el vacío histórico vacante de los pactos sociales y políticos.

Acaso el trabajo sobre las dos categorías —lleno y vacío— permitan articular literatura y política. Porque si en lo *lleno* puede reconocerse la marca literaria de los textos, si esa categoría concreta el pacto que se constituye en paradigma de interpretación de una situación histórica real, de manera complementaria la noción de *vacío* vincula lo exterior con lo interior, el funcionamiento del mundo real con la organización inherente al sistema propuesto. Lo vacío reclama siempre un complemento a teatralizar en una escena; será entonces, vacío de poder, de formas civilizadas, de estructuras sociales, de razón.

Un universo literario es una complejidad organizada. Los modelos de mundo pergeñados por Sarmiento y Alberdi estructuran formas ideales y posibles, combinan soluciones, desvanecen obstáculos y configuran estados armónicos estacionarios, aunque efímeros. Si pensamos en la literatura como sistema abierto que intercambia fuerzas y materia con lo que no es ella, podemos plantear la problemática de la transformación de los sistemas textuales en tanto los cambios son las variables para reconstruir la historia de una desilusión.

Esas escenas arman las relaciones entre locutor, objeto y destinatario, así como las conexiones con otros enunciados coetáneos, pasados o futuros. Condensan los puntos críticos de los sistemas, el grado superlativo del caos o la culminación del orden. Se entabla entonces una lucha entre dos tipos de figuras, una positiva, otra negativa, que moldean el contenido del caos o del orden. Si el sentido de la figura está en lo que ella representa,[2] el contrato muestra la creación y legitimidad de un poder. En el extremo opuesto, la figura de la *guerra* en Sarmiento y la figura del *complot* develado en Alberdi contienen la posibilidad de destruir o invalidar el poder enemigo.

Esos puntos de tensión máxima de los sistemas textuales construyen partes finitas de los universos en instantes precisos. Podemos imaginar que el conjunto de las escenas —como fragmentos de un todo— estructuran el espacio-tiempo de la patria y del estado. De otro modo, el espacio-tiempo se despliega como en un mapa; sus contornos —en el caso de la literatura—, además de inventar una geografía, crean constelaciones de sentidos y de orientaciones evaluativas.

Pueden rastrearse allí las huellas dejadas por la fusión entre política y literatura. Modo literario de hacer política, los sistemas registran las perturbaciones que les llegan del exterior y se conmocionan. Las perturbaciones que producen las crisis se originan en el poder político real. Porque los otros son peligrosos, cuando se trasladan de la periferia al centro, cuando ocupan el corazón de la vida pública, la escritura secreta escenas de fundación o de ruptura.

El enemigo es el elemento discontinuo que causa la destrucción de ciertas formas textuales y la conformación de otras nuevas. Fuerza que proviene desde afuera, ese elemento-causa es traducido en el espacio de la escritura. El adversario que se identifica por un nombre propio y tiene un lugar en la historia entra en el discurso literario como origen de una estructura que dramatiza un conflicto. El desarrollo de los modelos muestra un ritmo definido por procesos de organización y totalización que corren paralelos y en contrapunto a otros procesos de muerte y destrucción.

Los mundos imaginados pueden descomponerse en subconjuntos, cada uno de ellos formado en torno a un centro. La relación entre el elemento central y los elementos periféricos recorta al subconjunto en una región del espacio-tiempo.[3] Las escenas ligadas por un núcleo son zonas de condensación de los sentidos: la totalidad de los subconjuntos construye el estado, así como los impedimentos para su realización, es decir, el anti-estado. Los centros están ocupados por conceptos que son ejes de los debates de la época; en los universos textuales, organizan las escenas donde se leen las acciones, las posiciones de los sujetos y objetos, el sistema propuesto, la historia y las vidas individuales.[4] La utopía consiste en inscribir el espacio-tiempo original de la patria en el espacio-tiempo derivado del estado. Las operaciones que guían esta inscripción son: aislar, seleccionar, agregar, reformular, cohesionar y teatralizar.

Hay espacios-tiempos *altos* que encarnan el "deber ser" y espacios-tiempos *bajos u horizontales* que representan el "ser". La primera es la dimensión de los valores esgrimidos como fundamentos del estado. La dirección conlleva juicios de valor inapelables. El choque entre ambas direcciones desencadena los conflictos.

Si en el plano *alto* se ubica la patria y en el *bajo u horizontal*, la patria perdida o la pérdida de la patria, se necesita recuperarla para poder construir sobre ella el estado futuro. Esa dimensión que queda atrás y arriba produce una inversión histórica: allí están los orígenes, las fundaciones, las esencias y los héroes; pero es a la vez la condición de posibilidad del futuro.

La patria realiza la fusión de lo íntimo con lo comunitario. Evoca la infancia, el hogar, lo cotidiano y también instituye el papel del sujeto en la lucha que en su defensa emprende la colectividad. Los sentidos de la palabra están contenidos en la institución de la familia; la patria es la familia chica o la familia grande. El estado recoge y despliega la institución madre que funda vínculos de sangre. Patria y estado comparten el modelo de una familia de la que se expulsa a los hijos descarriados. Sobre el vínculo de hermandad asientan los ejes de la ley y la educación.

Sarmiento agrega a la patria natal otras patrias, otros tiempos pasados y presentes y otros espacios. En su modelo entran fragmentos de mundos tejidos en torno al concepto de civilización.[5] La distancia entre Sarmiento y Alberdi puede ser pensada en torno a la persistencia de la relación lucha-patria. Ciertos mecanismos de regulación social se esbozan en la unión de las dos palabras. En Alberdi, su lugar es coyuntural; pero para Sarmiento, cada vez que aparece la patria aparece también la lucha por ella. El modelo de patria lleva en su interior la guerra.

Alberdi inscribe a la patria en el dominio de las ideas. El sujeto que extiende las fronteras de la patria habla en su nombre y en el decir establece un espacio —el de la libertad— acotado por principios que desempeñan un sutil papel policial. Si la guerra no vale aquí como método de sumisión es porque el discurso ejerce otro tipo de sometimiento en cuanto que las fronteras del orden dan cabida sólo a los dignificados con el título de "hermanos".[6] El que enuncia la ley combina de manera coherente los espacios del modelo, los achica y los hace abstractos: para pensar la inserción de la patria en el mundo realiza la operación de desvanecer la representación del universo natal.

Los conceptos que dictan el "deber ser" y el "ser" de la vida colectiva y de la individual se aglutinan en pares opuestos y complementarios. Cada término mantiene una relación de necesariedad con su contrario; cada uno supone y, a menudo, subsume a los demás. Esas ideas convertidas en fuerzas eternas que rigen los destinos nacionales conforman un accionar político. Podríamos decir que las producciones de Sarmiento y Alberdi son políticas porque ciertos conceptos —fundamentos del estado— sostienen las realidades textuales. Las formas de construir el espacio-tiempo del "ser" y del "deber ser", su extensión y sus límites, así como la distribución de los sujetos en esos espacios, señalan una práctica que se postula a la vez como literaria y política.

Si armamos un rompecabezas con las escenas de fundación y ruptura podemos enfrentar los conceptos ejes que las constituyen: ley-no-ley; razón-sin-razón; educación (o saber)-no saber; paz-guerra; instituciones-caudillismo; libertad-tiranía; progreso-estatismo; verdad-mentira; bien-mal.

Por otra parte, una gran zona de los proyectos se ilumina cuando nos detenemos en la definición del concepto de *pueblo*, en ambos letrados, y del *gaucho*, en el caso particular de Sarmiento. Se abre aquí un espacio discursivo de alianzas o de confrontaciones donde se esclarecen las relaciones sociales, donde se vislumbra un entramado de posiciones imaginarias que fijan los lugares de los sujetos según jerarquías precisas.

Los espacios y los tiempos alberdianos portan sentidos inmóviles, dados —como la ley— a priori. Son *altos*: en ellos actúan los héroes antiguos; *abiertos*: la naturaleza acompaña las hazañas de los campeones-ideólogos; *institucionales*: el cabildo de la *Crónica dramática*; y *familiares*: el espacio-tiempo de la patria bajo la imagen de una familia bien avenida. El *Gigante Amapolas* diagrama el espacio *intermedio* de una revolución popular, concebido como escenario de teatro de títeres. Los espacios que corresponden a los "seres subterráneos" de *Peregrinación* son *bajos* y *cerrados* (la cárcel o el estudio de Bartolo).

Contra esa suerte de congelamiento, la movilidad trabaja en el espacio-tiempo sarmientino, en cuanto sus sentidos se definen de acuerdo con la categoría de *uso*. Así, según situaciones específicas, un mismo espacio-tiempo tiene sentidos diferentes. En general, Sarmiento opera con espacios limítrofes estableciendo minuciosamente las fronteras que separan zonas irreconciliables. Por ejemplo, el cuerpo es un espacio privilegiado que se carga de un sentido en las biografías de la barbarie y adquiere otros en la autobiografía.

La posición de los sujetos marca los límites; y porque esos espacios son fronterizos, porque el sujeto ocupa un lugar resbaladizo y puede deslizarse hacia el campo enemigo, el duelo, el enfrentamiento verbal o armado es el modo principal de construirlos. El espacio-tiempo en Sarmiento se sostiene sobre la antítesis educación-guerra. Determinadas funciones políticas saturan siempre esos espacios; sin excepción, en ellos se inscribe la vida colectiva y la vida individual. La multiplicidad y la labilidad caracterizan los espacios-tiempos sarmientinos. Podríamos citar: un espacio-tiempo *biológico* y *cultural* (el cuerpo, la lengua); un espacio tiempo *simbólico* (los nombres de los sujetos); un espacio-tiempo *consagratorio* (la escuela, la tertulia, el parlamento, incluso el volcán de los *Viajes*); un espacio-tiempo *infantil* (la provincia, el hogar). Como en un juego de espejos, cada uno de ellos refleja y contiene a los demás. El conjunto configura un volumen de espacios concéntricos que se va ampliando: cuerpo, hogar, provincia, nación, mundo.

No pretendo aquí dar cuenta de la totalidad del mundo, sino establecer relaciones pertinentes entre ciertos problemas —para mí, la construcción del estado—, la definición de unidades —que encuentro en esas escenas— y un método de análisis: la búsqueda de las figuras que articulan en la literatura los problemas planteados.

De acuerdo con los propósitos anteriores, el sistema que contruyo con los objetos verbales está estructurado en la sucesión de escenas de fundación y ruptura. Encuentro en esta dinámica ritmos de elipses con dos focos simétricos situados en la fundación y en la ruptura. El sistema, que se mantiene en un estado de equilibrio inestable gracias a la tensión entre los dos tipos de escenas, permite separar —por el principio de alternancia— amigos de enemigos, orden de caos, reacción de progreso.

Esta alternancia es también un modo de pensar la historia, una cierta concepción del tiempo. El sistema puede describirse en términos de organizaciones y desórdenes: si la fundación lleva a primer plano la convergencia entre las fuerzas que la componen, la ruptura registra las perturbaciones, las contrafuerzas que disuelven las armonías.

Tomadas como matrices de la escritura, la fundación y la ruptura generan modos discursivos y sistemas narrativos diversos. Sarmiento escribe las historias de fundación bajo la forma de la descripción o del resumen apoyado por documentos, por citas de autoridades de todo tipo. A partir de esta elección se produce una curiosa tensión entre lo que se representa y el modo de representarlo. A nivel de lo representado, la fundación significa siempre la inauguración de formas nuevas basadas en las alianzas entre sujetos y culturas. Estas formas se desarrollan en un espacio determinado. En ellas el tiempo progresa de manera irreversible. Pero el estatismo trabaja contra el movimiento en el nivel de los modos discursivos: la descripción y las citas detienen el movimiento que lleva en su interior el hecho fundacional. Así, el máximo de orden implica la abolición del dinamismo. A la descripción del modelo se agrega un paso complementario, el mandato contenido en el "seamos". El imperativo —puro enunciado performativo— desprecia el relato de acontecimientos.

Por el contrario, la ruptura encarna, en auténticas escenas, unidades donde los personajes actúan un conflicto en un espacio- tiempo continuo. Es el lugar donde se narra un episodio o una situación, donde se instala la ficción narrativa como narración dramática. El hecho no se presta a la interpretación, se actúa y al hacerlo introduce la temporalidad, el movimiento inherente a toda narración. El legado de Sarmiento a la literatura futura está condensado en esas escenas. Muy pocos recuerdan *Argirópolis*; pero *Facundo* ha acuñado una lengua y un imaginario colectivo que funciona hasta hoy en la vida cotidiana argentina.

En síntesis, cuando el sistema se aleja de las condiciones de equilibrio, adopta un modo de funcionamiento distinto: se organiza para la destrucción; la lengua se hace insoportable para narrar el delito y el crimen; el tiempo y el espacio se reducen al espacio- tiempo corporal del caudillo y, por consiguiente, irrumpe la guerra.

Pero Sarmiento no narra sólo la barbarie. El correlato de la narración es la lucha, el conflicto desencadenado. En *Recuerdos de provincia* se cuenta reiteradamente y en casi todas las escenas la confrontación agónica entre *fundación* y *aniquilación*. La escena de la higuera, por ejemplo, dramatiza el antagonismo entre tradición y revolución en el espacio pequeño del hogar así como la contradicción entre el pasado y el presente.

Lejos de la esfera abstracta de las ideas, la lucha se hace visible en un cuerpo. La narración tiene la dimensión de un sujeto en guerra. Así, el conjunto de escenas que despliega la transgresión a un orden recala en un esquema más o menos fijo que hilvana las distintas etapas de la constitución de la subjetividad. Enlazados, los fragmentos completan el diagrama de una vida, modelo positivo o negativo. ¿Qué se extrae de la vida del sujeto?: la infancia, el pasado y la adquisición del nombre; el instante de transgresión a las instituciones; a partir de ese momento, el ingreso en la ilegalidad; anécdotas que refrendan el nombre consolidado; desenlace ominoso.

Este conjunto resulta simétrico e inverso a otro conjunto en el que plasma la subjetividad de los fundadores. Sólo que, en estos casos, el valor asignado a la instancia jurídica y colectiva está invertido: en lugar de integrarlo a la sociedad, la institución aplasta la singularidad del sujeto. Las escenas que giran alrededor de los fundadores conservan el rasgo común de la alianza entre dos modelos: un modelo de sujeto y un modelo de cultura que imprime su sello a un grupo mayor. Cada uno de ellos aporta una herencia valiosa, de manera que la sumatoria de todos torna perceptible el ideal último. En los átomos concretos de esos recortes de mundo puede leerse la patria y el estado: sus hombres, sus instituciones y sus leyes.

Las utopías de Alberdi y Sarmiento son complementarias. Si uno enuncia la *ley* —y en ella cabe el mundo— el otro aprieta el país futuro en la *educación*.[7] Si Alberdi bautiza a la patria con el nombre de la familia, Sarmiento será su continuador. Elegirá a determinados miembros de la familia para llevar a cabo una empresa civilizatoria vertebrada por la educación. Al dar la ley para la familia, Alberdi se transforma en las bases y los puntos de partida de su adversario. Ley más educación: pilares del pensamiento burgués. ¿Cómo se accede a la educación? Los textos sarmientinos destacan un sujeto que inicia una genealogía —funda una familia— con trabajo y esfuerzo.

Educar es sinónimo de crecer. El crecimiento se consigue con perseverancia y dedicación y consiste en perfeccionar los ejemplos ancestrales. Su apropiación no conduce a la repetición exacta. Por el contrario, estos ejemplos concentran bienes o valores generales que el sujeto llenará con contenidos propios. El momento en que cuaja el pensamiento autónomo señala el inicio de la vida pública que coincide con el instante de una opción política. La patria abraza las distintas herencias acumuladas por los años. Con ellas el sujeto construye su vida y la vida de la nación.

Las comunidades estructurales entre los objetos verbales consisten en compartir una matriz idéntica que partiendo de la fundación y la ruptura permiten construir el modelo de estado. Las similitudes se detienen allí para dejar paso a las diferencias específicas de cada sistema de objetos. Fundación y ruptura pueden llenarse con sentidos diversos y cambiantes.

Alberdi dramatiza el nacimiento de un concepto. La fundación es fundación de una palabra o una idea cuyos alcances y vericuetos explican los distintos personajes. Lo que se recuerda de Sarmiento es lo que se ha olvidado de Alberdi: su literatura. Acaso la explicación de este olvido resida en un cambio de escenario del discurso alberdiano. No encontrando lugar para su discurso en la cámara de representantes, la discusión parlamentaria se desplaza hacia el escenario teatral. Pero el lugar propicio de la literatura alberdiana es, en rigor, el recinto del congreso. Los hechos representados en su producción —cualquiera que sea el género transitado— son siempre hechos discursivos. Un concepto central —revolución, libertad, tiranía— origina la escritura. Los géneros lo despliegan, pero todo pasa por la escenificación de la idea. El diálogo es excusa para la enseñanza. En la literatura de Alberdi se unen el didactismo iluminista y la oratoria parlamentaria.

En Alberdi la fundación y la ruptura se desarrollan en determinadas formas genéricas o en ciertos tipos de discurso. El espacio privilegiado para hablar de la fundación es el discurso jurídico: la fundación se estructura en el aparato constitucional de las *Bases*. El teatro reduplica la esfera jurídica, enfatizando y mostrando los elementos del pacto fundacional. Toda su producción literaria lleva el germen del diálogo teatral, pero en ella no hay acciones: sólo ideas encarnadas en la voz y el cuerpo de algunos personajes.

La revolución de Mayo y *El gigante Amapolas* ponen en escena cómo operan los pactos en los procesos revolucionarios: los hacedores e ideólogos, dueños de los pactos, por un lado, y por el otro, los practicantes de esos pactos.

Los dos lados complementarios de una revolución: en la *Crónica*, la revolución se pone en marcha en el espacio letrado del cabildo, espacio de las ideas rectoras de la acción. *El gigante* construye el espacio de las acciones guiadas por ideas que vienen de otros espacios. En la revolución popular desaparece la sombra de los héroes guerreros para dar lugar a la dimensión del sentido común. Una revolución a medida de las circunstancias.

El espacio-tiempo revolucionario requiere el encuentro de dos espacios: uno, el de la élite letrada del cabildo, el otro, el de un pueblo en lucha, el campo de batalla. El éxito se delinea en la interrelación entre dos direcciones: de arriba hacia abajo y de abajo hacia arriba: los dos vectores orientan las líneas de fuerza que requiere el pacto.

La ruptura ancla en el discurso satírico. Ruptura y sátira se confunden en Alberdi. La sátira implica disonancias entre las voces. Hay múltiples voces que difieren, voces y contravoces. Pero por sobre ellas se escucha la voz del sujeto de la enunciación que dirime las polémicas de las voces subalternas: en Alberdi, el objeto de la sátira es la palabra del otro cuestionada.

Las escenas de fundación representan la fundación del pacto o el desenlace del pacto atado fuera de escena. De la misma manera, las escenas de ruptura reactualizan los pactos anteriores —los pactos escritos en las escenas de fundación— a la vez que representan su quebrantamiento. Es decir, lo representado es la fundación o la ruptura como hechos discursivos. Toda su literatura define los dos procesos. Alberdi no corporiza como Sarmiento, la ruptura o la fundación. Persiste una y otra vez en la formulación y la reformulación de las alianzas. Los espacios y tiempos de la matriz son los espacios y tiempos de la definición.

En Alberdi el contrato está en la figura de la familia: padres fundadores y héroes, hermanos mayores —letrados— y hermanos menores —pueblo—. En el pacto enunciado por el letrado tiene la primacía una sola voz, la voz-ley que emplea diferentes tonos: profético, polémico, jurídico o satírico. Incluso en la voz del pueblo resuena la voz letrada. Cuando el pueblo habla —es el caso del sargento en *El gigante*— toma prestada la otra voz.

En esta línea, todos los enunciados son unívocos. En Alberdi, la voz del otro se eclipsa, no hay marcas del otro en la lengua, sino una lengua-ley universal.

Alberdi celebra un pacto lingüístico no con sus contemporáneos sino con sus antecesores. En los artículos que publica en *El Nacional* y en la *Revista del Plata* los hijos escuchan la voz de la Madre Patria que utiliza al escritor como médium. Para hablar de la patria, Alberdi despoja a su lengua de toda marca personal. Los ideales programáticos hurgan en el pasado para encontrar allí el liderazgo de una voz. En los enunciados alberdianos circula un intertexto, diseminado e insistente: *La Lira Argentina*. Las imágenes, el tono, las estructuras sintácticas, incluso la presencia de algunos sintagmas, dan cuenta de la vigencia de este tesoro cultural. La *Lira* otorga sentido y legitimidad a la lengua del letrado. En esa actualización se leen las huellas de la tradición.

Alberdi abunda en determinadas zonas paternas, desconoce otras y crea algunas más. Conserva inalterable el aura de los patriotas y reitera ciertas dicotomías como la de unión y discordia. Si la patria de los poetas de Mayo tenía una dimensión pública excluyente, si afincaba en un suelo y hacía culto del colectivismo, Alberdi agregará en su imagen de patria, la esfera íntima. Con esta vuelta de tuerca entran en su versión los tiempos nuevos: su patria es Mayo más los espacios del capitalismo: la industria, el trabajo, el comercio, el hospital, el hogar. En la supresión de algunos elementos se filtra un proceso de abstracción; de la escena desaparecen los espacios reconocibles de las batallas, se borran casi todos los nombres y se obtura el espacio de la herencia india. Una patria urbana y universal.

Alberdi toma la lengua de los padres de Mayo alterando algunos de sus sentidos: este es el espacio-tiempo del letrado en el exilio. Preservará también la lengua de los padres literarios: Voltaire y Larra. En ambos casos el legislador traduce las voces pasadas y las hace inteligibles.

La utopía reconstruye la voz y el cuerpo de la patria en la voz y el cuerpo del exiliado. Alberdi convoca el cuerpo de la voz como cuerpo de nación en las *Bases*. Sarmiento escribe la voz del cuerpo: cuerpo bárbaro, cuerpo civilizado, cuerpo de la historia —en *Recuerdos* completa huecos en la historia provincial— cuerpo geográfico, y se une con su enemigo letrado al pensar el cuerpo del país.

Entonces, podría decirse que hay utopía cuando las voces y las huellas de la patria coinciden con las voces de los sujetos —legislador o educador— que planifican la voz y el cuerpo del estado futuro. Darle voz unificada a un cuerpo futuro. Alberdi y Sarmiento se complementan en la medida en que uno escribe la voz excluyente de la nación, en tanto que el otro detalla la inscripción de los cuerpos en el cuerpo del derecho.[8] Sarmiento narra los miembros constituyentes del cuerpo estatal en los cuerpos de los sujetos, y por eso su literatura elabora la metáfora de la salud o la enfermedad del cuerpo social.

Alberdi da la voz definitiva de la nación, Sarmiento va construyendo la nación en la discriminación de los sujetos. Los cuerpos admirados o sometidos, también aquellos asesinados, siguen el recorrido de la constitución del país. O mejor, conectando las trayectorias de los cuerpos es posible armar el cuerpo nacional.

El pacto en Sarmiento significa no la igualdad de las partes contratantes, sino la sujeción de una de ellas a la otra. En ambos letrados la idea de contrato es siempre autoritaria y describe una dirección que va hacia abajo. No hay pacto en la lengua, no hay igualdad sino sumisión. La palabra del otro está sometida al régimen verbal del letrado.

Pero esta operación de sometimiento es en Sarmiento más compleja, puesto que la escritura se origina en ciertos epítetos que desde el espacio federal son arrojados al espacio de los letrados. Los epítetos acuñados como método verbal de descalificación del enemigo conforman el origen de la escritura.

Esos epítetos, infiltrados, se hacen propios para escribir a partir de ellos. Sarmiento los narrará en escenas delictivas. "Salvaje", "asesino", "loco", "traidor" e "inmundo": el crimen y la transgresión son las figuras que los unen. Cuando narra la barbarie, acumula hechos que despliegan las palabras con las que en la vida pública se califica al grupo de pertenencia.

Esos epítetos son como las fronteras de un país: trazan los límites entre la legalidad y la ilegalidad. Al diseñar el espacio enemigo recortan el espacio del sujeto civilizado. Definen otro espacio en el que los epítetos se dan vuelta: a "salvaje" opondrá "civilizado", a "asesino", "fundador"; "loco" se transformará en "raro"; el "traidor" devendrá "patriota". Es el espacio de la civilización y el espacio de la autobiografía.

Negro sobre blanco, los espacios disconexos se comunican por medio de estos epítetos y sus inversiones. Sarmiento realiza en su escritura una doble operación de traducción: traduce al otro haciendo retornar los epítetos a su lugar de origen, y traduce esos epítetos al sustituirlos por otros en la diagramación del espacio del sujeto civilizado.

El contrato es un mito fundacional, una ficción que explica un origen. Para Alberdi la noción de fundación implica una revolución en las ideas operada por la razón de unos pocos en un espacio-tiempo para el pueblo. La representación del origen articula *La revolución de Mayo* y *El gigante Amapolas*: se trata de una situación revolucionaria con alianzas entre pueblo y letrados. Sarmiento concibe la fundación como la concreción de un orden cultural (y político) realizado por el trabajo racional de algunos —el letrado es el primero entre ellos— en un espacio-tiempo para algunos otros.

Sus exclusiones se hacen explícitas; las biografías de la barbarie las justifican en cada página. Su modelo primitivo tiene la dimensión del municipio. Modelo de democracia directa, cerrado y pequeño con alianzas entre los fundadores, alianzas que presuponen desde el comienzo de los tiempos la jerarquización de los roles y, por consiguiente, la ubicación de los sujetos en determinados lugares.

La interrelación de fundación y ruptura trama una literatura que envuelve una filosofía de la historia. El recorrido culmina en la emergencia de un modelo en el que desaparecen los conflictos y las contradicciones. Al gran fantasma de la heterogeneidad, la escritura opone los pasos para arribar a un estado homogéneo, llenando la falta de una instancia universal que englobe y dé forma: patria, ley, educación.

Alberdi piensa el contrato entre pueblo y letrados o dirigentes en torno a los conceptos de revolución y ley. La revolución significa la destrucción de un orden perverso y es el medio para arribar a la instauración de otro orden virtuoso; el fin es la consolidación de la ley. En Sarmiento hay pactos entre aliados en torno a la educación y pactos de un sujeto con una cultura. Pero no bien aparece el enemigo político, el contrato se rompe y sobreviene la guerra.

Los centros son revolución y ley, por un lado, y educación y guerra, por otro. Todo elemento que se articule alrededor de ellos será fundamento u obstáculo para el estado. Puestos en contigüidad, los sistemas delinean el espacio del estado en torno a la voz-ley o en el ejercicio de la educación de los cuerpos. Cada uno de estos sistemas permite leer al otro y en el cruce de ambos puede leerse el estado.

La enunciación de la ley y el disciplinamiento de los cuerpos parten del concepto de *autoridad* y delimitan su espacio semántico. Si hay voces y cuerpos disonantes en el exterior, se trata de escribir los contenidos de la legalidad. De otro modo, inscribir las voces y los cuerpos en la ley. El relato de estado es, en realidad, el relato y la escenificación del concepto de autoridad.

En las décadas de 1870 y 1880, los letrados revisan los programas juveniles y al hacerlo señalan sus flancos débiles. Trazan los límites cuando la reflexión y el cuestionamiento va hacia adentro y hacia atrás, hasta desempolvar el modelo primitivo: es el momento de las contrautopías, el momento de *Conflicto y armonías de las razas en América*, de *Condición del extranjero en América* y de *Peregrinación de Luz del Día.*

Estos textos recogen tiempos y espacios absolutamente heterogéneos: el tiempo-espacio discursivo de las ilusiones perdidas y el tiempo-espacio del poder político del otro, presente. Sarmiento acumula los conflictos de este lado de América mientras reparte las armonías en el norte. Alberdi acepta el fracaso y corrige las *Bases*.

En Sarmiento, la desilusión arrastra la xenofobia y profundiza el rechazo de la etnia indígena. Las ideas de raza y herencia, insinuadas en *Facundo*, aparecen ahora como factores determinantes que vertebran su pensamiento.

Toda segregación se atrinchera detrás de los muros seguros de una tradición. Esta tradición constituye una herramienta eficaz para distinguir "lo bueno" de "lo malo". Toda segregación reflota el concepto de pecado: los otros son los culpables de los múltiples desvíos. Todo dogmatismo desea legitimación, y por ello apela a la máxima autoridad, aquella que no puede ser discutida por ningún mortal: "El sistema de colonización venía, pues, marcado por la ley mosaica; no hacer alianzas con el cananeo que mora en la tierra, no habitar con él sino arrojarlo del territorio. Los españoles no siguieron la ley de Moisés: cohabitaron con las hijas de Moab; y los jesuitas, en lugar de temer que los ismaelitas y amorreos charrúas hiciesen pecar a sus compatriotas cristianos, pretendieron que el contacto con los españoles sería ocasión de pecado para los salvajes. De una y otra transgresión vino la anunciada *ruina* de las colonias españolas, de las misiones jesuíticas y de la España misma, para que la mano del Señor se hiciese sentir sobre la tercera y cuarta generación.

Las ciencias modernas, la psicología, la sociología y la anatomía, la etnología se han encargado de probar que Moisés tenía razón".[9] (El subrayado es de Sarmiento).

El último Sarmiento aprende su utopía negativa en un entramado que une a Darwin y las ciencias del momento con la Biblia. Si *Argirópolis* era el texto escrito para el estado, un texto político y laico, *Conflicto*, aspira a ser el libro profético, la biblia argentina. O lo que es lo mismo, el libro de la Verdad revelada. La Biblia que había sido para Sarmiento un modelo de escritura por la pluralidad de géneros que abarca, se convierte en modelo jurídico. Junto a las leyes eternas, las leyes de las ciencias naturales. Dos modelos, la ciencia y la teología proveen las leyes que organizan lo político, lo histórico y lo social.

Darwin investigó el origen de las especies, Sarmiento, el origen del mal para dar con las causas de la distorsión que había sufrido en esta parte de América la democracia.

Conflicto articula los dos libros, la Biblia y *El origen de las especies*, en la idea central de *razas favorecidas*. La trasposición al campo social de una teoría biológica que pivotea en torno al concepto de raza entrampa al discurso en una posición que se queda a medio camino entre los postulados científicos y el sermón condenatorio sagrado. La tesis fundamental se reduce a concebir los problemas del país como castigo por la transgresión de los límites primitivos.

Sarmiento reitera la exhortación final de *Argirópolis* —"Seamos Estados Unidos"— y reescribe la sección de los *Viajes* dedicada a la utopía norteamericana. Sólo que les cambia el sentido: la argumentación científico-teológica anula la dimensión horizontal e instala a los enunciados en el espacio inaccesible de la autoridad. La palabra del letrado se transforma en el Logos. Ahora se escribe para la historia.

Alberdi prefiere permanecer en la órbita de la ética. Para hablar de la desilusión deja el discurso jurídico y elige el discurso literario satírico. La literatura será, para él, el espacio del fracaso y la autocrítica. También el lugar de la enunciación de nuevas alianzas. En el cierre de *Peregrina-*

ción el pacto se vislumbra en la confluencia de la especulación y el pragmatismo.

Así como Sarmiento termina con una declaración de principios, Alberdi vuelve al viejo ideal de reconciliar la política y la ética: "No hay dos verdades en el mundo: una moral y otra física. La verdad es una, como la naturaleza; y el país en que cuesta la cabeza el decir y probar a un falso apóstol de la libertad que es un liberticida, que se cree liberal sólo por haber muerto a la libertad sin conocerla, será el mismo país en que los reveladores de la verdad física y natural vivirán expuestos a la suerte de los Galileo, de los Colón, de los Lavoisier, de los Bompland".[10]

Contar la causa primera del mal; rastrear el origen del pecado. Los discursos últimos de los letrados bordean el anatema; y en esta línea, se inscriben otras escenas que dan vuelta a las primitivas escenas. Fundación y ruptura se estrechan hasta confundirse: fundaciones negativas recortan y leen fundaciones positivas. En la rectificación de la versión juvenil del modelo, unas sirven de fondo a las otras.

El nacimiento de la patria encierra, entonces, los opuestos; la superposición de progreso y disolución en el acto fundacional. Este acontecimiento único que explica el comienzo del mal es la guerra para Alberdi, y las mezclas étnicas para Sarmiento. La posición del sujeto de la enunciación también se endurece; autoritarismo y discriminación son algunas de sus características.[11]

Tanto Alberdi como Sarmiento habían anotado fallas y omisiones de los antecesores; pero resultaban minimizadas en la noción de necesidad o de límites históricos. Alberdi insiste ya en el *Fragmento* en la urgencia de conquistar la libertad interna después de haber obtenido la independencia, diferenciando así las misiones de la nueva generación y de la anterior. Por su parte, Sarmiento detecta "errores políticos" —como la muerte de Dorrego— y olvidos históricos: la revolución ha hecho tabla rasa al despreciar el pasado colonial.

La esperanza utópica queda arrinconada en el párrafo final de *Conflicto*, jibarizada en el enunciado "Seamos Estados Unidos", que ha sido desmentido por las páginas anteriores. En *Peregrinación* la posición del sujeto que escribe permanece oscilante entre el escepticismo y la esperanza.

Las coordenadas de espacio y tiempo tejen también vinculaciones entre las prácticas literarias y las vidas individuales, estableciendo vasos comunicantes entre aquellos géneros que se eligen como escenarios para las luchas políticas y las vidas públicas de los escritores. Los géneros nacen en estrecha proximidad con las coyunturas específicas y con el desarrollo de las vidas singulares. La orientación estatal que impregna la totalidad de la escritura determina que aun en las escenas privadas de las autobiografías se perfilen fragmentos del estado. Como contrapartida, las utopías dibujan los contornos de los roles preferidos por los sujetos: el legislador, el juez, el maestro, el intérprete.

En Sarmiento los retazos genéricos se integran en torno a la guerra o a la educación. La guerra recorta el espacio de la biografía, la educación delinea el espacio intermedio de la autobiografía, espacio dual donde se superponen rupturas y fundaciones. El espacio de la utopía se diagrama sobre la fundación. Los géneros tienen dimensiones humanas: la biografía es el espacio del cuerpo otro, del cuerpo pasional sin ideas; en la autobiografía se combinan armónica o conflictivamente cuerpos civilizados con ideas; por fin, la utopía diagrama el espacio de la razón pura del que se ausentan los cuerpos.

Vida y escritura se intersectan, se reflejan o se compensan. Una categoría circula a menudo por distintas esferas. El vacío es una categoría con la que se piensa el plano colectivo, la historia y la política; pero también penetra la literatura para apuntalar la estructuración de los mundos textuales. La conexión con la vida individual se establece al constituirse, como categoría biográfica, el espacio-tiempo del sujeto que escribe. En los momentos de ruptura se colocan los sujetos que restablecen en su práctica y con ella la continuidad histórica interrumpida. Ellos suturan la brecha temporal abierta por el adversario cuando detenta el poder.

Apuntamos aquí la relación conflictiva entre el *lugar imaginario* y el *lugar real* de cada uno de los letrados, porque esa relación resulta crucial, no sólo para la posición del sujeto de la enunciación, sino también para la constitución de distintos tipos de enunciados. Alberdi es excluido o se autoexcluye del orden político; desde su sitio de ideólogo se pone más allá y más arriba de la coyuntura. La posición de Sarmiento oscila entre la del excluido que pretende inclusión y la del incluido que ejerce su práctica desde una situación de poder (por ejemplo, cuando da a conocer la biografía de Peñaloza). La falta de inserción en la vida pública del país multiplica obsesivamente en la escritura las escenas de ruptura, donde se insiste en el vacío de formas. La otra cara de la marginación asoma en las escenas de fundación. Las escenas dan respuestas a los conflictos personales o colectivos; tomando materiales heterogéneos los transforman en soluciones literarias.

En la repartición de roles, le toca a Alberdi diseñar la organización y suprimir la guerra; y a Sarmiento, pensar a la vez la educación y la guerra. El exilio permanente parecería ser la suerte inexorable del que, imaginando la nación del porvenir, se niega a otorgarles a los hombres peso decisivo dentro del sistema, mientras que el que personifica en un individuo el impedimento para la consolidación del ideal, ése tendrá la recompensa del máximo cargo público.

Los modos de construir los mundos textuales anticipan los destinos biográficos. Los textos plantean la cuestión de la distribución del poder, sus elementos visibles y ocultos, el peso de cada uno respecto de los demás, el juego de poderes y contrapoderes.

Por otra parte, transparentan las posiciones de los sujetos textuales que refrendan o corrigen las de los sujetos biográficos. Frente al poder, Alberdi —el discursivo y el de carne y hueso— se coloca arriba, en el lugar del legislador; Sarmiento prefiere el centro del campo de batalla. La disyuntiva se dirime en dos caminos divergentes: el exilio perpetuo o el alcance del poder político.

Acaso Sarmiento estaba llamado a ocupar el lugar de Rosas por su condición de traductor de las estrategias enemigas. En toda guerra, el que se adelanta a los movimientos del adversario decodificando su proceder obtiene la victoria.[12] Las tácticas de la prosa sarmientina son tácticas de combate gaucho, de entrevero. La presencia siempre renovada de la dicotomía civilización-barbarie y del lema "educar al soberano" atestiguan la importancia de la herencia sarmientina. La escisión interior entre educación y guerra crea un espacio-tiempo conflictivo que pasa de la literatura a la vida. Desde este espacio-tiempo quebrado el letrado lee la historia y la política pasada y presente.

Alberdi no podía ganar la batalla final porque no era traductor. En abierta contradicción con la versión sarmientina, Alberdi dice: "Rosas era un sistema, un orden de cosas. Los adversarios tomaban el símbolo de la cosa, al tirano por la tiranía. Rosas como hombre, como símbolo, como tirano personal, era un accidente. La cosa, el hecho, la tiranía, que en él se personificaba, era un estado permanente".[13]

Se afirma: la lengua es la patria del escritor. Desde este punto de vista el creador de una lengua inventa y se da en el acto mismo una patria. Sarmiento y Alberdi son nuestros logotetas del siglo XIX. Como padres fundadores nos han legado una lengua literaria y una lengua jurídica. Sus lenguas son mundos posibles que construyen paradigmas interpretativos con los que las generaciones posteriores leerán la literatura, el derecho y hasta situaciones de la vida colectiva.

II. Una galería de modelos: Los *Viajes* de Sarmiento

Un arte política

Los *Viajes* elaboran los modelos que entran en la constitución de un estado ideal: modelos políticos, económicos, culturales y de vida cotidiana. Los principios que los fundamentan se hallan en las nociones de unidad y pragmatismo. Si la unidad que regía el mundo antiguo se ha perdido, el letrado insistirá en elementos que, conectando las esferas, operen un trabajo de síntesis. El modelo de la unidad vincula el tiempo actual con un pasado glorioso; el modelo pragmático es el presente de la utopía —los Estados Unidos— y el futuro de la patria.

En el prólogo, Sarmiento declara un objetivo doble para la publicación de las cartas: al motivo público de la investigación de los sistemas de enseñanza superpone el motivo privado de narrar por placer sus experiencias "turísticas". La práctica literaria oficia de antídoto contra la misión oficial: "(...) dejaba esta tarea, árida por demás, vacíos en mi existencia ambulante, que llenaban el espectáculo de las naciones, usos, monumentos e instituciones que ante mis miradas caían sucesivamente (...)"[14] (*V.*, IX).

Con gesto deliberadamente modesto, el narrador muestra el deseo de contar ciertas vivencias a los íntimos. Enseguida, al placer del relato se suma el deber social que justifica lo que puede parecer frívolo: Sarmiento apura en las últimas líneas la otra finalidad de sus recorridos: "un anhelar continuo a encontrar la solución a las dudas que oscurecen y envuelven la verdad" (*V.*, XIV).

Más allá de revocar una angustia o cumplir un mandato colectivo, los textos de los *Viajes* desenvuelven un sistema de instrucciones que dan cuenta de la relación entre estética y política:[15] el entrecruzamiento o la fusión de ambos dominios permite inscribir en el espacio compartido los elementos del estado.

La lectura de lo político está siempre mediatizada por algún tipo de arte. La esfera estética funciona como una especie de condensador de todos los procesos sociales, políticos, económicos. La pintura, la arquitectura o la literatura retienen significados que, sobrepasando lo estético, revierten sobre el plano político. El arte explica los fenómenos colectivos con códigos propios. Así, se postula la noción de una *verdad artística* que da a conocer la *realidad política.* Esta versión interpretativa de la verdad resulta un núcleo fundamental de la producción sarmientina en la que a menudo la representación de lo político consiste en una reconstrucción estética.

El arte es condición de posibilidad para descifrar las claves políticas. La esfera política se integra en el límite entre lo particular entrevisto como universal —la arquitectura clásica y los espectáculos civilizados— y lo particular diferente —la literatura— que designa al mundo americano. Cada tipo de arte propone una articulación específica con la vida. Si las artes visuales ligan con la reproducción de modelos, la literatura desencadena una lógica de la producción, no bien el narrador genera su palabra a partir de otras ajenas.

El diálogo entre estética y política combina con el diálogo genérico: los *Viajes* están escritos en forma de cartas. Se sabe, toda carta enhebra sentidos, se emite en un lugar y realiza un trayecto hacia su destinatario. En su deambular, el viaje y la carta cubren distancias, desgajándose de su lugar para llegar a destino. De manera similar, el destino de la escritura consiste en tornarse periférica, en descontextualizar coordenadas locales para trasladarse a otros continentes. No obstante, el centro será siempre la periferia.

Europa era una fiesta

"Entonces se siente la incapacidad de observar por falta de la necesaria preparación de espíritu que deja turbio y miope el ojo a causa de lo dilatado de las vistas y la multiplicidad de los objetos que en ella se encierran" (*V.*, X). La vista, órgano con el que se contemplan los espectáculos, dobla distorsionando, reproduce pero con variantes. Escapar de este peligro que acecha constantemente al viajero no desemboca en la pretensión de fidelidad al objeto; por el contrario, las modificaciones que operan la visión y la práctica literaria sobre la realidad adquieren signo positivo.

El narrador niega validez también al procedimiento descriptivo, porque genera duplicaciones e intenta una tercera vía: interpretar las singularidades nacionales, que como tales, ligan lo colectivo y lo privado, lo particular y lo general: "Materia más vasta, si bien menos fácil de apreciar, ofrecen al espíritu que agita las naciones, las instituciones que retardan o impulsan sus progresos, y aquellas preocupaciones del momento (...)" (*V.*, XI).

Los *Viajes* aseguran una complicidad entre la vista y la palabra que pone a resguardo tanto de la copia como de la deformación. El principio de *elaboración* irradia en múltiples direcciones: caracteriza el trabajo de interpretación, el montaje de materiales, el acoplamiento de voces, las conexiones entre las esferas, los lugares de los sujetos textuales, en fin, las vinculaciones entre el narrador y lo narrado.

Conducido por este principio, el lenguaje descubre las singularidades de lo nombrado. Pero como en la pluralidad se arriesga la pérdida del control sobre el conjunto, la escritura realiza operaciones de síntesis que contrabalancean la multiplicidad. La síntesis aparece en numerosos fragmentos del mundo textual con matices e inflexiones puntuales.

En Sarmiento ver es aprender. Los pasajes que presentan espectáculos naturales, sociales o artísticos son momentos de densificación de los sentidos en la medida en que los espectáculos cumplen funciones pertenecientes a distintos ámbitos: origen del pensamiento, modo de conocimiento y actividad social.

Las escenas que se demoran en la descripción de los espectáculos y de las muchedumbres consolidan las reglas de formación de la identidad nacional y cultural, según dos paradigmas valorativos que clasifican las fiestas en bárbaras o civilizadas y en verdaderas o falsas. La ambigüedad que flota cuando interviene el primero —las corridas de toros crean una zona bivalente— se convierte en certeza no bien se juzgan de acuerdo con el segundo.

"La vida y el placer están asegurados por lo que dure la fiesta", escribe Canetti.[16] La participación en una fiesta anticipa otras que se sucederán; una sensación vital prolongada se deriva de la densidad humana y de la compactibilidad de los sentimientos. Objetivo y meta final en sí misma, la fiesta iguala las clases y borra las diferencias, acentuando la vinculación entre vida y muerte.

Las corridas de toros o el carnaval aglutinan multitudes acompasadas y alegres que no tienen parangón con otros tipos de masas. Contra el colectivismo de las masas festivas, el héroe solitario y excepcional. Aunque el sujeto textual no pierde su identidad fagocitada por las masas —su posición es la de un observador—, en ocasiones emerge el sentimiento inverso delatando los conflictos personales; el espectador se metamorfosea en protagonista y se imagina *flâneur* en París, beduino en África o militante afectivo en la plaza de toros.[17] La transformación desborda la apariencia exterior, el disfraz que lo convierte en cosmopolita o en salvaje; en ella fermenta la posibilidad de participar de la modernidad o de transmutar la cultura en naturaleza. Cuando este interrogante se amplía al mundo, la pregunta se convierte en exploración filosófica: ¿cómo se concilian naturaleza y cultura?

Ciertos símbolos de masas que tienen propiedades comunes a ambas esferas hacen la correlación; estos elementos naturales y colectivos trazan un arco analógico que recorre dos direcciones paralelas y reversibles: los fenómenos físicos definen comportamientos sociales así como los desórdenes naturales son sinónimo del caos social. En los *Viajes* el desierto y el fuego invierten sus valores ordinarios. Si el desierto posee, por un lado, la capacidad de despertar ideas en quien lo contempla (me atrevería a decir que la movilidad de las arenas alucina la acción cambiante del pensamiento), por otro, amenaza como algo agresivo y hostil.

El otro símbolo de masas que teje relaciones entre Europa y América es el fuego. Fuego de la guerra; fuego del Vesubio; erupciones carnavalescas en Roma. Su presencia repentina y violenta anuda naturaleza y guerra; la acción de devastadora iguala geografías distantes: arden los buques en el río y también las llanuras bajo la lava del Vesubio: "los volcanes han trastornado la tierra" (*V.*, 289). Cuando insiste en las semejanzas entre los fenómenos, la escritura apuesta a la disolución de las especificidades de los procesos. Esta lógica, que tiende a sepultar lo irrepetible bajo el modo de la analogía, actúa en los *Viajes* como el fuego: se propaga con rapidez, domina y aproxima lo que estaba aislado, conectando espacios, culturas y personajes.

Otra lógica paralela y contraria a la anterior responde a la *pregunta histórica* que hace el texto. Una vez visualizado el centro anterior a toda partición, se busca allí el origen de las divisiones. Es ésta una pregunta por la unidad que se sustenta en una concepción de la historia antigua como utopía de la unidad perdida y en la adscripción del sujeto enunciador a un tiempo que difiere de su actualidad. Vientos arcaicos lo transportan hacia atrás; Sarmiento retrocede para meter una cuña en el "centro inteligente de la tierra". Allí encuentra las causas: Roma dividida en "Roma guerrera y legislativa" y "Roma cristiana y artística" (*V.*, 289) marca el comienzo de toda fragmentación.

La historia asume la modalidad de un espectáculo que conjuga guerra, ley, religión y arte. Estos términos activan una constelación donde se integran las analogías, se saltan planos y se homologan tiempos y espacios. Simultáneamente los textos hacen un uso puntual de los términos, esquivando la inmovilidad de los significados. La escritura señala marcos espacio-temporales y políticas: "De estas materias terrestres humeantes y convulsas salía hasta los tiempos de *Honorio IV*, el espíritu *romano*, destructor de naciones y de pueblos. *Desde entonces acá* la destrucción ha venido invadiendo Roma" (*V.*, 289. Subrayado mío).

En el juego de precisiones e imprecisiones se registra la construcción de un sentido histórico que ilegítima los nexos entre religión y guerra. Precisión en el nombre papal y en el período que inicia la decadencia. Imprecisión deliberada al emplear el adjetivo *romano*, sinónimo por contigüidad de católico. La causa primera de la decadencia —la religión—, fechada con exactitud, habla anafóricamente de otra realidad también fechada. Sólo el carácter laico da positividad a la guerra.

A pesar de la admiración por la antigüedad, los *Viajes* no caen en apologías retardatarias. Los lazos históricos y culturales entre pasado y presente encarnan en una geografía donde alternan lugares centrales con lugares periféricos. Sarmiento convierte a la historia en topografía, transforma el espacio urbano en significaciones culturales y el tiempo histórico en el lugar concreto en que se coloca el sujeto.

La escena de ascensión al Vesubio reproduce la travesía que hace un sujeto marginal al centro, precisa el lugar fronterizo que le satisface, puesto que desde él consigue acceder a la develación. El narrador que ha llegado hasta la cima del volcán cuenta a sus compañeros de grupo lo que ha visto. Lejos de resolver un enigma, ese instante abre al vacío: asomarse al centro le devuelve sólo tinieblas, un gran agujero negro. Por el contrario, no bien mira a lo lejos, percibe un choque de imágenes que le hace exclamar: "¡cómo pueden vivir juntas cosas tan opuestas!" (*V.*, 281). Ubicado en el borde del centro, no ve sino la lejanía y verifica las contradicciones.

A menudo Sarmiento escenifica conceptos, dramatiza situaciones emblemáticas y detalla el rol del sujeto en los acontecimientos. Aquí, el microrrelato reivindica una posición limítrofe y elevada para el observador-intérprete. Sólo aquél que ha llegado al centro y contemplado la nada que se esconde en él puede pasar al otro lado y ver la mediatez. Se trata de una ampliación del campo perceptivo en el que cotejar geografías equivale a confrontar culturas. Por último, ofrece testimonio ante la multitud; el intelectual puede hablar *frente* al grupo porque ha estado *sobre* él.

En esta escena el espectáculo recala en un sujeto que milita en el partido de la verdad. El pasaje dramatiza la posición del letrado: la lucha de un sujeto intermediario entre la revelación intelectual y el pueblo destinatario de ella. Pero la verdad se descubre solo en la polémica; surge del duelo verbal entre los cómplices —el narrador y el inglés— que son sometidos a consejo de guerra por jueces denigrados a "vulgo" o a "amotinada turba".[18]

Las cartas de Italia proveen una versión estrábica de la civilización. Territorio de contradicciones, Italia exhibe ciertos componentes, la guerra, la ley romana y la religión que desnudan las carencias y redundancias de este lado del mundo. En la selección maliciosa de insistencias y omisiones, el texto señala consignas políticas, personajes, lugares y situaciones de la historia patria.

Las ausencias suelen ser al menos igualmente significativas que las presencias. Cuando el narrador se demora en el examen de la arquitectura y la escultura antiguas, ciertas presencias reinventan la vieja conjunción armónica. Arte, religión y política formaban una totalidad. Las estatuas, "objetos del arte y el culto antiguo" (*V.*, 235), el foro donde resuenan las voces de las instituciones mezcladas con el repertorio de templos y dioses propagan el escándalo frente al origen de las divisiones: me refiero a la guerra, elemento encogido en el orden antiguo que imagina el texto. Junto a esta síntesis, otros ejemplos de síntesis "modernas" compensan las fracturas, suturando las heridas provocadas por la irrupción del cristianismo.

El espectáculo de la guerra también tiene su doble. En rigor, más que una lógica dual, los *Viajes* accionan una lógica de la multiplicación que trabaja con paralelismos e inversiones. La guerra vuelve en el lenguaje que designa al carnaval: erupciones volcánicas de las masas, citas del lenguaje bélico. El espectáculo convierte en positivas las connotaciones negativas encerradas en la guerra y el fuego. Una cadena de desplazamientos trastrueca la destrucción en erupción de flores y confites, en descargas de carcajadas; a estos desplazamientos conceptuales corresponden otros escenográficos. Metonímicamente la auténtica orgía de sangre se narra en otro espacio, Montevideo.

Como matriz estético-política, el espectáculo se construye en la recurrencia de ciertos elementos, procedimiento que genera un efecto de vértigo: la velocidad de la escritura se constituye en la repetición siempre diferente. El doble es siempre otro, semejante pero distinto o abiertamente opuesto. Los rituales de Semana Santa son el anverso de la fiesta pagana del carnaval.

Bajo el rótulo de lo teatral como simulacro, y achicando la lente narrativa hasta circunscribirla al espacio de la fiesta, los *Viajes* impugnan el poder papal. El concepto de simulacro demarca con prolijidad los sentidos torcidos de la guerra, la ley y la religión, tanto en Europa como en América. Lo teatral engloba, acota y distribuye propiedades negativas a esos espacios de poder que aunque se ubiquen en el otro mundo señalan a éste.

Todo espectáculo implica una representación, hace presente algo previo; pero, aunque el texto teatral exista con anterioridad, las variaciones de interpretación o de dirección lo modifican, convirtiéndolo en otro original. Tal es el sentido con que aparecen en los *Viajes* las fiestas populares, a excepción de la de Semana Santa. En ella, la semántica teatral, como dialéctica del ser y del parecer, cuela juicios de valor, clarifica la postura del sujeto textual respecto de una esfera de poder.

Los ornamentos derivan hacia una puesta en escena donde se mueven los actores-sacerdotes y el público de fieles. La sintaxis narrativa disemina unidades que asociadas y combinadas ilustran un pensamiento que discrimina entre las falacias de ese catolicismo y la veracidad de otras formas religiosas anteriores a él —cultos gentiles en Roma, profetismo en África—. Este es el tiempo desde el que mira el narrador. La versión positiva del espíritu religioso traba en alianza la literatura romántica con la fe provinciana; dicho de otra manera, el encuentro se da entre el escritor y el pueblo. Las voces del pueblo concuerdan con las voces de los escritores; los románticos, que han reconstruido el edificio del cristianismo, restituyen en la lengua la fuerza de los actos.

Lejos está del pensamiento sarmientino presentar la secundariedad como sinónimo de falsedad. Nítidamente el texto separa el espectáculo ritual falso aunque real de su reelaboración literaria, verdadera, a pesar de que no coincida con lo real, tan verdadera como la adhesión popular al culto. Porque ocupa un estatuto intermedio, la literatura puede alojar la verdad en el distanciamiento que va de la empiria a la representación.

Los *Viajes* desarrollan in extenso modos de relaciones sociales horizontales y verticales, conflictos y alianzas desde una óptica populista o con matices autoritarios. La mayoría de las veces estas relaciones se ocultan en elementos puntuales. Por ejemplo, en ciertos nombres se dan ocurrencias distintas: historia, espectáculo, formas políticas, sustitución de personajes. Los nombres de Nerón y Cicerón, sus figuras reproducidas en estatuas permiten desplegar al narrador lo que los nombres *representan*. En numerosas zonas es posible leer esta *lucha por los nombres*, una batalla por la delimitación de sus contenidos y por la identificación —mediante enumeraciones ordenadas— de los sustitutos nominales. Cicerón: palabra/hombre; Nerón: fuerza/déspota. El nombre es una especie de lugar de circulación de sentidos, síntesis entre la imagen representada y los conceptos designados. Como espacio de lucha política, el descentramiento del nombre constituye un "espectáculo instructivo" (*V.*, 285) que metamorfosea los rostros: Cicerón es a Sarmiento lo que Nerón a Rosas.

Aunque las dualidades desdibujan en algunos casos los límites entre civilización y barbarie, y en otros implantan divisiones, promueven invariablemente una lectura bidimensional, una superposición de imágenes que, aunque asiente en Europa, señala a América. La España que Sarmiento examina con escalpelo es una nación reducida al tamaño de la plaza de toros. Continuador del espíritu popular del teatro barroco, el espectáculo taurino entrelaza barbarie y arte. "Mas es preciso que os introduzca a España por dos caminos. Hay dos caminos en España para diligencia" (*V.*, 141). El enunciado que sirve en el plano anecdótico para denostar los medios de transporte, rige la visión de una España atravesada por oposiciones que articulan no sólo los fragmentos costumbristas, sino también la posición ambivalente del narrador como fiscal y espectador fascinado.

Cada actividad en España porta el sello de la decadencia: muerte en el ruedo, en la cultura, en la industria y en el pensamiento. Sin embargo, la prosa flexiona la desnudez de la muerte cuando la vincula con un hecho estético. Si el espectáculo de la naturaleza engendra ideas, el espectáculo social y popular es origen del arte. El valor estético cumple una cantidad sorprendente de funciones; concebido como factor móvil y deambulatorio, pone en relación arte y vida, circulando por las artes, por el plano social y por el orden político.

La escena que detalla la conversión de la masa festiva en masa de acoso resulta paradigmática para esclarecer tales relaciones.[19] En notable condensación designa otro arte y otro régimen. Para poder hablar de la barbarie con los elementos propios de ella, Sarmiento descentra lugares, tiempos, nombres y espacios; trabaja con desplazamientos que permutan la importancia de los elementos, haciendo central lo periférico y viceversa.

La multitud dicta sentencia de muerte para el toro que ha matado a traición y se arroja sobre el animal despedazándolo. La narración acciona un repertorio de reglas que deben guiar el combate. Saber matar supone una combinación de arte, coraje y honestidad. Guerra, traición y justicia: éste es el trasfondo sobre el que se despliega el espectáculo de tauromaquia. La traición del toro —en un intercambio de roles se otorga el mismo estatuto al animal y al hombre— despierta la ley del talión. El espectáculo de la injusticia arrastra como consecuencia la pasión por la justicia. Sarmiento empleará argumentos similares cuando trate de justificar la muerte de Peñaloza: el transgresor atrae sobre sí el castigo de la comunidad.

Las escenas van armando una cadena significante que configura la versión sarmientina de España: muerte-toros-sangre-religión. No hace falta reponer el eslabón de la guerra para completar las alusiones al Plata; lo hace la misma escritura bajo la forma de un comentario afectivo: "¡Oh, las emociones del corazón, la necesidad de emociones que el hombre siente, y que satisfacen los toros, como no satisface el teatro, ni espectáculo alguno civilizado! La exasperación de las batallas para los veteranos sólo puede comparárseles (...)" (*V.*, 163).

La superposición de los dos mundos actúa también en los discursos parlamentarios. Verdaderas escenas teatrales, los pasajes en que aparecen oradores —Thiers, Guizot, y el mismo Sarmiento— focalizan el punto de mira en el protagonista, porque el espectáculo es el cuerpo y la palabra individuales. En los *Viajes* la intervención del lenguaje político hace desaparecer el plano colectivo; instaura el dominio de un sujeto racional que enuncia universales y acusa la irracionalidad del otro. Aunque el empleo del discurso cuasidirecto acerca las distintas palabras, las dos voces que se conjugan en el procedimiento establecen distancias entre sí a partir de una coincidencia o de una disidencia básicas.[20] La voz del sujeto de la enuciación se distingue de la de Guizot, pero se acopla a la de Thiers y por ese acuerdo, las palabras del francés cambian de naturaleza; el uso político del lenguaje lo transforma en un arma arrojada contra el enemigo. El espíritu bélico que habita en el lenguaje transmuta la retórica en cuerpo. La fusión de cuerpo y lengua proponen un espectáculo modelo que destaca los contenidos estéticos de una lengua política eficaz. En la figura emblemática del orador se vislumbran las interrelaciones entre modelo, espectáculo y guerra. El orador, único modelo parlante, espectaculariza en su representación una lucha política.

Un modelo para reproducir

Mucho antes de que Benjamin escribiera: "Cada día cobra una vigencia más irrecusable la necesidad de adueñarse de los objetos en la más próxima de las cercanías, en la imagen, más bien en la copia, en la reproducción",[21] Sarmiento sostiene el mismo deseo como necesidad colectiva. En los *Viajes* la teoría del modelo propuesta levanta la posesión contra el origen.

Si el aura de la obra de arte se configura en el aquí y el ahora del original que constituyen su concepto de autenticidad y atestiguan la realización de la historia, Sarmiento liquida la concepción aúrica del arte en un doble sentido: refunde la historia testimoniada por la obra, rellenando las formas clásicas con contenidos del siglo XIX y propicia la utilidad de las copias.

De entre las artes itálicas, apuesta a la arquitectura y a la escultura, porque ve en la primera la práctica de las instituciones democráticas; en la segunda acentúa los prototipos del artista, del científico, del aventurero o del político.

Ante la magnificencia del espectáculo, ningún sentimiento de recogimiento o estupor llega al narrador, quien sustituye el valor cultural por el valor utilidad. Contemplación y uso se imbrican en una concepción del arte en la que la autenticidad cede su lugar preponderante a las posibilidades aplicativas de la obra. No bastándole la secularización del arte, Sarmiento propulsa un pragmatismo a ultranza, recoloca en primer término al espectador que se apropia de la obra sumergiéndola en el interior individual y social.

Los *Viajes* hacen una utilización puntual y no unificada de las coordenadas temporales. La dimensión tiempo afecta al orden de la lengua —se habla de los vocablos apolillados que emplean los literatos españoles— y al orden de la pintura barroca. Interpretan con una hipótesis genética las artes visuales y verbales españolas. Su esterilidad nace del autoengendramiento, del excesivo apego al "original real" que no reconoce antecesores ni descendientes. Al proclamar la abolición de toda genealogía, se agota en sí porque no produce modelos para mimar. La insuficiencia proviene de la falta de ideas que sean soportes de las transformaciones históricas "(...) los españoles no pudieron legar nada a su nación, que cambiaba de faz en aquel momento. La novela creada por Cervantes fue a reproducirse en Francia; el pincel de Rivera, en los Países Bajos" (*V.*, 177).

Las vinculaciones entre arte y tiempo se desgranan del núcleo democrático que, orientando la noción de arte, se conforma en la alternancia de rupturas y continuidades. ¿Quiénes son los sucesores que afianzan toda forma de continuidad? Sin duda, la participación popular en las manifestaciones estéticas aseguran su permanencia. Por el contrario, ciertos elementos ajenos al sentir popular detienen el proceso: la introducción de lo aristocrático francés congela el teatro nacional; la irrupción de la violencia inquisitorial inmoviliza las formas novelísticas y pictóricas. En ambos casos se trata de un elemento impuesto desde el exterior que coacciona y disgrega.

El modelo que ofrecen las artes visuales no admite ser reducido a una lógica de continuidades temporales que desembocaría en un estatismo nostálgico del paraíso perdido. Arrastra y compagina, yuxtaponiendo a la dimensión temporal una actualización en el pensamiento que bifurca dos historias: la que compete a los acontecimientos y la que diseña las ideas. En otras palabras, las artes visuales retienen la capacidad de producir modelos que son, en última instancia, *ideas modelo*. Roma, símbolo de las instituciones; España, espíritu nacional encarnado en la tauromaquia; Estados Unidos, un arte a la medida del hombre, para ser usado cotidianamente. El sintagma "pueblo rey" vuelve para inscribir en estas tres naciones tres épocas y tres modos de armonizar arte, instituciones y participación popular. El atributo define la vida colectiva como dispositivo cuyas piezas funcionan de manera aceitada por la mediación de un arte específico. El arte, entonces, se convierte en engranaje que pone en movimiento la maquinaria social.

En estas zonas de los *Viajes*, las consideraciones acerca de los fenómenos estéticos y su vinculación con la comunidad se amplían hasta constituir modos de pensar el mundo. Sarmiento imagina un orden antiguo regido por la *fusión de esferas*; la fractura histórica que comporta la aparición del cristianismo cliva el abismo que hay entre la totalidad perdida y esta especie de enhebrado de fragmentos en que se ha descompuesto el mundo. La distinción que hace el texto entre formas bellas romanas y contenidos morales religiosos da cuenta de las divisiones.

La fractura es condición para armar el modelo sobre el que se reproducirán las copias. Como signo de los tiempos históricos surge una cadena de mediaciones que patentizan los sucesivos alejamientos del original: el renacimiento se recorta sobre la antigüedad, la contemporaneidad sobre el renacimiento; los artistas europeos copian las obras maestras y ofician de intermediarios entre sus predecesores y los americanos "aficionados": "Como la falta de modelos en América es uno de los grandes obstáculos que el cultivo de las bellas artes encuentra, fácilmente se comprenderá de cuánta ventaja puede ser la adquisición de copias calcadas sobre las obras maestras de Roma, y casi puede decirse pasadas de una tela a otra, por la habilidad profesional del artista" (*V*., 250). ¿Copia o afición? El gran arte pertenece al mundo precristiano. Quizás la inserción del original sólo es posible en el marco de una totalidad definitivamente clausurada.

La noción de modelo apela al desvanecimiento de lo particular. El proceso supone la selección e integración de los constituyentes en un todo significante. El modelo es una imagen que se relaciona más que con objetos empíricos con conceptos; según la concordancia o el desvío, las copias posteriores serán buenas o malas. Si el modelo remite a una imagen, ello implica comenzar las multiplicaciones a partir de un doble; si la representación como tal es ya copia de un original perdido, ¿dónde encontrar la versión primera?

Un germen de respuesta se perfila en un pasaje en que el narrador, al observar a los campesinos italianos, recuerda la figura clásica del sátiro; arroja entonces la hipótesis de que esta imagen ha sido moldeada sobre el tipo real de los antepasados pastores. Aparentemente el origen del arte antiguo residiría en un movimiento de traslación de lo real a lo estético. Pero dicho tránsito se complejiza porque la constitución del tipo conlleva un proceso de abstracción, de relevamiento de rasgos necesarios.

Si volvemos sobre la noción de totalidad que para Sarmiento cohesiona el orden antiguo en el que se imbrican las esferas, los planos artístico, religioso, político, privado y público ocupan el mismo territorio. En vano buscaremos en la producción sarmientina algún intento de restituir el original; esta problemática se descarta en favor del uso de las copias, gesto que deriva hacia el olvido de lo irrepetible de la tradición en beneficio de la reproducción de formas a las que se les asigna determinados contenidos y aplicaciones.

El flujo de copias perpetúa la difusión de los universales. Lejos de señalar la decadencia del mundo contemporáneo, la copia es más bien su expresión; democratiza el arte ampliándolo hasta límites insospechados. Por medio de esta especie de colectivización de lo estético, la memoria popular conserva a sus artistas integrados a la existencia cotidiana: "conócelo el pueblo como a sus manos y créelo vivo porque no sabe cuándo ha muerto, si es que mueren realmente tales hombres" (*V.*, 295). La copia se carga de un valor positivo, puesto que constituye una vía de acceso al conocimiento.

Entre el original y la copia, los *Viajes* abren una brecha por donde se filtra una concepción democratizadora del arte; el arte no era para Sarmiento el objeto hegemónico de unos pocos. Si estas teorías tienen aún vigencia es porque marchan a contrapelo de cualquier platonismo que preconice la "mentira" de la imagen o la copia. Por el contrario, su absoluta modernidad reside en la postulación de un segundo sin primero, en la destitución de la causalidad en arte y en la interpretación de la realidad según códigos estéticos.

Los libros de África

Sarmiento discurre incesantemente sobre el otro. Esta obsesión discursiva pretende desbrozar la lógica del oponente y descubrir los enigmas de esos saberes otros. En los *Viajes*, el binarismo que escinde civilización y barbarie se quiebra en un punto de fuga: África es territorio de contradicciones. La categoría apriorística se transforma en un complejo mutante de ideas que derivan en una interpretación paradójica de la cultura árabe.

¿Dónde buscar las razones de estos entrecruzamientos? ¿Por qué hay cambios que atentan contra la garantía de unidad de un sistema en apariencia cerrado? Encuentro una respuesta en el elemento que para Sarmiento simboliza la civilización: África tiene libros.

Los libros introducen una anomalía en el ser de la barbarie. Perturban la homogeneidad, operan como vectores centrífugos que pueblan el texto de contradicciones: la naturaleza salvaje retiene el poder de generar la reflexión; la religión linda con el fanatismo, pero las profecías contienen el embrión de la liberación; los libros circulan e integran al pueblo; los establecimientos públicos practican el principio de asociación. Esta presencia extraña invita a leer de manera desviada las coordenadas temporales, exige la decodificación política de las letras sagradas y suprime barreras entre los términos contrarios.

Sarmiento transcribe las profecías árabes que predicen la derrota de los franceses. El cambio de alfabeto dota a la actividad de traducir de una fuerza extraordinaria. Traducción y desciframiento. La tarea consigue aproximar los opuestos porque basta restablecer el sentido latente —y verdadero— para que salgan a la luz aspectos progresistas ocultos en el aparato conceptual del contrario. Sarmiento convierte las citas, esto es, las vierte en otras lenguas, pasando del árabe al español y de las claves sacras al lenguaje político. Doblemente legibles, las citas traducidas producen un exceso de significado: convalidan la otredad, superponen contenidos políticos a ideas trascendentes y convocan además el sentimiento profético del letrado.

Todo vaticinio sobrevuela espacios y tuerce cronologías. En los *Viajes*, los oráculos bárbaros presagian una voz utópica civilizada. Así como los árabes develan en sus escrituras el destino político-religioso de la comunidad, los argentinos desentrañarán en otra escritura el porvenir nacional. Los tópicos que estructuran la visión de África componen el marco para leer *Argirópolis*: educación y asociación anticipan su programa.

Los *Viajes* imaginan la vida colectiva como una constelación con un centro fijo y perdurable basado en la educación. Los libros son imanes, factores sociales aglutinantes: el fenómeno cultural explica las formaciones sociales. Ese continente otro preserva intacta la problemática que desvela al letrado: cómo conciliar la tradición con el progreso; dónde buscar la identidad.

Se trata, por un lado, de conservar las tradiciones culturales y religiosas que perpetúan una organización política eficaz. En esta línea, la palabra profética transmitida oralmente o escrita en libros asegura la supervivencia de la nación, dictamina modos de inserción en la colectividad y origina un tipo específico de caudillismo: "Un hombre vendrá después de mí. Su nombre será semejante al mío; el de su padre semejante al nombre de mi padre; y el nombre de su madre semejante al de la mía. Se me asemejará por el carácter, mas no por la figura; llenará la tierra de equidad y de justicia" (*V.*, 200). Dice también que la historia se mueve en dirección única y que las similitudes nominales son, en realidad, fusión de dos roles sociales: el del profeta que anuncia la utopía de la liberación y el del guerrero que realiza las predicciones.

Sarmiento descubre que la solidez y resistencia de ese mundo radica en el estudio de los anuncios proféticos que, ocupando el corazón de todas las discusiones, fomenta la afirmación de la conciencia colectiva. En su sistema la palabra es un núcleo densificado, al punto que se convierte en dispositivo desencadenante de procesos sociales. El detalle y la localización de las funciones del libro y la palabra indican las vinculaciones de dos patrones conceptuales —el de Sarmiento y el árabe— cuyo denominador común gira en torno a la interrelación de las esferas y del papel preponderante de la educación.

Pero las aproximaciones se extinguen no bien vira el foco de interés. En el instante en que la dicotomía pensamiento-creencia pasa al primer plano, nace el afán de distanciamiento. El texto afirma que el fracaso de las luchas populares es consecuencia de *creer* lo que dicen las escrituras, o mejor, la *lectura literal* de las profecías desemboca en la catástrofe. *Pensar* exige, por el contrario, una *lectura lateral*. La lectura desviada se traduce en rectitud interpretativa; la reflexión excluye cualquier decodificación que no sea política.

Las profecías no aclaran el nombre propio del libertador. Hay que llenar el casillero vacío del nombre con un cuerpo que corresponda a ese nombre. La armonía del nombre con el hombre delimita territorios verdaderos de apócrifos. La apropiación de una identidad cifrada en el nombre —el enigma reside en saber quién es el Mulé-Saa— es una empresa que involucra a la comunidad por entero.

Los *Viajes* insisten en que los libros no mienten; es la sociedad quien se equivoca al darle el título de caudillo a un simulador. La escritura subraya algunos nombres que invalida y propone otros como ejemplos. El hombre es el profeta que habla en representación de un grupo mayor;

el caudillo político, el que ofrece su palabra para que otros la recojan, el que sostiene los valores de la tradición y llama al combate. El hombre es Sarmiento, cuyo renombre corre paralelo a la escritura sobre otro nombre: *Facundo* es la señal que identifica al profeta de la civilización. A él le compete extraer sentidos sumergidos, iluminándolos desde la especulación, marcar la divisoria entre los contrarios, traducir jeroglíficos e imponer la exactitud.[22]

El letrado ordena en su praxis los rasgos diferenciales del otro: suelo salvaje, etnia primitiva, lengua indomable, fanatismo religioso, pero también libros y asociación. El procedimiento de la homología desliza los correlatos americanos. Sin embargo, si nos demoramos en el análisis textual, las redes se rompen. La operación lleva a una conclusión sorprendente: el mundo salvaje árabe se muestra *superior* a su igual americano. Si África escenifica un juego de contradicciones, ello se debe a que los libros y la escritura no sólo no están desgajados de la vida bárbara, sino que conforman su patrimonio.

Sarmiento escoge y califica algunos fundamentos de la sociedad americana, entre otros, sustrato cristiano, pueblo dócil y naturaleza pródiga. Estas bases deberían actuar en favor del desarrollo y el progreso; pero el narrador mezcla las cartas produciendo una quiebra entre la secuencia lógica que tendría que proseguir con la enumeración de las "ventajas" americanas y el sistema predicativo que injerta inversiones: "(...) sin embargo, helos aquí a estos pobres pueblos *degenerados, cristianos* y *europeos*, desgarrándose entre sí por palabras que les arrojan como un hueso a hambrienta jauría de perros" (*V*., 228. Subrayado mío). Las formas predicativas orientan semejanzas superficiales en direcciones divergentes; metamorfosean las semejanzas en diferencias que deslindan paradigmas opuestos: *degeneración-cristianismo-europeísmo* contra *regeneración-precristianismo-arabismo*.[23] La cita ilustra la correspondencia entre degradación social y lingüística; la oquedad que altera a la palabra supuestamente civilizada se recorta contra la plenitud de la palabra del otro.

Una política de desvío y restituciones manifiesta las presiones a las que está sometido el lenguaje. Para Sarmiento, el otro usa la lengua de modo equivocado. El narrador corrige dos veces: por un lado, tuerce los sentidos literales, reflota los auténticos y destaca el significado original; por otro, denuncia el robo y la perversión de los conceptos inminentes al orden propio.

Si los libros de África son vallas contra formas bastardas, es porque recogen y fijan los orígenes, porque legan la *imagen* primigenia de lo real: "En la Biblia sólo puede encontrarse el tipo imperecedero de esta impercedera raza patriarcal. Árabe era Abraham (...); del mismo tronco han salido el Evagelio y el Korán" (*V*., 199). Cabría extender a otros libros sagrados las consideraciones sarmientinas sobre la Biblia que era su ideal de escritura.[24] Creo que, para Sarmiento, sólo la mezcla e imbricación de géneros que converjan en una textualidad inaugura la posibilidad de elaborar una imagen total del contexto histórico. La fertilidad de la palabra escrita deriva de una actividad transformadora que fusiona los dominios de la sociedad y del lenguaje.

Aunque la narración no lo haga explícito, África perfila un modelo socio-escriturario; descubre a los ojos del observador no un modelo para copiar —como en el caso de las artes visuales— sino un modelo para elaborar. Cuando aparece la escritura se pasa de la copia a la elaboración.

Ecos de la literatura nacional

Las categorías estéticas expresadas en un arte particular —la arquitectura y la escultura clásicas— representan en los *Viajes* la concreción de la categoría de civilización. El tránsito de lo particular a lo universal que se efectúa en Europa se invierte en América, donde se acentúan las singularidades. La literatura provee los originales sobre los que el narrador trama su discurso. El concepto de elaboración domina en una práctica escrituraria que se apoya en el montaje de voces; el sujeto de la enunciación las toma prestadas y las integra en la voz propia. Sarmiento escribe, ¿quién escribe detrás de él?

En carta a Mrs. Mann, Sarmiento dice que cuando formula una idea abstracta recurre a la cita de autoridad; pero si se trata de hechos, copia de la narración original. En los *Viajes*, cumple fervorosamente estos postulados estéticos: transcribe voces autorizadas y plagia composiciones literarias.

La idea de un trabajo personal sobre materiales ajenos precede la redacción ya a partir del prólogo en el que se aborda la reflexión sobre los componentes primarios que entran en la escritura y las transformaciones que realiza el sujeto en su actividad. Allí el narrador discrimina realidad de verdad. La verdad resulta una operación de abstracción que se consuma a través de modos empíricos de conocer (ver espectáculos). Declara también que hay una relación de solidaridad entre el narrador y lo narrado. Otros pasajes completan la teoría: el sujeto es quien focaliza lo singular de cada nación; como representante de un grupo está marcado por la ubicuidad, y desde ese lugar hace ciertas operaciones —analogías, sustituciones, complementariedades, diferencias— que guían el cambio de lo universal en particular y recorren también el camino inverso.

De entre todas estas operaciones, destaco dos que atraviesan y separan los tipos de arte: los *desdoblamientos* y las *sustituciones*. Desdoblar implica la formación de dos o más totalidades por división de elementos que suelen estar juntos. En los *Viajes*, los desdoblamientos afectan al plano del espectáculo; funcionan como sinónimos de la repetición y de las analogías. La reproducción que enfatiza las semejanzas remite al universal de la civilización; pero deja entrever, al mismo tiempo, la inmovilidad que amenaza a la copia.

En la sustitución, un elemento se inserta en el lugar de otro. Las sustituciones que pueblan la literatura activan cambios, variaciones y matices de lo singular. El ser de la barbarie es ebullición, movilidad en las diferencias. Comparados con este proceso de constante elaboración, los dobles civilizados se muestran estáticos.

Quizás la razón del estancamiento esté en la función asignada al modelo; las artes visuales son *útiles* en la difusión de ideas o conceptos; y por ello se torna imprescindible esfumar las singularidades que no quepan en lo general. Por el contrario, la literatura es un espacio de *lucha* donde se interpreta una realidad puntual. En mi opinión, estos pasajes definen la concepción sarmientina de la literatura: reelaboración polémica de una realidad móvil y heterogénea por la presencia de lo diferente.

Bajo el modo de la sustitución, la literatura acumula una serie de funciones: desempeña una *tarea referencial* —la transposición de las crónicas de Concolorcorvo permite identificar en las figuras de Rosas, Oribe o Rivera a sus "holgazanes criollos"—; realiza un *trabajo metafórico o alegórico* —Sarmiento da una versión política de la poesía religiosa de Echeverría—; se convierte en sustrato, en *material primero* de la actividad de elaboración.

En la carta de Montevideo, Sarmiento se explaya sobre la justificación social de la poesía; la vida guerrera soporta la práctica poética. Elige entonces escritores que concilien ambos aspectos: Ascasubi, que capacitado por este polifacetismo traduce en un género popular las preocupaciones de las masas; Echeverría, que pone las cuestiones políticas y sociales en el centro de su producción.

Pero la vinculación literatura-guerra sobrepasa lo explícito del texto. Cuando Sarmiento narra el degüello del unitario, toma "prestada" a Ascasubi su composición "La Refalosa". El poema gauchesco se transforma en un texto otro domesticado por la mediatización de la palabra del letrado. La voz del narrador de las cartas eclipsa la voz del mazorquero. Al hacerlo, limpia el lenguaje de toda huella soez. El distanciamiento lexical separa los dos mundos; elide los detalles de la mutilación corporal; elimina las actitudes cobardes del unitario subrayadas por el mazorquero de Ascasubi; borra las connotaciones sexuales —el beso de los federales— y desvanece el cuerpo corrupto, presa de las aves de rapiña.

Cuando Ascasubi delega su voz en la del mazorquero, la impugnación al régimen federal surge desde adentro. Cuando Sarmiento sustituye esta voz, repite diferenciándose. Para hablar del contrario, prefiere la palabra del otro, pero acotada y redefinida. La superposición de las dos voces hace primar una de ellas. "La Refalosa" sufre una doble corrección: la de Ascasubi, al entregar al hablante una palabra cargada de negatividad, y la segunda, la de Sarmiento, al tomar el lugar de enunciador.

Sin embargo, nadie sale indemne de la experiencia literaria; nadie lee impunemente. Así, el lenguaje del otro marcado por la sangre cambia de escenarios y de cuerpos. La mutilación del cuerpo del unitario recala en cuerpos animales, en los toros y en los caballos de las corridas madrileñas: "He visto los toros y he sentido todo su sublime atractivo" (*V.*, 163), dice el narrador asumiendo su condición americana, gaucha y bárbara. Lo reprimido en América aflora en Europa bajo una formación de compromiso: el espectáculo de tauromaquia.

Muchas voces se cuelan en sus textos. La literatura ordena, las sujeta y las amalgama. Si esas voces sostienen las mismas posiciones se les otorga el estatuto de iguales. Entonces las voces se yuxtaponen y aparece la *cita.* Los *Viajes* seleccionan y parcelan las producciones de los escritores nacionales, dejando asentadas las preferencias político-estéticas. Junto a estas voces civilizadas, otras resonancias cruzan sin cesar la escritura de Sarmiento. El uso de cantares populares, de la literatura oral y anónima, confunde la voz del otro con la del narrador. Lo que se condena en el plano político modula el plano estético. El gesto de traducción de una lengua a otra vale como procedimiento extendido: Sarmiento escribe a partir de la confluencia de dos lenguas, de dos literaturas.

Pero exhibir la voluntad de someter la otra lengua no decreta su desaparición. Su inserción en el seno de la escritura letrada le da derecho de hablar, aunque sea mediatizada por la lengua del narrador. Las sustituciones de voces son como variaciones musicales que alejan la composición segunda de la primera, pero delatan, al mismo tiempo, su origen. En los *Viajes* evidencian una polifonía vocal que acaba abruptamente no bien irrumpe lo político desgarrado de lo literario. En estas zonas, el narrador restituye los significados rectos de los conceptos utilizados indistintamente por amigos y enemigos. Así como "la Europa viene a dar a Montevideo su sentido perpetuo" (*V.*, 31), de manera similar la voz del letrado limita y desecha sentidos. Y como la confusión de discursos le resulta intolerable, el narrador angosta los sentidos achicando los universales que maneja el adversario.[25]

Revisar esos conceptos es el paso previo para llegar a las definiciones que denuncian la falsedad oculta en el lenguaje del otro: "Referíase a un decreto reciente, por el cual se declaraba *piratas* a los extranjeros que navegasen en el Río de la Plata, más allá de Martín García. ¿De dónde quiere introducir el señor Rosas, me decía, esa sustitución de una palabra por otra, para aplicar penas capitales a individuos de otra nación?" (35).

Aunque Sarmiento expone la urgencia de imitar el modelo norteamericano, los *Viajes* abren entre el norte y el sur una brecha corroborada por los conceptos liminares de *aplicación* y *reelaboración* que presionan al punto de componer dos imágenes de América. Si Estados Unidos es el "pueblo rey" del pragmatismo, calco de la inventiva europea, en esta parte del continente, contar historias singulares adquiere la dimensión de un performativo, puesto que presentiza al país imaginado.

Tanto la copia como la reelaboración son versiones segundas. En el espacio que diseña la barbarie, los originales literarios se ciñen en las citas. ¿De qué habla la cita? La interpretación alegórica del poema de Echeverría le permite concluir: el poeta condensa en la figura del ángel la situación de la patria. Los diálogos entre Chano y Contreras sostienen los ideales de unión y patriotismo. Las citas, entonces, despliegan universales, y en esta línea, funcionan igual que las copias.

Pero lo singular, la materialidad de la violencia y la guerra, sólo cabe en la forma del robo. La elección de los modos en que aparecen las composiciones de Ascasubi —el plagio o la cita— dibuja los límites entre lo universal y lo particular. Cuando se quitan las comillas se borra la firma. Cuando se usa la literatura popular se recurre al anonimato. La reelaboración literaria obtura el origen cifrado en el nombre, marca ineludible de la propiedad privada. Para narrar la barbarie, la apropiación y la mezcla de palabras ajenas se tornan inexcusables.

La conexión de las esferas

En los *Viajes*, el ver constituye la etapa anterior a leer y escribir. La visión sabotea el reino de la unidad para emplazar un universo de dobles que conecta a Europa con América. La lógica que apuntala la organización del mundo textual europeo está determinada por la regla del desdoblamiento.

Desdoblamiento y sustitución son dos movimientos paralelos que realiza la escritura. El primero puntualiza las condiciones analógicas de lo general; el segundo hace brotar lo único en las rectificaciones lingüísticas que desdeñan la multiplicidad.

¿Cuáles son los nexos que, desplazándose, vinculan la esfera estética con la esfera política? Ciertos componentes del plano perceptivo visual insinúan el campo semántico común. Un pequeño número de *vocablos* salpicados a lo largo del texto retoman lo otro de Europa: la pampa, los bárbaros. *Sangre*, *muerte*, *guerra* pautan las articulaciones y los intercambios entre los planos estético y político; insisten en la repetición de lo mismo, en el retorno incesante de la barbarie. Estas *palabras claves*, con inflexiones similares u opuestas, enhebran el itinerario turístico, las significaciones socio-políticas, asocian lo natural con lo cultural y superponen la visión de las masas festivas con las manifestaciones literarias de los acontecimientos.

La sangre concatena la mutilación de los cuerpos humanos o animales en tres países. La muerte que contamina hasta la geografía en el Plata se agranda al traspasar el océano: en España la aniquilación cubre la lengua, el arte y el pensamiento. El fuego, símbolo de la guerra, se expande en Montevideo, se vislumbra en las rebeliones árabes y se invierte en el carnaval italiano y la cámara francesa parlamentaria, donde se combate con flores o con palabras.

Otro conector es el *sujeto*. La tensión —y confluencia— entre desdoblamientos espectaculares y sustituciones lingüísticas se verifica, por ejemplo, en el pasaje en que el narrador se entrevista con políticos franceses. Espectáculo y lenguaje se imbrican en la actuación del sujeto. Los diálogos, los lugares que ocupan los personajes remiten a una escena teatral. Los desdoblamientos conciernen tanto a la posición física de los protagonistas enfrentados como a los conceptos que enuncian. El interrogatorio desencadena la locuacidad; Sarmiento como orador habla; pero los otros —los enemigos— corrigen sus palabras, modificando los sentidos. La secuencia narrativa, los comentarios intercalados van excluyendo las acepciones apócrifas. La palabra sortea siempre las trampas de lo doble.

Por último, los *libros*. Se trata de una entidad, la *palabra*, que asume formas diferentes. Palabra visual, hablada y escrita. Muy pocos libros surcan Europa y refieren sin excepción a este lado del mundo. El viajero percibe el universo europeo con el oído y la vista.[26] En ese espacio, Sarmiento no ve los libros, porque ellos están de este lado: en América se los decodifica y promueven la lectura que el sujeto hace de la realidad. Los libros nacen en Europa para que los lea un americano que escribe sobre y a partir del otro mundo con el objetivo de descifrar la historia nacional pasada y construir la futura.

La vinculación entre escritura y verdad, que es una constante en la producción de Sarmiento, se da vuelta en Europa. Escritura contra oralidad. El narrador enfrenta con su testimonio hablado las versiones escritas por los aliados de Rosas. Entretanto la relación escritura-verdad migra a otro continente; los profetas árabes y sus libros sagrados la corroboran, afirmando a la vez las verdades contenidas en las palabras del letrado.

Sobre mezclas y síntesis

Elijo estos dos principios porque desmontarlos da cuenta de dos lógicas: las *mezclas* organizan el mundo de los objetos y de los sujetos, excluyendo al narrador; la *síntesis* apresa el papel del sujeto de la enunciación. La escritura construye al enunciador en una operación preliminar de fragmentación que culmina en síntesis; mientras que en los objetos y sujetos sobre los que se predica prevalecen las mezclas de lo heterogéneo. En las mezclas lo desigual o diferente reclama su individualidad incambiable. La síntesis comprende un proceso de superación de las contradicciones iniciales para arribar a un tercer término distinto de los antecedentes.

Sarmiento hace un uso particular de esta categoría, dibujando en la figura del hombre de gabinete no la anulación de las contradicciones sino el sometimiento de ellas mediante la construcción de un *sujeto ubicuo*. De manera lateral, la saturación del espacio asevera la rectitud de lo dicho. La pasión por el movimiento inherente a todo viajero se convierte en ansiedad por ocupar todos los espacios. El conjunto de acciones que desempeña el escritor diseña una identidad prismática: *mira* espectáculos; *piensa* a partir de esta visión; *se metamorfosea* en *flâneur* o en beduino; *ejerce* la oratoria; *escribe* superponiendo códigos; *enjuicia* comportamientos y costumbres. Cuando *lee*, sustituye, desdobla y redefine; pone en funcionamiento una maquinaria que *demarca* pertenencias y exclusiones, *desarrolla* explicaciones y *otorga* sentidos. En el espectro de acciones hay tres hitos *—mirar, escribir, leer (interpretar)—* que fijan el lugar textual del sujeto como lugar de síntesis. De ellos se desprende la coartada que justifica ciertos privilegios: *sólo el que sintetiza puede leer (interpretar).*

Cada texto sarmientino trabaja una imagen polifacética del escritor. En *Recuerdos de provincia* el narrador se identifica con la galería de parientes "raros" cuyo destino es, a menudo, la locura. El oficio de escribir le provee el método para exorcizar la herencia, transformando en síntesis lo que en los demás es mezcla.

Una zona de *Facundo* teoriza sobre la creación poética. Las hipótesis continúan la concepción romántica del arte: reconocen a la tierra como origen —también como original— que engendra a la poesía. Entre los escritores distingue al cantor popular que traduce de manera "honesta" el espíritu de la naturaleza y al poeta culto que produce "belleza" al alejarse de lo empírico y tamizar su voz con otras voces. Las mediatizaciones se acumulan con la reflexión.

Porque el lenguaje es el mayor tesoro del intelectual, irrumpe una avidez por la palabra ajena; la búsqueda va desde las narraciones orales hasta la literatura culta y desde los testimonios de militares hasta los relatos de arrieros.

"(...) Y no es raro que un hombre estudioso, sin salir de su gabinete, deje parado al viajero sobre las cosas mismas que él creía conocer bien por la inspección personal" (*V.*, X). Ubicuidad; multiplicidad de roles; autosuficiencia del pensamiento; alianza de voces. El sujeto que reúne estas características —el mismo Sarmiento— puede escribir, o mejor, extraer los significados otorgando sentidos.

La literatura es un *sistema ordenador* que actúa mezclando y reelaborando materiales diversos. *Facundo* muestra esta concepción: Europa ha provisto las imágenes de la pampa; los cantares y leyendas populares, la figura del personaje; el manejo de los géneros apunta a la reconstrucción de la totalidad.

En los *Viajes*, las mezclas atañen a los géneros —cartas, viajes, ensayos, fragmentos autobiográficos, flecos utópicos—; sueldan una noción de escritura en la que la imparcialidad hace juego con la solidaridad entre sujeto y materiales; postulan formas de conocimiento que alternan el reflejo con la distorsión; revierten sobre un ideal humano que fusiona las figuras del guerrero y del poeta; erigen en modelo de sociedad la mixtura de nacionalidades; operan en el seno mismo de la escritura al injertar otras lenguas y otros textos.

Lejos de uniformizar, Sarmiento discrimina tipos de mezclas, enfatizando conflictos o subrayando armonías. La mezcla implica el cruce y la superposición de elementos opuestos; según el caso, se la convalida o se decreta su disolución. La reiteración de ciertos tópicos arma un sistema de señales diseminadas en la prosa. Al captarlas, lo político entra en relación con lo estético. La mezcla, que es un principio formal, funciona también como principio ideológico sobre el que se conforman las imágenes de las naciones.

Me atraen ciertos momentos en los que las aproximaciones y las disimilitudes recortan la idiosincrasia europea o africana y la coyuntura que atraviesa el pueblo americano. Los elementos focalizados en Montevideo —urbanización, personajes, geografía— tejen una malla que explica el enfrentamiento entre dos mundos. Seguir los recorridos de sus personajes, el aspecto edilicio y la descripción del medio físico esclarecen las relaciones sociales y políticas. Allí Sarmiento ve lo bárbaro como excrecencia, como asomo de lo extraño. En espejo deformante, el atributo conferido a Montevideo, la "reina regenerada del Plata", predica por inversión a la ciudad degenerada, Buenos Aires. En su aspecto urbanístico, la ciudad oriental está hecha de mezclas, de la herencia arquitectónica romana y del legado árabe y español. Las superposiciones pasan de la arquitectura a los personajes; algunos de ellos remedan gladiadores romanos, Alvear recuerda la figura de Napoleón. Italia se vislumbra en la mención de Garibaldi que la prosa contrapone por contigüidad al héroe nacional Brown.

Los hombres hacen la cultura, pero son determinados por el suelo. El río es también mezcla de contrarios: escenario de batallas y vía de penetración de la civilización. En la versión poética de Echeverría, el Plata une calma y bravura. Lo auténticamente americano es, por una parte, la naturaleza, el "río guerrero"; por otra, un uso especial del lenguaje. Aunque opuestos en sus móviles, tanto el lenguaje diplomático de Rosas y sus aliados como las poesías de Echeverría, Mármol y Ascasubi tienen por referente exclusivo la cuestión política. Mientras la unión de naturaleza y política invalidan un uso del lenguaje, la fusión entre cultura y política ratifica al otro. La cultura opera las mezclas; cuando aparece lo físico puro, es decir, cuando la naturaleza está absolutamente despojada de cualquier elemento cultural, desemboca en la barbarie. La cultura también sintetiza. Como el sujeto, domina las contradicciones y encauza la naturaleza.

Lo coyuntural en América se torna estructural en España. Sangre y muerte definen a los otros europeos o americanos. Sin embargo, la coherencia de las analogías presenta un agujero; las contradicciones comienzan porque España exhibe ruinas célebres. Estos resabios culturales encierran la memoria colectiva; conservan las ideas originarias y actúan favorablemente sobre el presente.

Curiosamente la prosa erige a España en síntesis de todos los tiempos, de todas las clases, de todas las razas y de todas las culturas. Una parte de ella entabla semejanzas con la historia argentina, pero otra la separa. En América no aparecen restos culturales ni el espectáculo colectivo da lección alguna de civilización; el único espectáculo americano es la guerra.

Si la tarea de regenerar implica en lo social alianzas entre los proscritos y las potencias extranjeras, en lo literario supone la manipulación de los modelos europeos y la reelaboración de la literatura nacional. La nueva fundación se basará en la herencia europea —con sus ideas modelo— y la literatura argentina de matriz política. La noción de modelo vuelve para construir la síntesis excelsa: *Roma*, síntesis de culturas, la *literatura nacional*, síntesis del alma del pueblo, del espíritu de la naturaleza y compendio de ideas y algunos *escritores* —Echeverría, Ascasubi y el mismo Sarmiento— que ofician de puentes entre el dominio del arte y los intereses de las masas. Tres espacios y tres cuerpos rescatan la esperanza de la síntesis: la ciudad, la literatura y el sujeto escritor.

Creo que la conexión entre los tres surge con la inserción del concepto de *pueblo*. Creo que Sarmiento piensa la síntesis como unión del pueblo con las ideas a través de las formas artísticas o a través de la figura del escritor. Aunque no exento de algún tufillo paternalista, el plan contenido en los *Viajes* discute cómo lograr y perfeccionar la participación popular en cada comunidad nacional.

La visión de África me confirma la lectura: las mezclas sin síntesis son, para Sarmiento, el semillero de la rebelión. Las mezclas se densifican en aquellos territorios al punto que la mirada atenta sobre el corazón social se rebela contra todo binarismo reductor. En África los libros y los falansterios coexisten con costumbres retrógradas, y con el hábito del asesinato. La resistencia del pueblo árabe deja entrever un peligro latente: cuando los contrarios coexisten hasta confundirse perdura la insubordinación solapada. Con esfuerzo racional, Sarmiento postula que conocer el significado de la civilización arrastra la eliminación de lo diferente, aunque siempre conservará una fascinación por la otredad.

NOTAS

1. Entre 1962 y 1970 los semióticos soviéticos se dedicaron a la elaboración del concepto de "modelo" y al estudio de los sistemas de modelización secundaria (el arte, el mito, el folclore y la religión). Lotman definió al arte como un "análogo de la realidad traducida en la lengua de cierto sistema". Cfr. J. Lotman, "Tesi sull'arte come sistema secondario di modellizzazione", *Semiotica e Cultura*, eds. J. Lotman y B. Uspenskij (Milano-Napoli: Riccardo Ricciardi Editore, 1975) 3-27 y J. Lotman, *Estructura del Texto Artístico* (Madrid: Edic. Istmo, 1982).

2. Cfr. L. Wittgenstein, *Tractatus logico-philosophicus* (Madrid: Alianza, 1984) 43-49.

3. Bajtin toma el concepto einsteiniano de espacio-tiempo para su definición de *cronotopo*. Los cronotopos determinan los géneros; en ellos el tiempo se materializa y el espacio acompaña al movimiento de la historia: uno se convierte en el otro. Cfr. "Formas del tiempo y del cronotopo en la novela. (Ensayos sobre poética histórica)", *Problemas literarios y estéticos* (La Habana: Edit. Arte y Literatura, 1986).

4. Adorno define el concepto como una de las tres categorías fundamentales de la lógica general: "El concepto es la consolidación en su mayor parte lingüística al servicio de la unidad de todos los objetos que caen bajo él, los cuales expresan por su medio sus características unitarias". *Terminología filosófica, I* (Madrid: Taurus, 1983) 11. En su *Dialéctica negativa*, Adorno aboga por la desmitificación del concepto.

5. F. Braudel construye el concepto de civilización sobre coordenadas espacio-temporales: "Una civilización es ante todo un espacio, un 'área cultural', dicen los antropólogos, un asentamiento (logement) (...). Si a esta coherencia en el espacio se agrega una permanencia en el tiempo, llamo civilización o cultura el conjunto, el 'total' del repertorio. Ese 'total'

es la 'forma' de la civilización así reconocida". *La historia y las ciencias sociales* (Madrid: Alianza, 1984).

6. P. Legendre sostiene que la censura no se vale sólo de la violencia para conseguir sus propósitos. La intención de todo discurso dogmático consiste en que la represión sea deseada por las víctimas. Con ello el poder de los censores asegura su reproducción. Cfr. *El amor del censor* (Barcelona: Anagrama, 1979).

7. Ludmer ve en *La Vuelta* la unión de las palabras de Sarmiento y Alberdi: "En la rueda de *La Vuelta* los dos enemigos y padres de la patria, el de la ley y el de la educación, son lo mismo: en la voz del gaucho educación es igual a ley. La esfera perfecta de *La Vuelta* los unió para siempre" (23).

8. Cfr. E. Mari, "La teoría de las ficciones en Jeremy Bentham", ed. E. Mari, et. al, *Derecho y psicoanálisis. Teoría de las ficciones y función dogmática* (Bs. As.: Hachette, 1987).

9. D. F. Sarmiento, *Conflicto y armonías de las razas en América*, tomo XXXVII.1 (Bs. As.: Luz del Día, 1953) 209.

10. J. B. Alberdi, "Páginas literarias", *Peregrinación de Luz del Día*, tomo II (Bs. As.: "La Facultad", 1920) 303-304.

11. A pesar de algunos homenajes públicos —durante el gobierno de Roca se publicarían las obras completas de los letrados— las voces utópicas se van acallando a medida que se perfila la constitución del estado. Aunque Alberdi escribirá aún *La República Argentina consolidada en 1880 con la ciudad de Buenos Aires por Capital*, la conferencia que pronuncia en la facultad de derecho cuando llega al país está herida de muerte por el anacronismo. Sarmiento deberá enfrentar acusaciones de plagio y críticas mordaces al dar a conocer el primer tomo de *Conflicto*. El fin de ambos escritores resulta ejemplar: cuando se desvanece la esperanza elegirán alejarse de la patria, pero esta vez para enmudecer definitivamente.

12. Cfr. A. Glucksmann, *Le discours de la guerre* (Paris: Le Livre de Poche, 1985). "En el choque de la fuerzas armadas y de las culturas, la incapacidad de comprender los movimientos del adversario es la clave de toda derrota, el mejor traductor gana. Mientras la batalla se encarniza, la traducción permanece bilateral, el que deja finalmente de traducir pronuncia su derrota y decide la victoria del otro" (86-87).

13. J. B. Alberdi, *Grandes y pequeños hombres del Río de la Plata* (Bs. As.: Plus Ultra, 1974) 270.

14. Las citas remiten a D. F. Sarmiento, *Viajes por Europa, África y América*, tomo V (Bs. As.: Luz del Día, 1949).

15. Cuando D. Viñas hace la genealogía del motivo del viaje en las literatura argentina, centra los términos del viaje sarmientino en una tensión entre el objetivo utilitario y el placer estético que se resuelve en dos libros: los *Viajes* y *Educación popular*. Cfr. "El viaje a Europa", *De Sarmiento a Cortázar* (Bs. As.: Siglo Veinte, 1971).

16. E. Canetti, *Masa y poder*, vol 1. (Madrid: Alianza Muchnik, 1983) 57.

17. Sarmiento se convierte en un narrador gozoso perdido en el ámbito urbano: "*Je flâne*, yo ando como un espíritu, como un elemento, como un cuerpo sin alma en esta soledad de París. Ando lelo; paréceme que no camino, que no voy sino que me dejo ir, que floto sobre el asfalto de las aceras de los bulevares" (*V.*, 109). En África siente renacer antiguas raíces: "Los instintos gauchos que duermen en nosotros mientras no podemos disponer de otro vehículo que carruajes, trenes o vapores, se habían despertado de golpe al estrépito de las pisadas de una partida de caballos (...)" (*V.*, 212). De manera similar, España lo entusiasma con el espectáculo taurino.

18. "Un círculo de jueces mal intencionados, como comisión militar, oyó mi declaración, y en seguida, volviendo la espalda al círculo, fueme permitido escuchar la de mi cómplice en el mayor delito que puede cometerse ante el vulgo, que es ser mejor que él, o

hacer algo que él no es capaz de hacer. Lo peor del caso era que nuestras deposiciones discrepaban de cabo a rabo; bien que encontrase en ellas el desapasionado, cierto fondo idéntico, que abonaba su verdad. Nos careamos en seguida, las discrepancias de detalles se explicaron, y la amotinada turba volviónos mal de su grado nuestros títulos a la atención universal" (*V.*, 282).

19. Canetti clasifica a las masas en: masas de acoso, masas de fuga, masas de prohibición, masas de inversión y masas festivas, de acuerdo con la dominante afectiva. *Masa y poder* 42-57.

20. Cfr. V. Voloshinov, *El signo ideológico y la filosofía del lenguaje* (Bs. As.: Nueva Visión, 1976). En especial los capítulos 2, 3, 4.

21. W. Benjamin, "La obra de arte en la época de su reproductibilidad técnica", *Discursos Interrumpidos I* (Madrid: Taurus, 1982) 15-57.

22. Sarmiento profetizó su destino. En 1879 cuando renuncia al cargo de Ministro del Interior pronuncia en el Senado un inolvidable discurso: "(...) oigan la palabra y crean a un hombre sincero, que no ha tenido ambición nunca, que nunca ha aspirado a nada, sino a la gloria de ser en la historia de su país, si puede, un nombre, ser Sarmiento, que valdrá mucho más que ser presidente por seis años o juez de paz en una aldea". En D. F. Sarmiento, *Discursos parlamentarios*, tomo XX (Bs. As.: Luz del Día, 1950) 370-382.

23. El texto postula la ecuación establecimientos públicos = claustros medievales, y entre ambos, la metáfora de la luz: "luz que más tarde había de regenerar a la Europa" (*V.*, 202-203).

24. D. F. Sarmiento, "Las novelas", *El Nacional* 14 de abril de 1856; *Páginas literarias*, tomo XLVI (Bs. As.: Luz del Día, 1953) 150-154.

25. Uno de los pasajes más notables de esta operación de redefinición es el siguiente: "No es otra cosa que el *americanismo*, palabra engañosa que hiciera, al oírla, levantarse la sombra de Américo Vespuccio, para ahogar entre sus manos el hijo espurio que quiere atribuirse a su nombre. El *americanismo* es la reproducción de la vieja tradición castellana, la inmovilidad y el orgullo árabe" (*V.*, 31).

26. Sarmiento arma ese "aborto de la literatura", como llamó a su *Facundo*, con elementos dispares cuya unidad está garantizada por la interpretación del escritor. Los materiales comprenden su memoria y la de los otros, las narraciones orales y la literatura culta, los hechos, la geografía y la idiosincrasia. Muchas veces, el narrador ofrece testimonio: "Una vez caía yo de un camino de encrucijada al de Buenos Aires, y el peón que me conducía echó como de costumbre, la vista al suelo" (*F.*, 40). "Yo mismo he conocido a Calíbar que ha ejercido en una provincia su oficio durante cuarenta años consecutivos" (*F.*, 40-41). A menudo mezcla su voz con la de los poetas populares: "Los poetas de los alrededores agregan esta nueva hazaña a la biografía del héroe del desierto (...)" (*F.*, 44). A continuación narra las aventuras de Facundo. "El cantor está haciendo candorosamente el mismo trabajo de la crónica, costumbres, historia, biografía que el bardo de la Edad Media, y sus versos serían recogidos más tarde como los documentos y los datos en que habría de apoyarse el historiador futuro, si a su lado no estuviera otra sociedad culta con superior inteligencia de los acontecimientos" (*F.*, 46). Las citas remiten a *Juan Facundo Quiroga*, tomo VII (Bs. As.: Luz del Día, 1949).

CAPÍTULO III

CONTINUIDADES Y FRACTURAS ENTRE PADRES E HIJOS

Les clauses de ce contrat sont tellement déterminées par la nature de l'acte, que la moindre modification les rendrait vaines et de nul effet; en sorte que, bien qu'elles n'aient peut-être jamais été formellement énoncées, elles sont partout les mêmes, partout tacitement admises et reconnues, jusqu'à ce que, le pacte social étant violé, chacun rentre alors dans ses premiers droits, et reprenne sa liberté naturelle, en perdant la liberté conventionnelle pour laquelle il y renonça.

— J.J. Rousseau

La imaginación visualiza la reconciliación del individuo con la totalidad, del deseo con la realización, de la felicidad con la razón. Aunque esta armonía haya sido convertida en una utopía por el principio de la realidad establecido, la fantasía insiste en que puede y debe llegar a ser real, en que detrás de la ilusión está el 'conocimiento'. Nos percatamos por primera vez de las verdades de la imaginación cuando la fantasía en sí misma toma forma, cuando crea un universo de percepción y comprensión: un universo subjetivo y objetivo al mismo tiempo. Esto sucede en el 'arte'.

— H. Marcuse

I. El espacio-tiempo del modelo: Contratos fundacionales

A. El contrato de la ley y la revolución en Alberdi

Bases *para el pacto*

"Hay siempre una hora dada en que la palabra humana se hace carne. Cuando ha sonado esa hora, el que propone la palabra, orador o escritor, hace la ley. La ley no es suya en ese caso: es la obra de las cosas. Pero esa es la ley duradera, porque es la verdadera ley" (*B.*, 19).[1] El pasaje que preside las *Bases* contiene una declaración de principios e intenciones; habla de los tiempos históricos, de las realizaciones de las ideas y del papel del legislador, escriba de la ley. La ley se autoengendra, el legislador la interpreta, prestando atención a los hechos. Establece también las condiciones de enunciación del discurso jurídico: el carácter objetivo de las categorías y la creación de un dominio abstracto. Objetividad y abstracción son las columnas sobre las que se apoya la legitimidad del derecho, la validez y la eficiencia de las normas. Para ser pronunciado, el discurso jurídico exige el encuentro de lo particular —el hecho— con lo general —la ley.

Alberdi envió su libro a Urquiza como colaboración de un ciudadano para la paz y la unidad del país. Más allá de la finalidad confesada, las *Bases* aspiran a convertirse en el cuerpo legal del estado futuro. Para hacerlo más tangible, para que las ideas afinquen en lo material y concreto, se le asigna un nacimiento y progenitores: la historia es la madre; el legislador, el padre cuyo papel resulta secundario en la gestación, pero crucial para traducir en enunciados legales las señales sutiles que emite el reino de lo fáctico. La figura de la familia, los parentescos reconocidos o bastardos conforman un campo de inclusiones y exclusiones y trazan recorridos paralelos entre el cuerpo de la nación y el cuerpo humano.

El texto despliega un silogismo que conforma la matriz del control social: si los órganos del cuerpo humano tienen funciones que aseguran la vida, de modo similar, en el cuerpo nacional sus miembros deben cumplir funciones específicas. Las estrategias destacan siempre valores afectivos que ofician de soporte a los enunciados normativos. Las *Bases* construyen una semántica familiar, un sistema de relaciones de parentesco en donde se definen y distribuyen los elementos del estado; las metáforas biológicas y parentales sostienen los argumentos destinados a demostrar que los hechos son a la ley lo que la información genética a los hombres. La misma concepción organiza las distintas esferas; el texto apuesta a la *continuidad* entre los antecedentes y la ley —entre la *historia* y la *constitución*— anclando el aparato jurídico, lo colectivo por excelencia, en el estrecho espacio de lo privado.

Todo discurso es una máquina de producir sentidos. Alberdi escribe los sentidos primeros del pacto que resultan los más primarios, los del afecto. Piensa el pacto entre los sistemas unitario y federal en términos a la vez políticos y sanguíneos: se trata de construir una familia bien avenida. En este imaginario, la noción de *armonía* borda límites imprecisos entre lo público y lo íntimo. El discurso sobre el estado representa en la familia el concepto del orden social.

En rigor, las *Bases* restablecen los antecedentes históricos para fundar sobre ellos el pacto. Por eso, el nacimiento de la ley reencuentra el acto fundacional de la patria en la definición de sus constituyentes:

"Recordemos a nuestro pueblo que la patria no es el suelo. Tenemos suelo hace tres siglos, y sólo tenemos patria desde 1810. La patria es la libertad, es el orden, la riqueza, la civilización organizados en el suelo nativo, bajo su enseña y en su nombre" (*B.*, 69). El lenguaje desnuda su organización cognoscitiva y lógica no bien define a la patria como los universales arraigados en un territorio. El enunciado legal prefiere las proposiciones generales, aunque a menudo el proceso se logra transformando en evidencias el estatuto de las proposiciones particulares.

La escritura esquiva los riesgos que comportaría la visión americanista mediante una concepción que importa incluso el origen. El origen se halla en el viejo continente; Europa es la patria trasplantada a otro suelo, porque de allí proceden las ideas. Pero esos espacios otros engendran también los hombres que pueblan las tierras de esta parte del mundo. Entonces, ideas y cuerpos emigran, mudan de espacios para construir la patria americana.

Alberdi entrevé en el país surgido de Caseros la república posible: "La unidad no es el punto de partida, es el punto final de los gobiernos; la historia lo dice y la razón lo muestra" (*B.*, 111). Cuando en el centro del discurso restalla el concepto de *unión*, ingresa también la noción de *necesidad*. El encadenamiento de asociaciones atrae otro término: en el momento en que la argumentación se atrinchera en torno al *sentido común* —el "buen sentido" para el texto— la cultura del capitalismo arroja al desván de la historia la desmesura del guerrero. Cambiar la espada por el arado: tal será la actitud del héroe burgués alberdiano.

El "buen sentido", que es el sentido "razonable", especifica los tipos sociales que pueden encarnarlo: así, el brazo del trabajador desplaza la mano del soldado; y la lengua fría del economista a la lírica del poeta. Desde el lugar de la razón, se releen los principios de Mayo: "La igualdad de los hombres, el derecho de propiedad, la libertad de disponer de su persona y de sus actos, la participación del pueblo en la formación y dirección del gobierno del país, ¿qué otra cosa son sino reglas simplísimas de sentido común, única base racional de todo gobierno de hombres?"[2] (*B.*, 169).

El sujeto del discurso esgrime ese sentido siempre sencillo y evidente, en cuanto que propone la adecuación de las ideas a las situaciones bajo la forma de alianzas políticas que contemplen lo nuevo y lo viejo. Las *Bases* preservan intacta la noción colonial de *autoridad* a la que agregan las *ideas* liberales contemporáneas. Lo que en el plano de las ideas aparece como corte radical con la hispanidad —la revolución de Mayo se proclama deudora de la francesa y desconoce el pasado español—, en la esfera de los modos de control insinúa un acercamiento entre la tradición y la modernidad.

Una fecha, un hecho concentra la totalidad: Mayo, la historia, la idea, la tradición, la infancia y también la primera gran fractura que divide los tiempos de la patria en un antes y un después, forja en moldes indelebles la identidad nacional conjugando las ideas con la guerra. En este punto, las *Bases* dialogan con la autobiografía en la medida en que enfatizan la plasmación y la persistencia de una identidad. Así como la revolución marca los rasgos nacionales a nivel colectivo, lo hace también en el ámbito individual. La identidad, sea subjetiva o grupal, se inscribe en una historia lineal y continua que, a veces, es sacudida por interrupciones. Cada corte determina una alteración de la fisonomía; sin embargo, en este nivel los cambios no alcanzan a subvertir la identidad. Un discurso que insiste en la diferencia entre superficie y profundidad distingue los fenómenos estructurales de los coyunturales; en esta dirección, el pasado explica y contiene el germen del presente y del futuro. La identidad acuñada por la revolución forma un núcleo inalterable y guía las posibles adecuaciones a las épocas. Toda tradición pertenece a una familia; las relaciones familiares prohijan los tiempos históricos: "(...) esa es la verdad de su pasado que siempre es padre de la realidad del presente" (*B.*, 155).

Alberdi seculariza la noción de Dios al conferirle carácter político en el título de "legislador supremo de las naciones". En la pirámide del poder, Dios ocupa la cúspide, luego se ubica la constitución —la ley suprema— y finalmente los legisladores que en línea directa comparten funciones con la divinidad, pero no son hacedores sino traductores de la ley. El pacto es un pacto de fidelidad: el legislador observa las normas escritas en la naturaleza, escucha la voz de la patria y las da a conocer.

El capítulo XVII "Bases y puntos de partida para la constitución del gobierno de la República Argentina" despliega esta imagen del letrado que remite a los fragmentos iniciales del texto. En el pacto sagrado, la palabra del legislador adquiere resonancias evangélicas. Origen y sustento de la vida, la palabra que se hace carne irrumpe en la historia; por lo tanto, la ley se inserta en un espacio-tiempo específico y concreto. El cuerpo legal realiza la alianza de dos historias, la universal y la nacional.

Las *Bases* apelan a la institución familiar en un intento de concordar lo general con lo particular. La familia crea un espacio donde las heterogeneidades sociales son reabsorbidas y modificadas mediante prácticas que adecuan las normas que rigen en el afuera con los valores íntimos. Los lazos fraternales borran las diferencias en favor de las semejanzas. Cuando desaparece el aspecto netamente político, las relaciones sociales se deslizan hacia el espacio privado de la familia; en esta zona los vínculos amorosos diluyen otros tipos de relaciones.

Alberdi podría haber suscrito las ideas hegelianas del estado: ambos pensadores otorgan la capacidad de gobernar a funcionarios reclutados por su saber racional. En la línea de los teóricos de los derechos de la persona de la Revolución Francesa que vislumbraban la esperanza de constituir una sociedad que asegurara, a todos los individuos, la posibilidad de la autonomía, el modelo de Hegel junta estado y razón.[3] El principio del estado soberano se concibe como un modo de organización a la vez necesario y legítimo de la existencia social. También Alberdi piensa la familia como la forma de ser inmediata de la vida colectiva. Pero mientras el alemán ve en ella ante todo una unidad económica —de ahí que subraye la tesis del conflicto social— el argentino enfatiza el sentimiento de solidaridad que se mantiene por la creación de vínculos afectivos.

Como muchos proyectos políticos, las *Bases* fomentan un modelo de familia. El modelo matriarcal centra la organización en la autoridad de la madre patria. Mientras los sentimientos saturen los modos de justificación de las opiniones y los juicios, mientras las razones apelen a los lazos sanguíneos, sólo cabe aceptar la propuesta. El interpelado queda sin palabras, porque al discurso afectivo no le puede responder un discurso político: el sumiso gana el epíteto de buen hijo y patriota. El texto propone una familia amplia, con una cabeza visible y en la que cada uno tiene un lugar asignado.

Pero no todos están llamados a entender las voces de la patria; sólo los hijos dilectos pueden descifrar su lenguaje. Dicho de otro modo, en esa estructura jerárquica el legislador es el hermano mayor, lo que le da derecho a amonestar como buen consejero; el pueblo, el hermano menor; América toda, una comunidad fraternal y Buenos Aires,[4] la hija descarriada cuyo regreso es esperado con ansiedad: "No soy su desafecto por más que use de este lenguaje, como no lo es el hermano que reconviene duramente a sus hermanos cuando tiene por mira evitar un extravío y prevenir una afrenta de familia" (*B.*, 213).

Las alianzas resultan imprescindibles para elaborar el concepto de *autoridad* o de *centralización*, objeto privilegiado de definición que al ser identificado con *poder político* une la razón y la fuerza. Son propiedades de la autoridad la facultad de otorgar dones como la seguridad y la protección y la capacidad de reclamar a cambio la disciplina.[5] Alberdi prefiere el término *fusión* a *alianza*, puesto que el último le sugiere la independencia de los elementos que intervienen y desvirtúa con ello la voluntad de constituir una tercera entidad.[6]

El significado de fusión se ensancha en otros pasajes hasta adquirir connotaciones eróticas: la prosa se demora en detallar una alianza matrimonial. El discurso que ha imaginado espacios, acciones y soluciones políticos se mete en el plano amoroso y recomienda un matrimonio de conveniencia para el estado: la cuestión es lograr el acoplamiento de la mujer criolla con el inmigrante. Pero antes de proponer esta salida para los males que afectan al país, el letrado describe las gestiones gubernativas anteriores, tachándolas de utópicas. Frente a las vías utópicas que involucraron respuestas políticas, sorprende la propuesta material y casi pedestre de un matrimonio peculiar al que cada parte aporta una dote: el cuerpo por el lado femenino y la mente por el lado masculino. En el reparto de roles, a la mujer criolla le compete conservar la lengua y el físico, al europeo trasplantado, el espíritu, sinónimo de cultura del trabajo para Alberdi.[7]

Con la acepción de sueño irrealizable, el término utopía plantea en las *Bases* la contradicción entre un sistema legal perfecto que copia realidades ajenas y la ineptitud biológica del sustrato social. En este contexto, y acorde con la imagen femenina que adopta la patria, las mujeres forman un ejército poderoso para modificar la población. Curioso pasaje que refuta la misoginia alberdiana y realza al mismo tiempo otro tipo de discriminación; el texto resbala hacia el determinismo cuando insiste en una solución que propicia el cambio de la *raza* por mutaciones genéticas.

Junto al gesto voluntarioso de rechazar imposibles, las estrategias argumentativas van de la defenestración de la *utopía* a la mostración de la *verdad*. La palabra *verdad* desencadena una serie de mandatos que perforan la escritura y acercan al enunciado utópico el texto que desea alejarse de él. Los mandatos contienen acciones precisas para llegar a la consolidación de la nación.

Después de la propuesta, aparece un yo que asume la responsabilidad de lo dicho y desea el poder: "Tomad los cien artículos —término medio de toda constitución—, separad diez, dadme el poder de organizarlos según mi sistema, y poco importa que en el resto votéis blanco o negro" (*B.*, 181). Esta voz imperativa no se detiene hasta unirse con la "voz de nuestra necesidad". La confluencia feliz de voces permite la emergencia de la verdad: "Acaba de tener lugar en América una experiencia que pone fuera de duda la verdad de lo que sostengo (...)" e inmediatamente cita el ejemplo de California.

El último paso, entonces, homologa verdad con realidad. En el viaje que va de la *utopía* a la *verdad* y de la *verdad* a la *realidad*, la empiria da la razón a un sujeto que exhibe las virtudes propias del patriota: "Destituido de ambición, hablo la verdad útil y entera, que lastima las ilusiones, con el mismo desinterés con que la escribí siempre" (*B.*, 185).

En las *Bases*, voces y cuerpos hacen la urdimbre que abarca en un mismo territorio lo colectivo y lo individual, lo político y lo biológico, lo intelectual y lo afectivo. Cuando Alberdi recurre a una metáfora anatómica para definir las características del estado, ancla lo que de alguna manera es la consecuencia de pactos políticos en el marco de la naturaleza: por momentos, el sistema aparece como un resultado fisiológico. Derivación natural de los hechos y consideración de la necesidad presente: tal es el recorrido propuesto.

Vestida de mujer, la patria —al igual que la verdad en la novela *Peregrinación de Luz del Día*— está disponible para la simiente. El cuerpo de mujer espera la nutriente racional que provenga de una mente europea. Extraños recorridos de embarazos y partos: la madre patria vierte su voz en el legislador; usa su cuerpo y su lengua para parir la ley. Por otra parte el legislador que escucha la voz de esta madre-esposa propone un matrimonio en el que el cuerpo femenino se confunde con el cuerpo del país y la mente masculina remite a la razón, rasgo distintivo del legislador y de Dios, pero también de la ley. Quizás la causa de estos entrecruzamientos esté en que Alberdi concibe una familia de miembros activos: madre y padre trabajan por igual para encontrarse en el proyecto final del estado.

La voz tiene que ver con lo propio y original, con la historia, con los antecesores: "Si los legisladores dejasen siempre hablar a los hechos, que son la voz de la Providencia y de la historia, habría menos disputas y menos pérdida de tiempo" (*B.*, 129). Tanto los líderes guerreros —la voz de Urquiza proclama la federación— como los guías intelectuales pueden aliarse porque obedecen la misma voz. Pero esa voz está inmersa en la materialidad del cuerpo de la ley.

La alianza de los sistemas recurre siempre a la metáfora orgánica. Si la idea de estado se expresa en la unión armónica de los miembros, después de la revolución de setiembre de 1852, la prosa articula la metáfora del cuerpo desmembrado, metáfora que hace proliferar las oposiciones. El conflicto entre Buenos Aires y el resto de las provincias se resuelve en un discurso que maneja contrastes en negro y blanco. La fundación o la ruptura de los compromisos históricos derivan en una homología en la que *el pacto engendra la plenitud* y su quiebra, la *decadencia.* En un planteo de corte causalista, las *Bases* repiten que Buenos Aires ha dejado de ser la razón que alumbró Mayo —la cabeza en la metáfora textual— para hundirse en el simulacro: las imágenes de la peluca y del viejo esclavo que representan a la provincia acumulan lo vetusto y perimido; en el otro extremo de la vida, las provincias —"niños ignorantes"— contienen el tiempo de la esperanza (*B.*, 158-159).

Un sistema que reconoce su origen en la voz anónima de los hechos privilegia las estructuras y tacha las marcas del nombre propio. En Alberdi, los nombres son lugares, y así aparece Urquiza en continuación con una genealogía que se remonta a Rivadavia y a San Martín. Si se escribe su nombre es para resaltar la ineludible renuncia al poder: "Cuando el presidente actual descienda del poder por la ley que él mismo ha tenido la gloria de promulgar, su influencia en la organización será mayor desde su casa, porque será la influencia inofensiva de la gloria que siempre aumenta de poder moral a medida que disminuye en poder directo y material" (*B.*, 210). Alabanza, por un lado, intento de limitar el poder del entrerriano por el otro, comprometiéndolo a una retirada pacífica y silenciosa de la vida pública.

Jurista al fin, Alberdi subraya los temas del orden y del poder. Si el orden político está marcado por la emergencia del poder mediante el que dominantes y dominados se constituyen en grupo político,[8] las *Bases* señalan los lugares que corresponden a los grupos sociales. Pero una vez que el mapa ha sido diseñado, el poder debe mantener inmóviles a los grupos, generando formas de consenso o de represión. Imprescindible para la consolidación de cualquier orden, persuadir en la obediencia a la ley con el pretexto de que ella provee toda felicidad resulta una práctica eficaz. El fundamento de la dominación reside en la validez de las normas legales y ciertos preceptos racionales.

A la teoría contractualista del estado, Alberdi agrega otra constitucionalista. Al pacto entre los sistemas políticos suma la justificación del estado en la constitución. La superposición de las dos explicaciones da el origen y la legitimidad del estado: "El fin de la revolución estará salvado con establecer el origen, democrático y representativo del poder, y su carácter constitucional y responsable" (*B.*, 141). La historia que contiene el origen prefigura los límites del poder. La organización de Alberdi implica establecer un sistema acorde con las tradiciones institucionales del país. En este sentido, el principio no es Mayo, sino el sistema institucional de la colonia.

Al igual que Sarmiento reconoce que Rosas ha unido, aunque por la fuerza, a la Confederación: "El poder supone el hábito de la obediencia". Sin embargo, el poder en las *Bases* aparece atomizado, ramificado en distintas instancias: la primera y fundamental es la ley —en este plano ubica al gobierno con sus tres poderes—; otro tipo de poder es el que ejerce el caudillo y finalmente el poder femenino. Tres modos de dominación: el legal, el carismático o represivo y el afectivo. A pesar de que Alberdi usa los tres en la fundación del estado, concede la supremacía tan sólo a uno: "Pero llega un día en que la obra del hombre necesario adquiere la suficiente robustez para mantenerse por sí misma, y entonces la mano del autor deja de serle indispensable" (*B.*, 203).

En este momento, el final vuelve al principio porque el texto que ha comenzado con la invocación a la verdad acaba con una reflexión similar.

Los extremos orillan el dominio de la verdad. Una vez que se han descrito las coincidencias y definido las alianzas, el proyecto constitucional que sigue al texto se recorta sobre este campo de legitimidades. Vistas como anticipo de la constitución, las *Bases* explicitan el estadio del derecho vivido, los principios concretos del discurso legal entregado a la opinión pública.

El teatro: La representación del concepto de revolución

En la producción alberdiana el teatro crea un espacio apropiado para representar las nociones que provienen de la filosofía. La dedicatoria que precede *La revolución de Mayo* aclara el lugar asignado al arte; la pieza aspira a ser tan sólo un "repertorio indigesto de nombres, de principios, de sucesos, de recuerdos y votos, mitad históricos, mitad fantásticos, pero elevados todos (...)" (*R.M.*, 23). La acción dramática se reduce a explicar una idea central cuyos aspectos despliegan los personajes.

Por ese carácter subsidiario, el discurso teatral adosa la función dogmática que en rigor pertenece al campo político.[9] Apartados de la pretensión de fidelidad, los textos remarcan el carácter excluyente de una interpretación que identifica verdad con legalidad. Al explicar de manera unívoca el concepto de revolución pasan a integrar el sistema de escritos que funcionan como verdad.

La función dogmática a menudo está acompañada por otra didáctica que normaliza con dulzura. La autoridad no se impone por la fuerza sino por la exhibición de las ventajas fáciles que se hallan a disposición del que acepte las reglas. El mensaje de autoridad pronunciado desde el escenario llega a los destinatarios: se trata de mostrar los beneficios de las *revoluciones pacíficas*, de encarnar el triunfo de las revoluciones de la *racionalidad* y del *sentido común*.

Tanto *El gigante Amapolas* como *La revolución de Mayo* escenifican el nacimiento y el éxito de una revolución apoyada en la ley. La dupla revolución-ley es inescindible; la subversión sólo se justifica si implica el retorno a un orden legal. Legalidad, justicia, verdad: los tres términos se conjugan para formar el soporte del concepto. Chiclana exhorta al levantamiento fundándose en una teoría jusnaturalista: "Estos derechos nos vienen de Dios, y sólo los malvados nos los pudieron disputar" (*R.M.*, 28).

La literatura es el universo del "como si"; el discurso jurídico produce un efecto similar en la medida en que su enunciación implica la supresión de la primera persona; el discurso jurídico juega con el "como si" las instituciones hablaran por sí mismas.[10] La ausencia de la instancia del sujeto conlleva la universalización del enunciado. Pero en el momento en que el discurso de la ley se muda a un escenario, su teatralización obliga al recorrido opuesto: lo abstracto arraiga en lo concreto y las ideas en los cuerpos. La ley se posesiona de las vidas particulares que tienen nombres conocidos —son los fundadores, Moreno, Vieites, Larrea, Belgrano, Chiclana— o de la vida anónima comunitaria: los intelectuales y el pueblo constituyen las dos formaciones sociales que acogiendo la ley ponen en marcha la revolución.

Los textos labran alianzas siguiendo el modelo paternalista de los antecesores o imaginando uno más moderno, horizontal y popular. Cualquiera que sea la dirección adoptada cuando prevalece el orden legal, el movimiento culmina en un final feliz. *La revolución de Mayo* y *El gigante Amapolas* pueden leerse en continuidad; los acerca la puesta en escena de algunos conceptos y la misión otorgada a ciertos grupos, mientras que los modos de representación los diferencia: la crónica y la farsa inscriben la vindicación de los hechos de Mayo y la defenestración del régimen rosista. O lo que es lo mismo, el nacimiento y la enajenación de la libertad.

En el interior del espacio letrado, un debate fundamental: mientras Chiclana y Vieites pretenden apurar los procesos y optan por la acción rápida, Paso y Larrea claman por obtener el consenso. El debate se da entonces entre la *pasión patriótica* que enaltece la participación del pueblo en los movimientos revolucionarios y el *sentido común* que acota el grado de conciencia popular. A la posición de Chiclana que se basa en el poder de la evidencia —"La justicia es divina y omnipotente. Los pueblos la adoran desde que la reconocen"—, Paso responde desde una óptica relativista: "Desde que la reconocen sí; pero no siempre la reconocen desde que se presenta. (...) Se debe trabajar por los pueblos sin olvidar que son ciegos las más veces, y suelen confundir a menudo a sus libertadores con sus asesinos" (*R.M.*, 28-29).

Aunque vacilantes entre un elitismo que propone la figura del pensador como guía histórico y un populismo que rescata la prudencia de las masas, los textos no admiten ambigüedades cuando consignan las exclusiones. En la república de la ley quedan fuera los que anteponen el provecho individual al bienestar general. Los diálogos postulan la concepción de que la razón consiste en la conformidad de intereses de todos los sujetos. En la escena en que los conspiradores aplauden la lista que presenta Beruti para integrar la junta de gobierno, Chiclana delimita una vez más los sentidos conceptuales: "Toda la revolución está en esta lista; es la solución de todos los problemas, la armonía de todos los elementos encontrados" (*R.M.*, 47).

El sacrificio por la patria es una constante desde las épocas heroicas. Cuando el iluminismo se apropia de ella le agrega el factor racional; para el burgués, la razón significa al mismo tiempo autoconservación y sacrificio.[11] Profundamente burgués, el teatro de Alberdi focaliza a los héroes contemporáneos: el letrado que piensa el proyecto y el pueblo que lo hace suyo y lo lleva a la práctica. Quizás esta zona sea lo más democrático de su producción, porque si los héroes tienen una dimensión cotidiana, los antihéroes resultan marionetas que toman el rostro del militar en *El gigante Amapolas* y del patrón en *La revolución de Mayo*. Y para confirmar el proyecto, las armas se subordinan a las ideas. El poder militar acata el poder civil, verdadera cabeza del movimiento; de él obtiene la legitimidad.

El derecho positivo separa las nociones de justicia y de legalidad; el texto de Alberdi las une para desprender de allí el sentido racional de la revolución que implica a la vez libertad, justicia y verdad y que culmina con la apología del criterio de infalibilidad. A la duda de algunos, Díaz Vélez responde: "Los justos son invencibles, porque tienen a Dios por aliado. La justicia sola es un ejército" (*R.M.*, 66). Sólo la ley otorga validez al empleo de las armas y asegura el triunfo.

Hay dos pactos que posibilitan la revolución: ambos tienen por protagonista las *ideas* que tejen alianzas con las *armas* y con las *fuerzas populares*. Los textos representan el concepto en espacios complementarios. *La revolución de Mayo* junta en los dos espacios, el letrado del cabildo y el popular de la plaza de la Victoria, la enunciación de la ley y la adhesión a ella. O, lo que es lo mismo, la palabra de la institución y su legitimación por el consenso. La escenografía tiene el peso de la ley; las acciones, aunque mínimas, crean un lugar de acuerdos. *El gigante Amapolas* agrega el espacio de una guerra muy particular: en el campo de batalla no vence el arrojo ciego ni triunfa la sangre sino una combinación de firmeza y razón.

El buen sentido prevalece y circula por los textos organizando los discursos de los personajes; se aloja en los nombres patricios, pero también recala en los sectores anónimos. Las glorias militares son expulsadas de las alianzas del buen sentido. El rechazo a las soluciones violentas desemboca en la apelación al contrato, una revolución consensuada.

La revolución acarrea la paz y también el conocimiento de la verdad. La verdad, que hasta un determinado momento compete sólo a los intelectuales, llega a los sectores convocados: a civiles y militares. En Alberdi, los grupos pasan con velocidad meteórica de la confusión a la luz, apenas internalizan las palabras de los líderes. El instante de la comprensión da nacimiento al contrato, solución natural de los problemas según la lógica textual.

Las ideas, la fuerza de las armas y la del trabajo. En el escenario, los patriotas realizan un concienzudo trabajo de persuasión. Saavedra permanece en el engaño hasta que la palabra letrada lo gana para su causa. Cuando es el turno del pueblo, un coro de voces no identificables adhiere al contrato propuesto por los líderes. La escena incluye una cantidad de personajes anónimos cuyas voces ratifican las voces que, procedentes de otros espacios, vitorean a los letrados, al pueblo, a los soldados, a Rousseau y a los filósofos de la Ilustración.

La escena del pacto con los militares se desdobla; mientras Vieites habla con el jefe, Chiclana seduce a la oficialidad. El personaje acciona los pasos que debe dar una auténtica revolución: *define* el concepto en la conjunción de los opuestos; *anuda* el pacto; *reza* un credo racional y toma el *juramento* de fidelidad. La definición, la alianza y el compromiso o de otro modo, las *bases teóricas*, los *acuerdos políticos* y el *consenso social*: he aquí los fundamentos de todo cambio que aspire al éxito.

La reflexión sobre la ley y la revolución incluye una teoría de la dominación que impone prácticas de obediencia por el consenso o por la violencia. Alberdi concibe el poder de modo dialéctico: mientras *La revolución de Mayo* investiga las características positivas del poder, *El gigante Amapolas* construye los aspectos negativos que conducen a la rebelión popular.

Dos poderes en pugna: la potencia de las ideas contra la fuerza de la represión. En su versión positiva, el poder se hace visible en la *ocupación de la totalidad del espacio*, de manera que no haya lugar que quede fuera de control. Los pactos sociales facilitan las prácticas de distribución y vigilancia en tanto mantienen un orden prefijado. La naturaleza tiene horror al vacío y las estructuras políticas también. Larrea, la cara más racional del movimiento, expone una visión omniabarcadora: "Porque en política esta doble operación de destrucción y reparación quiere ser casi simultánea. El Poder no puede estar vacante un minuto. El Poder es la columna que sostiene la bóveda social. Si falta un instante, la sociedad sucumbe. No hay tiempo intermedio para elegir entre la caída del viejo Poder y la erección del nuevo. Rey muerto, rey puesto, ha dicho bien el vulgo" (*R.M.*, 45).

El vehemente Paso, la otra posición en el seno del espacio letrado, afirma el sentido del concepto y agrega un elemento crucial que reaparecerá en las *Bases*: la *continuidad* del principio de autoridad. El espacio autoritario es un espacio saturado y liso. La enunciación de los universales en una única lengua compartida provee las tácticas de homogeneización.

¿Qué es? ¿Quién es? ¿Dónde está? Tales son las cuestiones primeras que indaga el poder. En la producción de Alberdi, las preguntas por la *identidad* y por el *lugar*[12] obtienen respuesta en el espacio teatral y se expanden hacia otros espacios y otros discursos. Los textos construyen la identidad del patriota, del antipatriota y el espacio de la revolución, o lo que es lo mismo del origen de la patria. La identidad cuaja en Mayo con la adaptación americana de los principios iluministas en un espacio común a los letrados, a los soldados y al pueblo.

El gigante Amapolas dramatiza el anverso, la faz negativa del poder. Su matriz es la representación del aspecto literal de una metáfora incorporada al lenguaje cotidiano: un gobernante títere ejerce siempre un poder de cartón. La técnica consiste en borrar el proceso de metaforización y trabajar con la literalidad desnuda. Otras metáforas acompañan a esta primera para presentizar el contexto histórico: si el héroe es de papel, un ejército constituido por mujeres evoca la fragilidad de las tropas, mientras una cantidad de soldados atados de pies y manos, cautivos e inertes, se mueven por el escenario. Las metáforas acuñadas en el espacio del discurso político se desplazan hacia el ámbito teatral para ejemplificar la situación y mostrar métodos de acción.

La máxima eficacia del poder reside en el manejo de las creencias; en fomentar la idea de que el centro coincide con la autoridad. En ese sistema de valores, el gobernante es una especie de padre severo pero protector. Padre, así llamaba el gauchaje a sus caudillos. Alberdi propone en la farsa la destrucción de la estructura paternalista cuando le da al pueblo la autoría del levantamiento. Pero si determinadas creencias son aniquiladas, un nuevo paternalismo reemplaza al viejo en tanto las voces populares de los soldados de *El gigante Amapolas* repiten las voces letradas de *La revolución de Mayo*.

Con la lección bien aprendida el pueblo se libera de los opresores: tal parece ser el apotegma. Y para incorporar el modelo de los antepasados *El gigante Amapolas* juega con una dialéctica del ver y del decir la mentira o la verdad, dialéctica también presente aunque algo modificada en *La revolución de Mayo*; allí la problemática se devana entre apariencias y verdades: "Nada ha cambiado, señores, más que un nombre: la tiranía es la misma, el tirano es el mismo" (*R.M.*, 27).

El teatro de Alberdi ofrece elementos para construir una teoría de las bases necesarias para lograr la unidad: en ese espacio podemos leer los pactos a realizar, el lugar de la ley y la razón en el sistema, las relaciones sociales y políticas de los grupos, el papel de la revolución como desencadenante de un nuevo orden, por fin, la instauración del poder.

El teatro es el espacio de la develación; pone al descubierto los resortes de un dominio sustentado en mitificaciones. En la farsa se encuentran casi todos los elementos que Canetti atribuye al poder, pero dados vuelta. Si la rapidez, la fuerza, el secreto, la capacidad de preguntar, de sentenciar y de perdonar son inherentes al poder, el texto de Alberdi incursiona en los entretelones para hacer público lo oculto: la debilidad de un poder.

En *Totem y tabú*, Freud relaciona el origen de la sociedad con el delito. La muerte del padre a manos de los hermanos confabulados para tal fin señala el comienzo de la organización política y social. Aunque en tono jocoso, la aniquilación del gigante a manos de un soldado convoca esa rebelión primera de los hijos contra el padre, de los débiles contra el centro y permite ensayar una hipótesis: la representación pulveriza el mito del gobernante intocable; su destrucción permite que el poder pase del cuerpo individual al cuerpo social.

La circulación del poder obsesiona a Alberdi. "El trono a las ideas, no a las personas; la gloria, a las virtudes, no a los hombres" dice Vieites cuando exhorta a los diputados (*R.M.*, 96). Si el aspecto positivo del poder reside en un espacio saturado, el revés de la trama, la usurpación de los lugares, se patentiza en la escena en que Mentirola ocupa los sitios que han dejado vacíos sus compañeros Guitarra y Mosquito. Simulacro de discusión, negación del tránsito de la palabra, el poder armado es una única voz que cambia de lugares y se escucha sólo a sí misma. La retórica inflamada pero despojada de sentido parodia las arengas militares; las actitudes cobardes de los jefes arrojan dudas sobre los compromisos declamados.

B. Las alianzas y los contratos sarmientinos

Los pactos culturales de Recuerdos de provincia

Declarar/elidir

La autobiografía de Sarmiento se constituye en la intersección de tiempos y espacios que resumen el nacimiento y el desarrollo de la historia nacional. *Recuerdos* narra una historia familiar que, desbordando los límites de lo privado, configura en forma paradigmática el pasado, el presente y el futuro colectivos. Si el género autobiográfico actualiza la confrontación —también entendida como enfrentamiento— entre el yo-protagonista y el autor-narrador que edita la ficción, *Recuerdos* incluye el plano de la esfera pública como fundamento de legitimación del sujeto.

En este relato de vida lo social sostiene la consolidación de la identidad; el sujeto se vincula con la esfera pública que lo consagra, reconociendo en su nombre un representante digno. Los distintos modos de articulación entre la posición de locución y el sistema referencial que la convalida, la dependencia del sujeto autobiográfico de un público juez apologista o denostador, determinan una estructura en la que los materiales heterogéneos —retratos, evocaciones intimistas, historias de antepasados, juicios políticos, narración de episodios de infancia, descripciones de costumbres— se nuclean alrededor de la educación para construir la identidad personal.

El siglo XIX tenía claro que la planificación del estado reclamaba el consenso. Sabía también que necesitaba construir identidades acordes con el proyecto. La autobiografía despliega la subjetividad que precisa el estado imaginado. Si gobernar es estructurar el campo de las acciones posibles de otros,[13] supone igualmente esbozar el campo de acciones del grupo que dictamina las acciones permitidas y prohibidas a esos otros.

Porque el estado no sólo gobierna desde arriba, resulta fundamental para la consolidación del proyecto desplegar, en gestos didácticos y contundentes, los modos legítimos de subjetividad. El proyecto opera una matriz de individualización que fija los rasgos requeridos mediante el desarrollo de ciertas técnicas y prácticas que no son reductibles ni a la fuerza ni al consenso, y muestran modos de cohesión social. La literatura pone en escena procedimientos que diagraman formas específicas de hegemonía mediante la construcción del modelo de la élite dirigente.

El sujeto-narrador se delinea en una frontera, en el límite vacilante de una palabra de carácter privado o público. En el circuito que recorre pueden leerse diversas zonas de poder: la palabra que nace privada en el género carta y se hace pública por un acto de delación acarrea el castigo. De un lado, un exceso verbal, del otro, la traición. En ambos casos, un trayecto equivocado: "Mi carta fue leída en plena sesión, pidióse un ejemplar castigo contra mí, y tuvieron la villanía de ponerla en manos del ofendido, quien más villano todavía que sus aduladores, insultó a mi madre, llamóla con torpes apodos y le prometió matarme dondequiera y en cualquier tiempo que me encontrase"[14] (*R.P.*, 25).

En compensación, la autobiografía acciona una palabra pública y privada al mismo tiempo. El sujeto habla para acallar otras voces. El ejercicio monopólico del discurso restituye los espacios propios a las voces y a las palabras. Planteado en primera instancia como conflicto familiar, el relato pretende acceder al estatuto de "desborde" verbal, defensa apasionada o reivindicación de una honra atacada: *Recuerdos de provincia* o lo que es lo mismo, memorias de la patria chica. El plano personal, la evocación intimista resulta la piedra basal, la fundación en escala reducida de la patria grande futura. La autobiografía despliega el concepto de nación: describe la población, las costumbres, la lengua originarias, las raíces culturales que pueden servir de lazos para acceder a una dimensión mayor.

El texto diseña el espacio justificatorio de una genealogía fundadora. Comienza contando las luchas de un sujeto por restablecer la verdad acerca de la limpieza de sus orígenes; pero este principio que abre sobre un destino individual se amplifica en el final, donde el conflicto personal se transforma en batalla por el bien común: "(...) desde el primer artículo de un diario hasta la última página de un libro, forman un todo completo, variantes infinitas de un tema único, cambiar la faz de la América, y sobre todo de la República Argentina" (*R.P.*, 223-224). Un doble carácter preside la narración de la vida: el sujeto escribe como hombre y como patriota, y en esta duplicidad fusiona lo público y lo privado, de manera que cada elemento permite descifrar al otro.

Las estrategias textuales apuntan a desgajar la "política trascendental" de la "política de circunstancias". Por supuesto, el narrador prefiere la primera: libertad, progreso, educación, emigración, prensa libre explicitan el intento de inscribir la subjetividad en los principios del bienestar general. Una vez convertida la dimensión familiar en universo, el sujeto enunciador se instala en un punto ubicuo y desde allí dictamina una política que rigen leyes naturales. Otra forma de politizar: sostener principios inalienables conlleva el gesto de investir el carácter sagrado del profeta.

En esta línea adquiere sentido la elisión de ciertas escenas que escanden el texto y cuyos contenidos aluden a la coyuntura política. Contracaras del exceso verbal, esas escenas suprimidas provocan huecos en la información, pero subrayan el rol del elegido. Al mismo tiempo, el escamoteo de episodios claves o de causas enfatiza la injusticia de los actos del enemigo. En la configuración de la identidad, hay una justificación del campo inmediato de acciones y paralelamente el esbozo de otro espacio, más lejano y más amplio: el carácter de predestinado se manifiesta nítido en un relato de vida construido sobre la rapidez de la conversión y de las revelaciones súbitas.

El narrador oculta los contenidos de sus cartas contra Quiroga y Rosas, hechos que prologan el exilio; esconde también las relaciones conflictivas entre el presbítero José de Oro y algunos estamentos del poder —choques ideológicos con Salvador María del Carril y San Martín— con lo cual la sociedad parece culpable de algún delito no consignado, pero que oficia de resorte para el destierro del patriota; silencia el desarrollo de batallas políticas —como la que entabla con Benavídez— y de las que emerge vencedor; no revela la génesis de sus elecciones políticas sino la decisión final. Como impulsado por la coacción del poder, por factores externos, la reiteración del enunciado "era yo unitario" manifiesta no una opción libre, sino la compulsión ejercida por un afuera amenazador que obliga al individuo a embanderarse en una facción.[15] Así, callar o disfrazar lo político puntual es condición necesaria para edificar una historia personal que coincida con la historia de la patria.

El sujeto autobiográfico anuda todos los espacios, todos los tiempos y todas las culturas. Si la escritura declara su carácter improvisado armando un sistema narrativo con cortes e intercalaciones, con yuxtaposiciones de episodios y de registros lingüísticos,[16] la estructuración de los capítulos desmiente esta pretensión de espontaneidad. Cada retazo de esta autobiografía está diseñado para destacar a un protagonista que une en la literatura lo fracturado en otros ámbitos: su tarea consiste en reconciliar *naturaleza y cultura*. Por eso, Sarmiento asume las herencias española e india y rememora a sus antepasados árabes, dándoles esta vez connotaciones positivas: don de mando, conquistadores, fundadores de familias y ciudades. El sujeto restituye la unidad original al revelar las conexiones subyacentes entre culturas y razas.

Comienzo emblemático: los capítulos empiezan contando un *origen* familiar, etnográfico o cultural. Narran una fundación en sus distintas inflexiones; y porque se trata de un libro didáctico, el mayor espacio se concede a la creación de sistemas educativos. José de Oro, Fray Justo Santa María de Oro, Domingo de Oro o Doña Paula enseñan al futuro maestro Sarmiento. Discípulo aplicado, el niño Domingo acumula la *herencia* con *esfuerzo*, a imitación de los *modelos*.

Estos tres factores —lo transmitido por sangre, la laboriosidad empecinada, el ejemplo de los mayores— moldean la subjetividad deseada. El yo se convierte en una especie de receptáculo transformador de cada factor heredado; la identidad que precisa el estado futuro conjuga la tradición con el siglo. El sujeto sintetiza los valores legados por vía familiar, natural o cultural; reúne los valores fragmentados y dispersos en los antecesores o en el terruño provincial.

En el principio está el final: cada capítulo destaca un tesoro arcaico digno de estima que el sujeto descubre y retiene. *Recuerdos* describe el mundo: naturaleza, formas arcaicas de organización social, nacimiento de las culturas, configuración de la subjetividad y modos de insertarse en la colectividad. Los espacios se van achicando hasta llegar a focalizar al individuo irrepetible, político y escritor.[17]

Recuerdos, como aclara el título, pone en marcha una política de rescate de memoria. En este libro de enfrentamientos temporales, el pasado conforma un núcleo utópico retrospectivo. La decadencia actual se recorta contra el accionar de los antecesores; al origen —que es siempre fundación— se superpone otra constante, ya que cada capítulo termina con la destrucción emprendida por los otros o, inversamente, con la salvación posible cuando involucran las acciones del narrador.

Visto más de cerca, el caos aparente deslumbra por su riguroso orden. El narrador conoce el manejo de una lengua eficaz al organizar los materiales disímiles en tres maneras básicas de constituir la subjetividad con el montaje de un sistema que desenvuelve los procedimientos de inversión, linealidad o paralelismo. Los procedimientos figuran un curioso modelo en cuanto desarrolla el grado máximo de individualización, un nombre propio famoso, rasgos definidos, actos precisos en situaciones históricas reconocibles, discursos particulares y modos específicos de relaciones con otras subjetividades. Gesto eminentemente didáctico, el modelo es tal en cuanto concreción absoluta del individuo.

En cada capítulo, el último elemento retoma el primero dándole vuelta, complementándolo o yuxtaponiéndose a él. La inversión opera en el plano personal —pasaje de la oscuridad literaria al reconocimiento— o en el plano colectivo —oposición entre una colectividad antigua superior y la actual inferior.

Otras veces, las preferencias se inclinan por una lógica lineal. Así está estructurado "Mi educación", que empieza con la temprana formación del personaje en el arte de la lectura y acaba en un pensamiento consolidado. Culminación apoteótica de una vida, plasmación de una forma anhelada, una línea permite juntar sin fricciones el nacimiento con la madurez, los inicios vacilantes con el esplendor.

Los paralelismos con contraposiciones entre situaciones o entre personajes, recorren algunos relatos de vida, como el de Domingo de Oro. El nombre anticipa un destino común porque, además de compartir el significante, la narración entrelaza a los dos Domingos en una comunidad de ideas y de posiciones. Los sentidos existenciales se asemejan hasta el instante de la opción definitoria; entonces, los caminos generacionales se bifurcan en el final del episodio que señala los inicios de la vida joven en el punto donde termina la vieja.[18]

Antecesores "raros"

"Tenía don Miguel un hermano clérigo loco; está loca hoy una de sus hijas, monja, y el presbítero José de Oro, mi maestro y mentor, tenía tales rarezas de carácter que a veces, por disculpar sus actos, se achacaba a la locura de familia las extravagancias de su juventud" (*R.P.*, 55). Sello prestigioso para el narrador, la idea de rareza abarca varios tipos de desmesura. En algunos, el término se homologa con la locura; en otros es sinónimo de inteligencia extraordinaria o de cultura inusual. Comporta también capacidad de acción, esfuerzo y trabajo. El rasgo circunscribe un campo de diferencias que aglutina a los miembros del linaje: los Sarmiento, los Oro, los Mallea portan la marca de la diferencia que en este caso opera como la contracara de otro campo de diferencias donde se sitúan los gauchos y los caudillos.

Sarmiento arma minuciosamente un tipo de subjetividad que instaura otra legalidad y otra razón. La locura significa una racionalidad que transgrede reglas y cuestiona instituciones; los antecesores son locos sólo si se los juzga con los parámetros del sentido común. El texto propone otra óptica, echa otra mirada sobre el linaje: el rasgo define a un sujeto excepcional que por ese motivo es un ser excéntrico. Estos sujetos se someten a leyes superiores que anclan en la naturaleza y la cultura, leyes contenidas en el corazón del mundo.

Dos ejes entrelazados configuran la identidad; el primero gira en torno a la idiosincrasia de cada integrante de esta genealogía; el segundo pone en conexión al individuo con la sociedad; el yo se define en el enfrentamiento con algún tipo de instancia colectiva —iglesia, chusma, grupo— que oprime al sujeto obligándolo a respuestas singulares.

Un uso extendido de la analogía que fusiona tiempos enhebra también lo público y lo privado. Las argumentaciones van dibujando una cadena en la que cada eslabón tiende a echar por tierra algún prejuicio que el poder enraíza en la sociedad para inhibir los cuestionamientos. El texto convierte en máquinas de opresión a las instituciones atadas al partido gobernante y a las jerarquías eclesiásticas. Contra esas máquinas de poder que usan a los hombres interiorizándolos en la masificación intelectual, sólo los excepcionales zafan del sistema. El narrador enfatiza el choque entre el individuo y la sociedad que condena a los inclasificables: "Tenía (José de Oro) un profundo enojo con la sociedad de que huía, no viéndosele en la ciudad sino en la fiesta de Santo Domingo" (*R.P.*, 57). Un acto cualquiera de rebeldía pone en funcionamiento los dispositivos censores, dando lugar al pleito. El esquema en que una sociedad entera —o la mayor parte de ella— enjuicia al transgresor se repite en cada miembro de la familia hasta crisparse en el narrador.

La rareza nace en el instante en que un cuerpo entra en contradicción con una mente. La coexistencia de opuestos desata la reprobación de una sociedad pacata. Sarmiento retoma la dicotomía cuerpo-pensamiento —que define los límites entre civilización y barbarie en las biografías de caudillos— y la dramatiza en varios antecesores Oro desgarrados por el dualismo que fascina al genealogista. El entrecruzamiento americano de naturaleza y cultura representa un ideal humano que no llega a conciliar los contrarios. Antecesor de Borges, el narrador recibe dos legados: de la línea gaucha deriva el coraje; la línea europea dona la palabra y las ideas.

Ambición, gloria y locura igualan a los sexos en la línea materna. El texto trabaja los cuerpos; la identidad se consolida en escenas que exhiben cuerpos a menudo inmolados. Contra el anonimato de la masa, estos hombres peculiares exponen un cuerpo que escandaliza a la sociedad: "(...) don José no había sido invitado y en despique desnudóse en su casa como para echarse en el baño, montó en pelo un caballo, y presentóse a la vista de los convidados al arrojarse a la represa de agua; bañóse tranquilamente buen rato y saltando con gracia en el caballo negro en el que resaltaban sus formas blancas y nerviosas como un atleta antiguo, tomó la vuelta hacia su casa sin responder a los que lo llamaban. No respondo de la veracidad del hecho, que yo nunca le vi hacer nada extravagante" (*R.P.*, 61).

El polifacético soldado gaucho y cura letrado liga al autor-narrador a la cultura y a la naturaleza; lo educa según el *Emilio* en la geografía y en la historia, dos modelos científicos presentes a lo largo del texto que vinculan al yo con la tierra y los antepasados. Su personalidad incide sobre la formación del sujeto autobiográfico porque en *Recuerdos* los maestros, padres intelectuales, reemplazan a un padre biológico inconsistente.

Entre numerosos padres disímiles, el narrador opta por aquellos que amalgaman los contrarios y educan con las ideas y con el cuerpo. De manera oblicua el sujeto autobiográfico va constituyéndose en el retrato de sus maestros. El relato muestra que sólo *aquel que arriesga el cuerpo puede educar*; la proposición anticipa y justifica la historia personal y el exilio propio.

José Clemente Sarmiento le lega su afición por los libros, pero no lo educa. En esta extraña familia se invierten los roles y los sexos. El padre participa de un mundo casi femenino, cuida la integridad física del hijo rescatándolo en los momentos de peligro. *Quitar el cuerpo del hijo*; este ser incorpóreo, "lindo de cara", "ángel tutelar" o "ángel de la guarda" aparece como obstáculo para las ansias guerreras del protagonista. El narrador recoge la burla que pone en duda el sexo del padre y rearma su genealogía seleccionando algunos rasgos; inventa parentescos y parecidos, también diferencias que cuadriculan un espacio sin ambigüedades, donde los padres son fundadores de ciudades y de sistemas y guerreros y la madre lleva a cabo la fundación de la familia. La perfecta distribución de los sujetos en los lugares adecuados: la mujer en la casa, los hombres en el campo de batalla. Sin embargo, un espacio común articula los sexos: la *educación* pertenece a ambos dominios.

En el montaje de rostros y prácticas, el sujeto autobiográfico se da un lugar propio en cuanto que recapitula y amplifica los componentes extraños de la estirpe. A un padre femenino el texto opone una madre masculina cuyas rarezas se extienden al cuerpo, al intelecto y a la moral. La madre trabaja y mantiene a la familia, levanta la casa que el sujeto vacila en llamar "hogar paterno" puesto que inmediatamente corrige: "la casa de mi madre", educa y es centro de la vida doméstica.

Este cuerpo y esta mente viriles transmigran al cuerpo del narrador que interpreta en cada actitud materna un presagio de las conductas propias. Incluso el espíritu religioso ancla en el hijo que contagiado de misticismo profiere una oración de claras resonancias sagradas, aunque el credo se tiña de iluminismo: "Yo creo firmemente en la transmisión de la aptitud moral por los órganos, creo en la inyección del espíritu de un hombre en el espíritu de otro por la palabra y el ejemplo" (*R.P.*, 128).

El cuerpo es un componente decisivo en la figura del *político*. Sarmiento declara su admiración por Domingo de Oro en una escritura que se complace en la descripción física e intelectual del hombre de espíritu europeo y cuerpo americano. En el personaje, la dicotomía cuerpo-pensamiento resulta un núcleo productivo y complejo, ya que a la herencia gaucha que combina con la europea, agrega el rasgo del misterio inherente al hombre político. Cualidades mefistofélicas, seducciones irresistibles, magia y ensalmos sitúan al personaje en un lugar ambiguo a mitad de camino entre lo humano y lo sobrehumano. El papel de mediador entre bandos contrarios refuerza en lo social las ambivalencias internas. Puente entre grupos antagónicos, el orador caudillo se desenvuelve en un espacio donde circulan las negociaciones y las relaciones de poder.

La narración yuxtapone su situación a la del yo protagonista, porque si el destierro los asemeja, las actitudes vitales los diferencian. Pero el paralelismo es más profundo; muestra duplicadas con signo inverso dos opciones políticas: si Domingo de Oro desemboca en el escepticismo por no tomar partido —sólo al pasar el narrador confiesa la filiación federal del antepasado—, Domingo Sarmiento acepta con optimismo la lucha política.

El enunciado "Oro es la palabra viva" (*R.P.*, 77) define el encuentro fructífero de *cuerpo* y *lenguaje* en la figura de un *escritor político*. Los cuerpos atraen o repelen. Si el cuerpo desnudo del presbítero escandaliza a la sociedad, el cuerpo colosal del político vestido con palabras la seduce: "He aquí, pues, uno de los grandes secretos de Oro; los otros son de ejecución, y no son menos certeros. Pronuncia las palabras nítida y pausadamente, modulando cada una con el finido de una miniatura, con un esmero que se conoce ser obra de un estudio largo y perseverante, que ha concluido por convertirse en segunda naturaleza" (*R.P.*, 78). Producto acabado de la intersección entre cultura y naturaleza, el orador cuya personalidad anticipa la unión lograda por el autor-narrador, lo unge *escritor*: "'¡Bravo! Oro ha aplaudido'. Yo era escritor (...)" (*R.P.*, 80).

Otro miembro de la familia Oro, Fray Justo, lo nombra *educador*. Esta vez, la extrañeza del personaje radica en la cultura adquirida. *Raro para la sociedad*, Fray Justo emprende una utopía educativa que continuará el autor protagonista. En el teólogo no hay oposiciones internas entre naturaleza y cultura, sino conciliación armónica de preocupaciones trascendentes e intereses patrióticos. El sacerdote suma en su vocación razón y justicia humana, ideas y voluntad de artista, valores religiosos y civiles.

En la producción de Sarmiento, los juegos entre perseguidores y perseguidos conforman una matriz significante. *Recuerdos* repite en todos los niveles esta estructura: el rechazo a los sujetos que la sociedad llama raros, proviene del afuera, del ámbito religioso y político. La intriga o el complot constituyen las formas de una política de la paranoia y una paranoia política: contra la racionalidad de algunos, el fanatismo de la colectividad y de sus jefes.

El ataque se dirige siempre contra un centro reconocido para desplazarlo hacia la periferia y proponer otro. Las estrategias de *Recuerdos*, a partir del título que habla de los márgenes, de la provincia y no de Buenos Aires, reubican a los sujetos, distribuyen centros y márgenes en nuevos espacios. La historia de Funes repite la multiplición de intrigas. El deán, "centro natural" de la revolución, concreta un programa educativo en el que se instruye una élite intelectual de descollantes apellidos en el hacer público. Literatos, políticos, doctores en leyes, científicos prometen para la república un futuro jubiloso, interrumpido por el destierro o la muerte.

Símbolo de la omnipotencia del poder, la amenaza suspendida diluye su efecto cuando se materializa. Las amenazas que se ciernen sobre los antepasados cuajan en sus descendientes; heredero privilegiado, el narrador atrae los castigos potenciales que acechaban a los mayores. La estructura paranoica encuentra la facticidad que ha buscado sin cesar. Sarmiento halla el modo de representar el nacimiento, el desarrollo y la culminación de una vida pautada por opciones políticas irrenunciables. La moraleja didáctica restalla en el capítulo dedicado a Oro, que en el final cambia de protagonista; cierra con una escena de tonos y colores contrastantes en el espacio de la prisión previa al destierro; allí un grupo de alumnas consuela al maestro Domingo. Ratas y cárcel, por un lado, infancia por otro, son los tres elementos que instauran un campo semántico de oposiciones donde la política se junta con la educación.

La subjetividad se delinea en la sobreimpresión de tres esferas: la política, la educación y la historia. La sumatoria vislumbra un sueño de totalidad. El derecho a considerar patrimonio propio esos espacios que han sido ocupados por los antecesores le viene por sangre, pero más aún por trabajo. Y si la herencia recibida es el espacio entero, la deuda con los mayores queda saldada con la operación de síntesis que realiza el sujeto autobiográfico: ocupa esos espacios que imagina vacíos y los llena con los contenidos de la educación, la política y la historia entrelazados por el discurso literario. En este sentido, la narración recobra, en un gesto político y a partir de la memoria individual, la lectura y la escritura de la historia comunitaria. El descendiente como historiador cumple un trabajo arqueológico: "Un día iré a buscar con recogimiento religioso, entre tumbas de patriotas, el lugar que ocupa la que un decreto mandó erigir a su memoria" (*R.P.*, 121). También el libro se convertirá en monumento.

El yo entre lo invididual y lo colectivo

"...No era en Roma ni en Grecia donde había de buscar yo la libertad y la patria, sino allí, en San Juan, en el grande horizonte que abrían los acontecimientos que se estaban preparando en los últimos días de la presidencia de Rivadavia" (*R.P.*, 175). Separado de su tierra, Sarmiento escribe del otro lado de los Andes, los espacios y los tiempos de la patria perdida.

Recuerdos pide ser leído como uno de esos derroteros de las leyendas coloniales que el narrador cita y que prometían la quimera al esforzado conquistador. En este caso, las pistas diseminadas en la letra conducen al tesoro más preciado: al final del recorrido está aguardando la patria. Todo derrotero desperdiga rastros, huellas mínimas a interpretar: "El poseedor de estos itinerarios misteriosos los cela y guarda con ahinco, esperando un día tentar la peregrinación preñada de incertidumbre y peligros, pero rica de esperanzas de un hallazgo fabuloso" (*R.P.*, 33).

Un mito a descifrar, un mapa, algunas pistas, la espera confiada del sujeto, muchos riesgos y, por último, la recompensa. He aquí un modelo de lectura para una autobiografía peculiar, un relato de vida que amplía sus dimensiones a fin de dar cabida a las representaciones de la patria. Encontrar el tesoro es hallar la identidad en un doble sentido, la idea de nación y la identificación de los tiempos y espacios individuales con los tiempos y espacios primigenios. Si *Argirópolis* contruye al hombre de estado en una voz autoritaria e imperativa, *Recuerdos* traza el recorrido anterior y complementario en un tono nostálgico. La tierra, la sangre, la educación y la imitación de los antepasados confieren al sujeto la identidad privada. La constitución de la identidad pública depende de la sociedad que santifica o defenestra pero que siempre se muestra como referente último.

La narración retrocede en el tiempo hasta arraigar el yo en la tierra. El capítulo "Las palmas" trabaja con la identidad implícita entre objetos y sujeto. Los atributos otorgados a los palmares coinciden con los que definen el linaje de Sarmiento. Bastan ligeros desplazamientos para restablecer las correlaciones entre sujeto y objetos. El exotismo recuerda la rareza que marca a la familia; el estigma de forasteros remite al exilio propio; antiguos versos árabes cantan la nobleza de los árboles, manos europeas han contribuido a su crecimiento. Tres continentes labran la vida de los palmares, así como tres culturas se entrecruzan en sus ascendientes.

Hay en *Recuerdos* casi un tratado de botánica: palmas, pinos, álamos, higueras, algarrobos, vides, olivos; árboles aptos para la industria, símbolos familiares, vigías solícitos del proceso de aprendizaje o testigos de la historia. La imagen del árbol une lo utilitario e inmediato con el mundo de la cultura y lo trascendente. Pero es a la vez una imagen del texto. El árbol es también genealógico y un modelo de mundo jerárquico,[19] un universo que erige como ley máxima el Uno y que procede por lógica binaria. El libro aspira al estatuto de microcosmos y desea la completud del sentido. El árbol representa la ley de la naturaleza y estará allí desde el principio hasta el fin de los tiempos.

Del paisaje, los árboles atraen la atención del narrador porque remiten al nacimiento y al desarrollo de la patria. También a la desazón por el hogar perdido. Exilio y arraigo como anverso y reverso de un destino confluyen en la transcripción del poema árabe que recoge una herencia donde el suelo se da la mano con la cultura: versos bellos y sentimentales alaban la naturaleza. El legado de los Albarracín —los árabes de la familia— liga los dos mundos. El caso de los palmares escenifica una situación ejemplar de aquellos que siendo extranjeros se afincan y crecen en otro suelo como ha crecido Sarmiento literaria y políticamente en Chile.

Si un primer momento de legitimación del yo crea relaciones estrechas entre sujeto y naturaleza, un segundo momento detalla los componentes raciales que entran en la identidad polifacética del sujeto. Indios, españoles y árabes, todos ellos fundadores de algún tipo de civilización, conforman el marco étnico-cultural, el tronco común de una estirpe colosal con la que el sujeto autobiográfico celebra alianzas profundas. Se trata de construir una familia de tradiciones y costumbres, de ligar distintos tipos de fundaciones aunando noblezas, la del trabajo, la de la cultura, la de la sangre, la del talento. En suma, hacer un mapa que seleccione y unifique los componentes de la nacionalidad, el principio temporal, espacial e ideológico del estado.

En un tercer momento, la identidad se consolida en la interacción de lo individual con lo social. En esta instancia, las tensiones entre el individuo y la sociedad civil o la sociedad política permiten leer las articulaciones entre modelos de literatura y modelos de estado. La autobiografía insiste en la producción de una subjetividad compleja y fragmentaria, en la construcción de un modelo entrevisto como punto de convergencia. La amalgama facilita el salto hacia adelante. La primera persona toma la palabra capturando los cabos sueltos: "Aquí termina la historia colonial, llamaré así de mi familia. Lo que sigue es la transición de un modo de ser a otro (...) A la historia de la familia se sucede, como teatro de acción y atmósfera, la historia de la patria. A mi progenie me sucedo yo (...)" (*R.P.*, 150).

Las estrategias textuales bordan en filigrana tres pilares miniaturizados del proyecto: la *razón*, el *pacto* y el *amor a la obediencia* forman un eje semántico fundamental que ciertas escenas exhiben encarnados en la vida cotidiana. Sarmiento salta de la dimensión máxima de la política global a la dimensión mínima de la política familiar. El relato fulgura en episodios que desarrollan una estética de lo concreto. Esta estética que se presenta al mismo tiempo como ética exhorta a una lectura de doble plano y de doble valor: allí se leen dos fases de un mismo universo; familia y nación, individuo y colectividad, vida privada y vida pública, moral y política.

La eficacia de la escritura se funda en esta duplicidad. El hecho de que *Recuerdos* se haya convertido en un texto escolar, edificante, da cuenta del principio que lo constituye. Al relato familiar se superpone el relato de la nación. Un ejemplo: en "El hogar paterno" el autor-narrador arbitra las disputas entre la vieja y la nueva generación o, en términos políticos, entre conservadurismo y revolución. Las hermanas, representantes de la modernidad, quieren eliminar algunos objetos anacrónicos en tanto que la madre se aferra a los símbolos que contienen su pasado. Desencadenada la lucha, el triunfo de la juventud implica la destrucción de las reliquias.

La anécdota sirve al género didáctico y culmina en una moraleja. El episodio narrado en el tono entre nostálgico e íntimo del relato de memorias intercala reflexiones que operan la apertura del discurso hacia una dimensión más universal. En defensa de los valores de la tradición, el enunciador apela a la mirada de los viajeros europeos que otorga racionalidad a los objetos que examina. Enseguida, el plano íntimo se abre al ancho mundo; las dimensiones estrictamente familiares se prolongan en un gesto que promete reconocimiento al partido perseguido, poniéndolo como centro de la regeneración nacional: "Los viajeros europeos que han recorrido la América, de veinte años a esta parte, han rescatado por precios ínfimos, obras inestimables de los mejores maestros (...) No de otra manera y por las mismas causas, una generación próxima venerará el nombre de los unitarios en nuestra patria, vilipendiado hoy por una política estúpida (...)" (*R.P.*, 146).

El discurso se bifurca en dos registros, uno que interpela a la razón y otro que opera con los sentimientos. Ambos describen prácticas y actitudes cotidianas que movilizan características destinadas a ser inscriptas en la subjetividad. El discurso dibuja un espacio de coincidencia y generalidad, una zona consensuada por esta doble apelación en la que a la singularidad de la situación se sobreimprime la identificación sentimental. Este es el punto de convergencia de lo social y lo individual.

Esta especie de pasión por la ubicuidad recala en el acto de *mirar*; hay géneros literarios —como el de los viajes— que reconocen un origen en este verbo. Sarmiento lo usa en cualquier género o sistema narrativo. En *Recuerdos*, el tópico es recurrente e introduce una cantidad de acciones subjetivas sobre el mundo desde el momento que el que mira corrige, ratifica, descubre, inventa y rectifica. La mirada de los otros aniquila o santifica a los sujetos u objetos sobre los que se detiene; la mirada propia devela mentiras y penetra de racionalidad lo que carece de ella.

En las escenas familiares, las distintas visiones libran una guerra cuyos frentes de conflicto son dos generaciones; las miradas amenazantes de las hermanas que enfrentan la mirada tierna de la madre recalan en los mismos objetos; las miradas discuten la supervivencia o la condena del pasado colonial. La visión ciega destroza cultura y naturaleza, aniquilando la historia. Por sobre estas visiones parciales se sitúa el punto de vista del narrador, que como posición de enunciación se proclama defensor de las tradiciones y como personaje toma a cargo la tarea de reconstrucción cuando transforma un pedazo de tierra estéril en una viña. Adecuada al siglo, la misión reparatoria tiene por protagonista a un sujeto capaz de desbrozar lo imperecedero de los remanentes anacrónicos y de fusionar utilidad y belleza.

En *Recuerdos*, la sociedad observa atentamente a los individuos raros. Y desde el momento en que el protagonista asume ese rasgo, el grupo intriga y enjuicia.[20] A veces el sujeto reclama esta función otorgando a la comunidad la jerarquía de sistema primario de referencia: examina al grupo para ver reflejada en él su imagen; cuando la sociedad chilena lo sanciona escritor, lo rescata de la anonimia; el sujeto obtiene un espacio propio, su pasaporte de *socius*.

Las escenas de enfrentamientos personales con los caudillos Quiroga Carril y Benavídez cruzan miradas que figuran *duelos*; en ellos, la palabra sustituye a la acción y la mirada al arma. Estos momentos de máxima tensión en los que los contrincantes dirimen posiciones, se resuelven literariamente en el uso del diálogo; pero el desenlace, feliz para el representante de la civilización, está a cargo del discurso indirecto. Si establecemos analogías entre discurso indirecto y traducción, por un lado, y discurso directo y transcripción por otro, la actividad de narrar se revela desleal en cuanto el yo testigo y participante borra la voz del otro y hegemoniza la palabra. La posesión inclina la balanza de la racionalidad al diluir en comentarios el lenguaje ajeno.

Una visión sagaz descubre artimañas, los secretos y las farsas que usan los poderosos como instrumentos de sometimiento. La capacidad descifradora de la mirada del narrador desarticula las estratagemas del cura Castro Barros; percibe la estupidez en la mirada indiferente de Benavídez; y testimonia los atropellos del régimen. "Balbuciente aún empezaron a familiarizar mis ojos y mi lengua con el abecedario" (*R.P.*, 151). Nacimiento y educación coinciden en la formación de la identidad en la que el ver y el hablar tiene el correlato de la verdad.

Recuerdos describe la trayectoria de una subjetividad móvil, pero previsible. La voz se define en una cantidad de posiciones ubicuas del sujeto de la enunciación que determina la superposición de tiempos, niveles y actitudes narrativos. Si la mirada que aprende imitando inscribe los inicios de la identidad, el acceso a la escritura señala la madurez. La palabra "progreso" es el abracadabra: el crecimiento individual coincide con la marcha del país.

Aprender y enseñar; los roles sociales del alumno y del maestro explican el imaginario del escritor al punto que suspenden toda derivación que no sea pertinente a estos lugares. La operación recorta el cuerpo del sujeto constreñido a una mirada disciplinada y una escritura explosiva. No obstante, cuando entra en escena la figura del político, lo fragmentario desaparece. Esos instantes juntan roles que contornean un cuerpo entero con todas sus memorias: el sujeto —narrador y personaje— se hace dueño de una doble voz que enseña con un cuerpo teatral actitudes edificantes.

El relato se vuelve moroso en la descripción del recorrido. La imitación rige la época de aprendizaje durante la que el sujeto *lee, copia, traduce y reproduce*. La tranquilidad evolutiva combina con momentos de ruptura. A menudo, las formas discursivas narran una revelación: "Yo había sido vil, grande, heroico y miedoso, y pasado por un infierno, por no sentirme indigno de su aprecio" (*R.P.*, 60).

Hay un instante en el que se opera el cambio decisivo: "empecé a sentir que mi pensamiento propio, espejo reflector hasta entonces de las ideas ajenas, empezaba a moverse y a querer marchar" (*R.P.*, 173). En este punto, la autobiografía atrapa el modelo de las confesiones y se vuelve la historia de una conversión. El discurso de la confesión provee una matriz religiosa que se da contenidos terrenos en cuanto marca la entrada en "La vida pública". El corte con la vida anterior, movimiento típico del acto confesional, se repite invirtiendo los efectos pragmáticos del discurso. El acto no culmina en la retirada al ámbito de la contemplación; significa, por el contrario, la irrupción en la acción pública. La palabra consolida un imaginario que liga de manera indisoluble al maestro con el escritor y el político.

Cuando el protagonista se instala en la vida pública, la mirada de los otros se desplaza hacia los objetos que produce el sujeto: libros, artículos y escuelas. Los otros leen lo que escribe; con ello el cuerpo de la letra reemplaza al cuerpo del sujeto, poniéndolo a salvo. La escritura refrenda un nombre limpio que circula ya en la esfera pública; el texto hace justicia restableciendo el orden; modifica la situación inicial en la que las cartas violadas provocan el castigo. El artificio de elegir por destinatarios a "un centenar de personas" jerarquizadas con el título de *compatriotas* constituye a unos pocos que comparten el bien supremo en instancia de justicia.

Los huecos de la historia

Lanzado a la búsqueda de una totalidad fragmentada, el narrador orienta sus investigaciones hacia atrás para encontrar signos que le permitan recuperar los sentidos perdidos. Documentos, recuerdos personales y ajenos, leyendas, testimonios y retratos son materiales heterogéneos que el historiador organiza cohesionándolos en un todo significativo. El *fragmento* se convierte en un *lleno* de sentido, una plenitud en la que el historiador hurga sentidos casi desvanecidos.

Pero el fragmento también puede ser sinónimo de *vacío*; el sujeto, en este caso, escribe los sentidos que faltan. Sarmiento encuentra en una casa jesuita una carpeta que contiene manuscritos donde se alude a una "Historia de Cuyo" del abate Morales y a un mapa de la zona. Ambos documentos están perdidos; los únicos testimonios completos son unas probanzas de Mallea. *Recuerdos* dibuja un derrotero, el mapa del tesoro, paradigma interpretativo con el que un sujeto raro escribe la historia de otros raros.[21]

Guardián del pasado, el narrador enlaza las líneas fundadoras de españoles e indios que aportan dos vertientes de la tradición. Lo que se ha conservado es la *ley* en forma de antiguas probanzas; en ellas los conquistadores acreditan a la posteridad la certeza de ciertos hechos cuya veracidad surge de los interrogatorios a los que se someten los testigos. De la confrontación de testimonios que se contradicen, el juez —el historiador— infiere verdades. Si los españoles contribuyen a la develación de causas mediante la minuciosidad requisitorial de sus actos jurídicos, las costumbres huarpes corroboran el programa sarmientino mientras que sus leyendas reafirman la teoría del hombre americano como ser excepcional.

Sarmiento trabaja en su escritura las relaciones entre componentes históricos que se hallan registrados en la memoria o en el derecho de las dos etnias. Consigna los acontecimientos conectándolos con la tierra en que se originan y con los individuos que los concretan. El mapa así pergeñado completa el caudal de una tradición revitalizada por la inclusión de las herencias española e india. El narrador completa las faltas al escribir una historia de acontecimientos no jurídicos y una historia de la naturaleza —que ya ha comenzado en el *Facundo*— en la que la geografía desempeña un papel activo en la génesis y en el desenvolvimiento de las acciones humanas.

Recordar implica echar bases seguras, prevenir errores futuros avizorando los pasados. En esta línea, el olvido condena al retorno, hace girar la historia. A menudo, las argumentaciones ejemplifican las consecuencias que arrastran borrar el ayer: "Nosotros, al día siguiente de la revolución, debíamos volver los ojos a todas partes buscando con qué llenar *el vacío* que debían dejar la inquisición destruida, el poder absoluto vencido, la exclusión religiosa ensanchada" (*R.P.*, 117. Subrayado, mío).

En la tarea de rescatar el pasado, la vida de Funes representa un momento culminante: el sujeto autobiográfico acompaña al patriota a lo largo de un camino que va desde las primeras luchas revolucionarias hasta el olvido en que lo sumergen los contemporáneos. Cuando Funes se retira de la vida pública, se abre para él la posibilidad de la escritura; pero el texto que produce resulta anticuado. La elección del historiador prefigura la opción del narrador poniendo en escena las condiciones de producción de la escritura histórica. Acaso la autobiografía intenta hablar de la comunidad desde el lugar del protagonismo; acaso transitar el género se convierte en una práctica que, mediante el uso de la primera persona, salva de los peligros del anacronismo.

Argirópolis: La educación y la guerra

Toda utopía mantiene una relación polémica explícita o tácita con el sistema contra el cual se rebela. Toda utopía es didáctica. *Argirópolis* no escapa, en este sentido, a las convenciones del género: el universo imaginado por Sarmiento une al cuestionamiento, el concepto de educación que ingresa para capturar los hilos que enhebren los distintos campos. La educación provee una teoría del discurso, funciona como *sistema modelizante de argumentación e interpretación.*

En 1850, Sarmiento cree encontrar una solución a los enfrentamientos entre Buenos Aires y el interior en la edificación de una ciudad "neutral", alejada de las influencias porteñas o provincianas, que se convertiría en sede de las autoridades nacionales, a imagen de Washington, su antecesora norteamericana.

Cobijado por el imperativo de darle forma a la comunidad política, el letrado se pone a la vanguardia y desde ese sitio formula el "deber ser'' del ''no ser'' del desierto. La utopía que ha abandonado su condición especulativa instituye el paradigma: los Estados Unidos son el modelo a imitar.

El texto escenifica la relación problemática entre lo universal y lo particular, o mejor, la concepción de lo particular elevado a universal. Por una parte, el modelo disuelve lo específico en un patrón abstracto y armónico que el letrado llenará con la definición de la buena sociedad, su estructura política, étnica, cultural y económica. *Argirópolis* declara su fidelidad al modelo genérico, ciñéndose a los principios de *no-contradicción* y *tercero excluido*, principios que están en el origen y en el final de proyecto. Por otra parte, la presencia del otro introduce lo particular y el desequilibrio; crea un estado conflictivo y una justificación para la guerra. Marcada con el carácter de necesariedad, la guerra aparece como paso previo a la concordia. A pesar de que el texto se proclama solución pacífica sobre un pacto de unión, la guerra antecede a la paz. Su imagen subyuga a la escritura y orienta procedimientos: la *oposición* es la figura retórica de la guerra que discurre en la prosa sarmientina.

Sarmiento inventa puentes entre su voz y la voz mayoritaria no bien las especulaciones y opiniones propias se equilibran con ideas expandidas en todos los campos políticos. De manera explícita, el lema *unión y federación* preside la redacción de proyecto. Pero a medida que avanzan las argumentaciones, los sentidos primeros de pluralidad y coexistencia se van desvaneciendo. Surge entonces una voz que entroniza al régimen liberal en detrimento de otros. En la trama, el enemigo político queda expuesto al juicio de la sociedad; aparece mostrado en su deformidad y, por consiguiente, fundada su aniquilación.

La incorporación del adversario al espacio de la escritura encauza a la utopía en una senda peculiar porque los mundos enfrentados no mantienen una relación de oposición simultánea —sólo ''existe'' el orden antagónico— sino de *consecuencia*, difiriendo así los tiempos. Dicho de otro modo, el orden ideal tomará cuerpo cuando Rosas desaparezca. Si en el instante presente la barbarie ha desalojado a la antigua civilización urbana, el letrado repara la falta con la acción ejercida en el lenguaje. La distancia nodal que separa civilización de barbarie está contenida en la permanencia latente de la civilización que asegurará la extinción definitiva de la barbarie.

El fin político inmediato determina la elección de tonos, formas y temas. Porque la eficacia clama por referencias precisas, el ''buen lugar'' reemplaza al ''no lugar'' de las utopías clásicas. El modelo conecta dos espacios —ciudad y campo— que esta vez aparecen aliados; términos complementarios, Martín García —sitio de la utopía urbana— y Entre

Ríos —zona de la utopía agraria— ejemplifican en la geografía un núcleo del programa sarmientino: el determinismo geográfico destaca el carácter modelador del suelo en la organización de la sociedad. La agricultura y el urbanismo elevados a factores desencadenantes de progreso configuran el anverso del espacio otro. En el entramado de analogías, sistemas económicos corresponden a sistemas políticos y estos se cifran en nombres propios.

El achicamiento de los espacios, de la nación al nombre, es punto de partida productivo para una prosa que se empeña en tejer una historia que destaque los contornos de los personajes. El proyecto se inserta en el desarrollo de los acontecimientos por el papel que los sujetos tienen en ellos. Si Sarmiento inventa la ciudad capital que irradia fulgores progresistas y Rosas es el réprobo asimilado al caos, Urquiza aparece como tercer personaje que media entre uno y otro. El líder intelectual unge al líder militar. Situación fronteriza del militar que el texto se encargará de desovillar aclarando las alianzas: el letrado libra batalla en el dominio del lenguaje; el caudillo entrerriano hace la guerra de las armas.

Pero compartir un mismo elemento —las armas— acerca peligrosamente los campos antagónicos. Por ello, *Argirópolis* abunda en estrategias connotativas que cargan de significados opuestos a un solo significante. Todo el texto puede leerse como el intento de adjudicar valencias distintas —y por lo tanto, distantes— al denominador común de la violencia, legitimada cuando tiene por objetivo restituir el orden anhelado y condenada cuando la ejerce el enemigo. La operación se repite: la yuxtaposición de un elemento civilizado con otro bárbaro o de los dos sentidos de un elemento único desencadena un conflicto que acaba en la derrota de lo bárbaro.

Si la guerra conecta espacios contrarios, la *educación* delinea el territorio exclusivo de la civilización y hace de contrapeso al concepto anterior. El texto no la tematiza, la acciona. La noción se convierte en matriz del aparato de enunciación que preserva, junto a la función política, la función didáctica. La ejemplificación opera eficazmente en la enseñanza; a menudo se educa por simple mostración: "Así se han engrandecido y poblado los Estados Unidos, así hemos de engrandecernos nosotros"[22] (*A.*, 84).

El modelo tropológico traduce un modo de pensamiento: oposiciones didácticas, analogías contrastantes, ejemplos concretos, argumentaciones historicistas que siguen el método deductivo, aferran la especulación a la acción. Esta actividad interpretativa explicita la posición del enunciador: su lugar se construye en la convergencia de la verdad con el utilitarismo.

Los lugares atribuidos a los sujetos reproducen la situación de enseñanza-aprendizaje, situación en la que la desigualdad de saberes determina las jerarquías. El educador, dueño de experiencia y conocimiento, ocupa un lugar privilegiado respecto del otro término. Vuelve la sagrada trilogía —saber, poder, razón— para conectar el espacio de la polémica al espacio del aula. Cuando se distribuyen en el campo de la civilización, los tres elementos son intercambiables y equivalentes: el que sabe es racional y por ello, accede al saber; la racionalidad se intensifica con el saber y legitima el poder. En el espacio del otro, se rompe esta ligazón; allí el poder desgajado de la razón o del saber deviene ilegítimo. El maestro —o el sabio— hace los estatutos y reglamenta normas convalidadas por su carácter racional.

La expansión de la educación conduciría al afianzamiento de una sociedad racional. Esta idea central gobierna el proyecto de *Argirópolis* que busca su afirmación por la legitimidad (los conceptos legítimo, legal, derecho escrito, derecho natural forman una red). La fusión de dos legalidades que provienen de la razón y la naturaleza recapitulan las ideas de los filósofos de la Revolución Francesa que sostenían que la realización del orden natural de la sociedad era indisoluble del afianzamiento del orden político. Esta única tesis se dispersa en una lógica argumentativa que insiste tanto en la racionalidad del programa cuanto en la imagen del escritor como pensador y político.

La mecánica de legitimación dibuja los espacios de la voz del letrado. Ante todo, la pregunta por el origen y los límites de la autoridad remite al *derecho natural*: "derecho primitivo de los pueblos y de sus gobiernos que les permite hacer cesar lo que es provisorio" (*A.*, 26). Si la ley positiva varía históricamente y no reconoce fundamentos legales previos a un acto de estado, la ley natural es anterior al derecho positivo. El derecho natural se sustenta en principios atemporales y universales inherentes al hombre por su misma condición. Bloch la define como una ley genuina que, pretendiendo la dignidad humana, pone en conexión la libertad con la razón.[23] Sarmiento rastrea en esta fuente la herencia de los antecesores.

En el espacio de la voz que enuncia convergen otras voces antiguas. Como custodio de un legado, su voz está filtrada por vestigios históricos. A ellos se suma la transcripción de una voz general ("hay quienes creen", "créese") que se encuentra y se confunde con la voz del letrado.

Idéntico gesto cuando repliega su voz e inserta documentos históricos. Sarmiento apela a antecedentes locales para mostrar, como buen maestro y político, los desvíos contemporáneos; insiste en transcribir pactos federales y tratados firmados en épocas anteriores a Rosas o durante su mandato. La cita crea en *Argirópolis* el espacio común donde las particularidades de las voces desaparecen, el espacio de una voluntad única que homogeneiza las voces pasadas y presentes, las voces de las autoridades, del pueblo y del escritor.

Se trata de *pactos*, de recordar derechos escritos para proponer la reconciliación. Para construir el espacio del gran encuentro, se buscan huellas, se las interpreta desde el tiempo presente y se borran los signos de desunión tachándolos de anacrónicos. Pactos escritos y figuras que personifiquen el pacto: Dorrego como la figura puente, solución abortada por la culpa de un sujeto. El letrado, voz puente actual, necesita eliminar los espacios malditos, el unitario ya pasado y el rosista presente para que se abra el espacio alternativo de la reconciliación que es el espacio futuro de la lucha primero y de la paz después; el espacio de la guerra y también el de la utopía.

El discurso opera procesos constantes de desubjetivización y resubjetivización. El examen de ciertos *factores externos* a la sociedad propiamente dicha introduce el espacio de la mirada "objetiva". Un tono descriptivo típico del discurso científico vertebra, contradiciendo su naturaleza, una escala de valoraciones que pulveriza por *desplazamiento* a un régimen y por *oposición* a una nacionalidad: "La República Argentina, por ejemplo, es un país despoblado desde el estrecho de Magallanes hasta más allá del Chaco. En el interior hay una población reducida en número, y nula en cuanto a capacidad industrial; porque no ha heredado de sus padres ni las artes mecánicas, ni las máquinas que las auxilian, ni el conocimiento de las ciencias que las dirigen y varían" (*A*., p90-91).

Condena oblicua, la escritura conjura el fantasma del interés personal al desarrollar una serie de enunciados "irrefutables" que reducen las matrices del atraso a la geografía o a la herencia. Escamotea provisoriamente al auténtico protagonista —Rosas—; pero da las claves para transgredir lo dicho. El atraso toma rostro humano en cuanto la lectura proyecta desvíos políticos hacia causas genéticas o topográficas.

A veces, lo *abstracto* fundamenta. Contracara de la versión científico-racional, ciertas concepciones articulan un eje de legitimación en torno al factor *destino*. Mistificación de una instancia suprema que bloquea, por su posición desterritorializada, todo cuestionamiento, la invocación a la providencia absuelve o sentencia y distorsiona posibles culpas: "No maldigamos de la Providencia que dispone y dirige los acontecimientos humanos. Deploremos nuestros propios extravíos, que han concitado contra nosotros tantos intereses y tantas pasiones" (*A*., 35).

El discurso jurídico, el científico y el religioso van recortando los límites de la voz del utopista y clarifican su extraordinario poder de convocatoria. Porque la voz es un conglomerado de discursos cohesionados por la posición del dueño de esa voz. La voz busca de nuevo instancias incuestionables y entonces entra en ella la ciencia del siglo; la voz se apasiona esta vez con las *estadísticas*, detallando cantidades de inmigrantes y pesos de cargamentos. Los números no necesitan otras apoyaturas, ilustran por mera inserción el programa del letrado que completa con estos datos la voluntad de arraigar su palabra en distintos sectores de la realidad y del saber.

Si el siglo XIX entendía la ley como emanación racional originada en la autoridad competente y dirigida al bien común, Sarmiento sostendrá la misma postura respecto de la educación. La educación es condición de posibilidad para el posterior desarrollo económico y para la organización racional de la sociedad.

Lugar del sujeto en la utopía

Leer una época en una vida; mover dicotomías para arribar a la unicidad; deslindar dos significados en un mismo significante. Tres procedimientos —creación de héroes o antihéroes, pulverización de uno de los términos de las duplas, connotaciones distintas para una idea— articulan una práctica escrituraria que da respuesta a uno de los temas pilares del pensamiento decimonónico. La prosa despliega una teoría de las relaciones entre universales y particulares, o más bien, una teoría de las inflexiones particulares que adquieren los universales. Por eso Sarmiento desecha en *Argirópolis* la forma tradicional del relato de viajes, para cimentar una utopía en la que el ensayo se imbrica con el panfleto y el tono objetivo con la denostación. El discurso utópico y el discurso polémico se potencian porque a la transformación del orden real en el ámbito imaginario se suma el objetivo polémico de construir la figura del otro. La proliferación de discursos le permite un anclaje más directo con situaciones puntuales y le facilita la determinación de los roles individuales en la vida colectiva. Los dos contendientes que supone la polémica tienen nombre propio y funciones específicas.

Argirópolis parte de ciertas consignas político-culturales. Unión y federación, civilización o barbarie, paz o guerra demarcan territorios antagónicos, espacios de lucha o de encuentro entre voces. Comunican voz individual y voz mayoritaria o enfrentan las voces de héroes y antihéroes. Las dicotomías señalan los bordes, los márgenes de una interpretación. En la zona intermedia que dibuja esa jurisdicción está la masa de hechos históricos, determinaciones geográficas o costumbres que el letrado trenza en redes significativas. El escritor-historiador-científico —términos que condensan la imagen del intelectual dispersa en su producción— es *sabio* porque libera sentidos en el campo de lo fáctico, descifra la verdad en las mezclas caóticas. La verdad se aloja en los intersticios de los hechos desnudos que no muestran las conexiones subyacentes.

Para la lucha abierta, Sarmiento elige el tono ampuloso, los ataques virulentos, las injurias hiperbólicas. El guerrero es un ser apasionado que combate en el fragor de las palabras. Simultáneamente otra imagen se superpone: el educador describe virtudes, indica escollos y propone salidas en un tono didáctico.

El circuito así pergeñado esboza el espacio de la concertación entre el intelectual que capta y enuncia los intereses mayoritarios y el pueblo que reconoce en la voz del letrado su propia voz. En este contexto, la búsqueda culmina en una verdad consensuada.

Distintos ideologemas coexisten para persuadir de que ese yo reúne la voluntad colectiva. La opinión general, en cuanto fuente primera de razón, apuntala la palabra del enunciador. "Pueblo" es el concepto que sostiene la noción de civilización y se identifica con el pronombre "nosotros". A la fracción contraria se le atribuye la heterogeneidad. Lo distinto es designado con el pronombre "ellos" y entonces la "doxa", la opinión pública, se convierte en "vulgo". Oposiciones en el sistema pronominal. Bifurcación lingüística del referente. Siempre una opción ideológica preside las divisiones.

La división está en el origen de la textualidad. El letrado socializa su pensamiento en un discurso cuyo modelo es tanto la tribuna pública como el recinto privado del intelectual. Sarmiento escribe desde ese modelo y en esa zona fronteriza. Conocedor de la materia con la que trabaja, incorpora en su estrategia argumentativa dicotomías irreconciliables. El discurso destinado a agitar a la comunidad de iguales enhebra enunciados denotativos que refieren al paradigma verdadero-falso, enunciados prescriptivos que operan con la antinomia justo-injusto y enunciados valorativos, armados sobre el par incorrupto-corrupto. El campo semántico construido con estas oposiciones es el territorio sobre el que se distribuyen las subjetividades.

¿Individualizar o socializar? La pretensión del sujeto es ubicarse por encima de las facciones; toma a cargo la obligación de decir y este mandato supone el "sacrificio" —recuerdo las citas evangélicas iniciales— de aquel que posee el poder del "logos" y el deber de difundir verdades ocultas. El sujeto adquiere dimensión hegemónica; es una suerte de Aleph que anuda significaciones sociales, étnicas, geográficas y económicas. Concebir la totalidad en el fragmento es signo de la mentalidad de la época; el historicismo romántico conjuga principios organicistas con las categorías, a menudo paradójicas, de evolución y determinismo. Para Sarmiento, la vida del héroe prefigura, a escala microscópica, estructuras macroscópicas. El plano personal seduce al letrado que borra en la escritura los movimientos de masas y prefiere encarnar lo social en individuos excepcionales.

¿Determinismo o libertad? Los personajes de Sarmiento son prisioneros de una estructura jerárquica y determinista. Sólo el anonimato permite la elección porque, cuando emergen, los individuos representativos son genéticamente bárbaros o civilizados. Reducido al epíteto, el sujeto encuentra en él la sentencia o la glorificación. Pero invariablemente el adjetivo construye la identidad: rescata al sujeto del anonimato para emplazarlo en el lugar del yo. La unicidad del referente garantiza el acuerdo social y asegura lugares literarios: Rosas desempeña siempre el papel de transgresor.

La demonización de la figura del caudillo es complementaria y opuesta al lugar que se da el enunciador: Sarmiento resulta el elegido por Dios en primera instancia y luego por el grupo. El comienzo de *Argirópolis* está enmarcado por el subtítulo y las notas al pie. La relación entre los elementos del marco testimonian la posición privilegiada del letrado. Mientras las notas abren al plano íntimo y polémico, el subtítulo remite a la organización del programa. El lugar secundario otorgado a lo personal se compensa con la autoridad de las citas y las analogías que anudan las imágenes de Cristo y del letrado. El escritor es casi un dios racional. Como alumno, Sarmiento aprende en los teóricos franceses doctrinas sociológicas e histórico-políticas; como político, despliega argumentos que interrogan sobre los límites del poder; como maestro-juez, dictamina violaciones o acatamientos a la ley.

El espacio contiguo al de la *guerra* es el del *pacto*. Las alianzas se celebran con amigos culturales para librar batalla. Dicho de otro modo, el espacio del pacto pone en primer plano la educación pero su fin es la guerra. En las argumentaciones, Francia encarna los intereses de la humanidad, las aspiraciones gregarias, la quintaesencia de la libertad y la cultura. Pero se la convoca para la guerra: "La dignidad de nación tan grande mezclada por accidente en cuestiones de chiquillos le impone el deber de dar una solución a la altura de su poder y de la situación que ocupa entre las naciones civilizadas" (*A.*, 16).

Si Francia representa valores universales, cuando toca el turno a lo nacional, la escritura singulariza y detalla opciones políticas: "El gobernador de Entre Ríos ha sido unitario y es hoy sincero federal" (*A.*, 17). Urquiza concilia lo mejor de cada esfera: civilización y militarismo. Su figura aparece construida sobre una doble metonimia: la relación de contigüidad respecto de una geografía lo pone en el centro de la utopía agraria; su apología modula, por desplazamiento, el panegírico del proyecto sarmientino. Educación, libertad de prensa y éxitos militares. Al elogiar los logros del entrerriano, Sarmiento amplía los alcances de su voz: la convocatoria desborda los límites de la provincia y aun de la nación. Las nuevas fronteras que delinea el proyecto abarcan tres países. El pacto entre la guerra y la cultura —entre Urquiza y Sarmiento— se fundamenta en el objetivo primero: la consolidación del estado legitima la lucha armada. El estado futuro se perfila en la desaparición de la violencia y la reconciliación del campo y la ciudad, los dos espacios utópicos que son también los espacios de la racionalidad.

Las consignas no sólo trazan contornos de rostros y nombres propios.[24] En su pasaje a la literatura revelan la imposibilidad de las coexistencias. Su carácter provisorio deriva hacia la batalla ideológica final, que decreta un vencedor y un vencido. El texto que se había propuesto como solución pacífica se rectifica al instalar el orden como el reino del uno mientras que el número dos cifra el caos.

El universal englobante dentro del cual se acomodan las variaciones es la razón. *Argirópolis* busca la aplicación particular de un universal cuya presencia o ausencia trastrueca sentidos y legitima acciones: en el texto ley, razón y fuerza forman la base del estado futuro.

Primer movimiento: la escritura dictamina las bondades de la unicidad. Segundo movimiento: dos contenidos opuestos invaden un mismo vocablo. La unidad es dictadura cuando la esgrime la barbarie, o convergencia cuando la civilización la alberga. De manera similar, otros significantes se metamorfosean; poder y guerra, por ejemplo, se resemantizan de acuerdo con la opción política. El aspecto positivo del poder emerge en el campo propio con la acción conjunta de prensa y ejército; cuando se traslada al otro lado, el poder se metamorfosea en represión y asesinato. En esta zona, el poder es lo mismo que la guerra. El texto oculta esta relación para hacer surgir otra, la irracionalidad homologa guerra con crimen. El espacio de la denostación que cierra cada capítulo crece a medida que se amontonan los delitos del enemigo: este marco conforma el espacio contrario al espacio del subtítulo y las notas al pie. Es el recinto del otro.

Persistir en la oposición

En 1844, Sarmiento escribe: "No hay amalgama posible entre un pueblo salvaje y uno civilizado. Donde este ponga su pie, deliberada o indeliberadamente, el otro tiene que abandonar el terreno y la existencia; porque tarde o temprano ha de desaparecer de la superfie de la tierra (...)".[25] Los sujetos y las políticas y culturas que los caracterizan se definen por relaciones de *analogía* respecto de sus iguales y de *oposición* respecto de los otros. Sarmiento desarrolla su paradigma explicativo en el modo de la *sinécdoque* y trabaja con la *metonimia*: al destacar similitudes y distancias invoca a los aliados e identifica a los enemigos.

La genealogía del concepto de barbarie delata sus conexiones con la locura y la herejía. Esta terna que recogen ya las literaturas antigua y medieval es inversión especular de otra: civilización-salud-ortodoxia.[26] Sarmiento hace un uso plural de esta noción que aparece en primera instancia como categoría socio-histórica, pero que se prolonga en otros contenidos de tipo político, cultural y económico.

El tratamiento de la dicotomía civilización-barbarie o su homónimo racional-irracional no es unívoco en la prosa del letrado. Si la racionalidad se mimetiza con el campo de la civilización, la idea de irracionalidad se distribuye en proposiciones más ambiguas. Cada término extrae su valor por oposición al otro: es lo que el otro no es. Las identidades contrarias se atraen y se repelen. Los procedimientos que atentan contra la intención explícita de unir asumen el modo de la *exclusión*.

Una escritura perforada por multiplicidades de axiomas y definiciones se considera autorizada y emite expresiones autoritarias. Sarmiento angosta sus estrategias autoritarias con una serialización de apoyaturas teóricas. Recurrir a hechos ontológicos, políticos, económicos, especulativo-pragmáticos hasta recalar en "principios sencillos" atenúa el exceso de dogmatismo, muestra la racionalidad del proyecto y, por consiguiente, su viabilidad.[27]

Una escritura atrapada en un tono imperativo irradia destellos proféticos, otorga al lenguaje un carácter performativo ya que retiene la capacidad de desencadenar acciones: "Llamaos los ESTADOS UNIDOS DE LA AMERICA DEL SUR" (*A*., 103). El porvenir está contenido en el mandato. La orden exhorta en dos orientaciones paralelas: como deber del pueblo y de los gobernantes para implementar los instrumentos de progreso y como arma de guerra contra el enemigo. Diseminadas, las proposiciones condicionales señalan los impedimentos. Para afirmar el poder de las ideas, la utopía sarmientina muta la posibilidad en mandato.

Si el enfrentamiento entre contrarios reclama la exclusión de uno de los términos, en la esfera de los iguales es posible la integración. La consigna política de unión y federación es también una consigna literaria que imbrica tonos, registros, voces y documentos. Cuando el escritor calla, una multiplicidad de testimonios hablan por él, ratificando y desdoblando su voz.

El principio de integración que liga los distintos materiales opera en el corazón de la voz del letrado, que amalgama tonos mezclando lo neutro con lo panfletario o lo profético con lo jurídico.[28] Un modo peculiar de integración surge con el injerto de vocablos o enunciados en otro enunciado mayor. La irrupción del elemento extraño que quiebra la uniformidad del registro funciona como recurso desmitificador del enemigo y le permite estrechar las fronteras entre pasión y racionalidad.[29]

Porque la de Sarmiento es una escritura pasional, fundada racionalmente, el pensamiento utópico cuaja en una lógica que admite las alianzas entre iguales y desecha lo distinto. En el territorio así delimitado no hay pactos que traspasen fronteras; sólo la aniquilación de lo irracional por obra de lo racional. Sarmiento confía al dominio de la civilización la capacidad de disolver las heterogeneidades.

II. El espacio-tiempo del antimodelo: Las rupturas

A Alberdi: El concepto de contrarrevolución como guerra y restauración en los artículos de El Nacional *y la* Revista del Plata *y en* El crimen de la guerra

El exilio inaugura para Alberdi una postura de abierta oposición respecto del régimen rosista. Ya en Montevideo, el ataque frontal sustituye a las alabanzas que pretendían torcer decisiones. En la prensa oriental, Alberdi estrena un discurso político- programático que coexiste a partir de este momento con el discurso satírico que disecciona la vida cotidiana. Así como *La Moda* dirigía sus dardos contra la vida cultural y social porteñas, los artículos publicados entre 1838 y 1839 en *El Nacional* y la *Revista del Plata* suman, al análisis costumbrista, las inflexiones de una prosa exhortativa que llama a la rebelión, una escritura combativa donde resuena la literatura de 1810.

El acatamiento de la ley y las revoluciones intelectuales constituyen los ejes para cerrar los pactos que consoliden el estado. Incorporados a la vida humana como una segunda naturaleza, asegurarían el progreso. Puestos en el centro de la existencia colectiva engendrarían un porvenir venturoso. Según esta lógica racional evolucionista, todo acontecimiento que signifique apartarse de la línea histórica que arranca en Mayo es reaccionario.

Para Alberdi, el sistema rosista implica la vuelta a un tiempo superado. Restauración se opone a revolución. Entre una y otra caben proyectos irreconciliables. Restauración se convierte en sinónimo de contrarrevolución.

Como legislador, el sujeto de la escritura es una voz intérprete que tiene dos matices: a veces encarna la voz de la alianza; otras veces sostiene la voz de la ruptura. Las distintas posiciones originan diferentes tipos de discursos con funciones específicas. Así, el discurso utópico describe el futuro nacional mediante profecías; el discurso satírico desmitifica una serie de elementos sociales mientras el discurso jurídico delimita el campo conceptual de los programas. El apóstrofe, la polémica, la ironía, la exhortación y la definición son los modos enunciativos que adopta la prosa según los objetivos planteados en determinadas coyunturas.

Pero si los discursos cambian, la posición del sujeto de la escritura permanece invariable. Sin excepción, su espacio es el de la ley que se identifica con la verdad y la justicia. Tanto la ley como el sujeto que la hace audible participan del proceso de sacralización que conlleva igualar los conceptos. Y porque el encargado de decir la ley borra la voz personal para adoptar la de las instituciones, el anonimato y la generalidad deviene la máxima autoridad en la medida en que el acto de hablar en representación de las instituciones y de los universales que las fundamentan implica colocarse en el lugar de la infalibilidad. En la superficie de la seriedad de una retórica ampulosa o en el tono jocoso de la travesura satírica asoma siempre una postura encargada de descorrer velos.

El espacio de la voz subjetiva así diseñado adquiere las dimensiones de lo intangible y sobre todo de lo inapelable. Su palabra y la ley tienen el mismo estatuto. Pero en coyunturas de guerra, la aspiración a la trascendencia no está exenta de objetivos políticos. Los artículos que Alberdi produce en Montevideo son violentamente programáticos, repletos de aspiraciones universalistas o se meten con placer cáustico en aspectos mezquinos de la cotidianeidad. En todo caso, la función política aparece en primer plano. Desde la otra orilla, Alberdi, desengañado de la posibilidad de llegar a influir en el gobierno, usa la prensa como acción de combate.

La función política construye el discurso sobre una disputa entre el locutor y el destinatario en torno a alguna idea o problema. La matriz de los artículos se halla en la relación que mantienen el legislador y el caudillo respecto del pueblo. Dicho de otro modo, las tareas asignadas a los líderes esbozan algunos perfiles comunes y una zona de diferenciación. Ambos guían al pueblo; pero mientras uno conduce hacia valores supremos, el otro trabaja por ambiciones personales. Si el legislador hace la revolución de las ideas, el caudillo realiza la guerra de las armas. Pero los dos desaparecen de la escena de los acontecimientos no bien han terminado su labor: cuando el pueblo toma posesión de la libertad y de la paz, los roles dejan de tener sentido.[30]

El concepto de pueblo pesa en la producción alberdiana al punto de determinar los tipos de discursos. Al distinguir la noción de *pueblo-héroe* de la de *pueblo-prejuicio* se originan dos modos discursivos: mientras uno se aproxima a la epopeya, el otro resbala hacia la sátira costumbrista.

La vertiente épica presenta un héroe colectivo, el pueblo, conformado por hermanos que acuden en defensa de la voz convocante de la madre patria y siguen las huellas de los padres de Mayo:

> 15. Hijos de la generación de Mayo: cortad la pluma, bruñid la espada, y preparaos, que las jornadas de nuestros padres van a comenzar.
>
> 16. La cuestión es de Mayo, y no de Diciembre, y no de Abril. Hombres de Abril y Diciembre, nosotros todos somos hermanos nacidos del mismo sol. Un día en la noche de las pasiones, nos hemos podido desgarrar sin conocernos. Pero a la luz del día de la libertad que va a amanecer, vamos a reconocernos hermanos y darnos un abrazo inmortal. ("Profecías")

Esta anécdota mínima permite la clasificación de la sociedad en patriotas y antipatriotas. Significa también un desvanecimiento de lo puntual y la creación de un tiempo universal y evanescente. Para arraigar la imagen del pueblo-héroe se requiere un viaje temporal hacia atrás. Este pasado al que se apela como baluarte fusiona otros pasados: la modernidad establece coincidencias con las edades media y antigua. El pasado reciente aporta las ideas; el medioevo, el espíritu religioso y los tiempos antiguos, el valor y el sacrificio. En otras palabras, la mezcla precisa de *intelecto, fe y coraje*; tal el héroe colectivo que lleva a la práctica el discurso del legislador. Ese texto que interpreta el pueblo se escribe en letras mayúsculas. Humanidad, Progreso, Libertad, Propiedad configuran los núcleos discursivos que aglutinan a todos los sectores y conforman a todos los intereses.[31]

El exilio desencadena en Alberdi una verdadera pasión por las visiones escatológicas que predicen la catástrofe final no sólo del régimen rosista sino también de cualquier tipo de opresión en medio de una naturaleza apocalítica, para arribar por último al calmo reino de la justicia. Los contrastes caracterizan las épocas; negro sobre blanco la entrada en el siglo XIX hace desaparecer las contradicciones; en "De la armonía de los elementos sociales" resplandece la doctrina sainsimoniana de la concordia: "Pasaron esos días: hoy no se encuentra un elemento solo de los que constituyen la sociabilidad que no se agite por avanzar al fin a que deban llegar los hombres. Las ciencias y las artes, las costumbres y la política, destinadas por tanto tiempo a vivir solas y aisladas entre sí, se han dado una mano de amistad y jurado no abandonarse en la cruzada de la regeneración humana (...)".

En los momentos de crisis, la noción de *patria* se convierte en una significación social medular que instituye modos de subjetividad e interpela a los sentimientos y las voluntades para lograr lazos de solidaridad o fomentar la desobediencia al orden político existente; en cualquier caso su uso distingue el grupo de amigos de los enemigos.[32] El poder manipula los imaginarios sociales, esos magmas de sentidos organizadores de mundos. La patria como familia; la patria como voz reconocida sólo por los buenos hijos: dos versiones de un imaginario social a la vez sólido y ambiguo del que se han servido regímenes de signos ideológicos dispares. Lo indudable es que se apela a él cuando hay que librar una lucha.

Conocedor de su fuerza, Alberdi define los sentidos en un artículo que titula "Patria". Contra la pequeñez del espacio patrio reducido a un pedazo de suelo, el texto universaliza el concepto: "Y para los espíritus vastos y serios que saben no estacionarse en el círculo estrecho de la nación, para los Rousseau, los Fénelon (...) la patria es la humanidad: el pueblo es el género humano".

En los artículos programáticos, la definición y la profecía —inflexiones de un discurso axiomático—, trenzadas con una cadena de lugares comunes, se reparten el anhelo de universalización. El léxico, los tonos, las imágenes, las argumentaciones, hasta la inclusión de ciertos sintagmas reafirman la creencia en una lengua totalizadora que abrace las diferencias haciéndolas desaparecer. El legislador elige una voz anónima y culta que superpone los códigos de la religión y de la guerra para convocar a la pelea, una voz apasionada por el objeto que se dirige a la comunidad con saberes y consignas compartidas.

Definir y profetizar: he aquí dos operaciones lingüísticas que proliferan en los tiempos difíciles. Es probable que cualquier situación de crisis exija aclarar las significaciones sociales, los conceptos harto sabidos, volverlos primigenios, restaurar su pureza pasada para interpretar con ellos el presente. Sobre esta operación de fijación de los sentidos se hace la profecía. Así la enunciación asegura la continuidad histórica al trazar una línea de prolongación entre pasado, presente y futuro.

En el exilio, *La Lira Argentina* ofrece al letrado la lengua eficaz para llamar a la rebelión. Alberdi toma ciertos tópicos y desecha otros: glorifica la liberación por medios violentos, resucita la participación de un héroe colectivo en el surgimiento de la patria, afirma los ideales de libertad y de unión, insiste en alinear la sociedad en mitades opuestas. Pero la actualización de los viejos ideales implica también diferencias donde se leen los nuevos tiempos; desaparecen de la prosa los líderes guerreros, se difumina el sentido panamericanista de las composiciones revolucionarias, se borra el orgullo por los antepasados indios, se suaviza la importancia del territorio en la definición de la patria.

El discurso se preocupa entonces por limpiar de particularidades la herencia. La reforma lleva la impronta de lo universal y de lo cotidiano. Pensar la patria en ese momento del siglo implica interiorizarla, convertirla en objeto de sentimientos individuales y extender sus territorios hacia otros ámbitos fuera del campo de batalla, como son los espacios urbanos, burgueses o privados. Un solo espacio textual alberga los distintos tiempos:

> 46. Y la cara del acreedor no turbará el sueño del comerciante que ama su crédito.
>
> 47. Y los brazos del soldado que ha arrancado los pendones que pesan sobre las bóvedas de los templos públicos, no se tenderán bajamente para usurpar el derecho vergonzoso de los pordioseros (...).
>
> 49. Vírgenes del Plata: ungid vuestros cabellos, perfumad vuestras ropas (...). Preparad guirnaldas, las cabezas son muchas y bellas; asead los altares de la patria y del himeneo; atizad el fuego que en ambos arde: disponed inciensos que los tiempos vienen (...).
>
> 50. Suavizad vuestras gargantas para cantar, si es que vuestros altares etéreos pueden hacerse oír cuando el pueblo haya cantado sobre el campo de la victoria:
>
> Oíd mortales el grito sagrado
> Libertad, libertad, libertad. ("Profecías")

Alberdi coincide provisoriamente con Sarmiento al concebir la guerra como medio de hacer realidad la utopía de la modernización. Los artículos montevideanos despliegan fases sucesivas del programa letrado. Finalizada la batalla, el trabajo y la industria pasan a primer plano. La regeneración no añora lo viejo; lo actualiza para la unificación. El texto "¿Unidad o Federación?" atempera el tono apocalíptico de la profecía, esbozando el sistema que las *Bases* detallarán de manera orgánica. La propuesta supera la antinomia unión-federación no bien apela a la identificación del pueblo con el patriota, mancomunados por la lucha. En épocas posteriores patria y pueblo serán las consignas de un nacionalismo fundamentalista. En tiempos de Alberdi, la fórmula sirve a la utopía de la conciliación. La superación de los términos se hace imprescindible para traspasar las fronteras de la patria-nación e insertarse en la patria-universal. "Sorpresa" presentiza ese futuro venturoso. Un sujeto proveniente de Buenos Aires llega a Montevideo con la noticia de que Rosas ha sido derrotado por un levantamiento popular. La Confederación ha logrado la paz:

> — ¿Y los federales no eran maldecidos?
>
> — Nada: a uno que gritó "mueran los federales", todo el mundo le dio la espalda y el desprecio. Ni el nombre se oyó de federales ni unitarios.

— Entonces, ¿quiénes han sido los vencedores?

— Todos: el pueblo: los patriotas todos: los porteños contra un solo tirano.

En el momento en que los exiliados deciden volver al país, el viajero confiesa que se ha adelantado a los acontecimientos e insiste en la profecía:

— (...) Sepan, pues, Uds., que lo que he dicho que ha sucedido ya, va a suceder dentro de poco; y Uds. pueden anunciarlo a todos los amigos de la libertad.

Los artículos políticos de vida cotidiana introducen el concepto de *pueblo-prejuicio*. La posición del sujeto de la escritura determina un cambio abrupto en el tono y en la problemática. Una ironía permanente corroe los sentidos de ciertos enunciados sociales inscriptos en la comunidad y acaba por invertirlos.

Burlones y críticos, los textos quiebran la forma monológica del discurso y ceden al diálogo. Hay siempre dos voces que dirimen posiciones: una interroga y aprende, la otra enseña muchas veces por reducción al absurdo. La presencia de dos voces representa también el enfrentamiento ideológico de dos generaciones: mientras una voz expresa lo viejo, la otra recoge lo nuevo y cuestiona la palabra de los mayores usando el procedimiento de la ironía.

Pero la confrontación tiene dos signos: los textos diferencian entre lo caduco a eliminar y la tradición progresista, tesoro digno de ser conservado e imitado. En este sentido, "La generación presente a la faz de la generación pasada" (*El Iniciador*, 1 de setiembre de 1838) se opone a "Los escritores nuevos y los escritores viejos" (*La Moda*, 21 de abril de 1838) y marca el rumbo a seguir: en lo que concierne a actitudes heroicas, el ejemplo es el guerrero de la independencia; con respecto a las ideas, Francia provee el patrón.

Las herencias predilectas construyen el lugar del letrado y hace derivar su nombre de dos ramas genealógicas: como "hijo de la patria" sostiene las leyes universales; como "hijo de Fígaro" enuncia las transgresiones y las excepciones a esas leyes.[33] El binarismo sirve a fines didácticos y políticos: desde el momento en que sólo un término se postula verdadero, la escritura subraya dos herencias: una positiva y otra negativa, argumentando por contrastes. Los textos responden unos a otros, discutiendo varios aspectos cruciales para la cuestión de la identidad nacional: costumbres, sentidos de algunos conceptos —patria, libertad, modernidad, pueblo—, genealogías y tradiciones, proyectos y acciones.

La burla descoloca al interlocutor al dejarlo sin respuesta racional posible. A una burla sólo puede contestarle otra; por eso el uso que hace Alberdi de ella se revela instrumento de acción política en cuanto sutura o acentúa las divisiones nacionales que concentran las significaciones imaginarias sociales. Guiada por un objetivo de esclarecimiento, la textualidad satírica utiliza el código de los lugares comunes tanto para descongelar sentidos como para desnaturalizar todo intento de apropiación exclusiva por parte del sector contrario.

Un personaje —a menudo Fígaro— opera como desmitificador de creencias. El discurso satírico complementa al discurso utópico: si uno recoge y cuestiona un sistema de creencias arraigadas en el seno de la sociedad, el otro implanta las verdades que deben reemplazar a las creencias:

> — ¿Y qué quiere decir anchorénico?
>
> — "Anchorénico" es un adjetivo compuesto de las palabras "ancho" y "freno", eliminada la F inicial de la última. Y quiere decir freno ancho, freno para todos, para los blancos, para los "Unitarios" y los "Federales", para los provincianos y los porteños, para los criollos y los extranjeros, por último.
>
> — ¿Y en qué se funda ese derecho frenético, del freno universal, como si todos fuesen animales de freno?
>
> — Tiene dos fundamentos: uno tradicional, consuetudinario; otro filosófico, muy filosófico. El primero viene de la costumbre de enfrenar caballos (...) El segundo fundamento de derecho "anchorénico" es un axioma famoso (...) Un nuevo Locke argentino acaba de fundar el nuevo derecho internacional sobre un axioma del derecho civil de los romanos. ("Figarillo de centinela")

Años más tarde, en la década del 70, lo que era sospecha se le torna certidumbre: Alberdi sostiene que en América del Sur la guerra, lejos de ser solución coyuntural, es un mal estructural. En el ensayo pacifista *El crimen de la guerra* intenta una vuelta completa en torno a los derechos fundamentales de los pueblos, colocando como centro de la reflexión una idea ancha de patria. El exterminio del Paraguay por la Triple Alianza provoca en el pensamiento alberdiano una reformulación de la identidad entre los campos de lo legal, de lo verdadero y de lo justo que aparecía en las *Bases*. Porque la empiria le demuestra que la esfera de la legalidad está escindida de la de la justicia, establece la prioridad del derecho respecto de la ley.

El gobierno argentino había justificado la declaración de guerra por el derecho a la defensa. Alberdi desnuda el pretexto cuando plantea la cuestión en el terreno de la filosofía jurídica. En la disputa por el sentido de la palabra "guerra", el letrado busca la determinación, invirtiendo la opinión enemiga; resulta común en su prosa la estrategia de trasformar un término en su opuesto mediante una cadena de asociaciones: así, la guerra no es un derecho sino un crimen.

En el camino hacia la univocidad, la escritura elabora una teoría de la racionalidad discursiva, con la asignación de contenidos a los conceptos de patria, guerra, crimen y libertad mientras que la imagen de un sujeto enunciador patriota irrumpe para legitimar el acto verbal. En el principio y en el final, la primera persona reclama validez para su palabra por experiencia, vocación y saber. El medio marco que limita el texto delinea el lugar del sujeto: "Si no escribo en la mejor lengua, escribo en la que hablan cuarenta millones de hombres montados en guerra por su temperamento y por su historia. Pertenezco al suelo abusivo de la guerra, que es la América del Sud, donde la necesidad de hombres es tan grande como la desesperación de ellos por los horrores de la guerra inacabable"[34] (*C.G.*, 1).

La posición de locución está determinada por dos de los elementos —la lengua y el suelo— que integran la idea de nación aunque ésta se amplíe hasta englobar a la totalidad de América Latina. La pertenencia a un suelo, la ubicación en un espacio concreto evoca el viejo sueño que homologaba progreso a población: si la paz necesita hombres para la industria, también la guerra precisa vidas para consumir. En este sentido, la guerra, al igual que las persecuciones, adquiere las dimensiones de una contrarrevolución. La argumentación detecta y denuncia los avances del autoritarismo: el espionaje, la intriga, el soborno, la guerra de policía son modos de aniquilación más o menos encubiertos.

Entre las soluciones posibles, la razón discursiva se inclina por el comercio y la neutralidad, prácticas que desembocarán en la concordia universal definitiva. Alberdi exhibe actitudes optimistas, esboza otra vez el "principio esperanza" en la medida en que reflota la idea de un pueblo-mundo custodiado por fuerzas de paz y unido por los postulados liberales.

En este resurgir utópico, el modelo humano preferido es el pensador Moreno, en oposición al soldado San Martín. Pero con el modelo económico se cuela la metáfora biológica de la dependencia: "A cada órgano su función y su labor especial, es decir, su esfera, su papel, su dominio y jurisdicción en el organismo; a todos su dependencia mutua por el cambio y para el cambio de lo que cada uno elabora, por lo que cada uno necesita para vivir. Este es el modelo de toda organización individual, o social, o internacional" (*C.G.*, 56). Uno de los mayores riesgos de creer que existe un orden inscripto en la naturaleza de las cosas que determina la fragmentación de la vida es la posibilidad de convertir la creencia en instrumento de dominio.

El crimen de la guerra termina con el cambio de lo universal en lo particular; hacia el final aparecen el suelo natal y los personajes políticos del Río de la Plata. El sujeto de la enunciación acusado de traidor ejerce fugazmente el derecho a la defensa; la vuelta al plano colectivo diluye lo que puede entenderse como interés personal: "(...) el autor de estas líneas es acusado de traición por el gobierno de su país, por los escritos en que se ha condenado esa guerra (...)" (*C.G.*, 69).

El gesto máximo de universalización es un mandato utópico. A la pregunta por la paz, el escritor responde con el "deber ser" para cerrar con una sentencia que involucra al hombre, pura esencia descarnada: "Si es gloria vencer al extranjero por la espada, mayor lo es vencerlo por el talento, porque lo primero es común a las bestias, lo segundo es peculiar del hombre" (*C.G.*, 71).

El discurso jurídico con su sistematicidad y su coherencia recorta estos momentos utópicos que alcanzan un estatuto moral contra la historia del exterminio. Al elegir el discurso jurídico, el texto asegura su eficacia puesto que contiene la designación del sujeto capaz de producir normas o verdades. El discurso se pretende antisubjetivo e institucionalizado, manifestación neta del sentido común en su doble acepción de comunitario y racional. En el caso de *El crimen de la guerra* la institución que valida es el derecho natural.

B. Las instituciones y la guerra en las biografías de la barbarie de Sarmiento

Contra la peste que es mezcla, la disciplina hace valer su poder que es análisis.

—M. Foucault

Una investigación

Desde el exterior, Sarmiento ejerce el oficio de escribir para proponer un modelo cultural que sea el sustrato de la comunidad política. Trenza conexiones y diferencias entre culturas, transita geografías, relaciona esferas, interpreta historias y zurce, finalmente, los retazos. Así, da origen a un modelo configurado en torno a la suma de los elementos significativos encontrados.

Cada texto diseña uno o varios pedazos de un mundo en que se perfila la identidad nacional. Cada texto interroga, de alguna manera, esta problemática que se plantea bajo la forma de un enigma: ¿cómo y dónde descubrir las pistas que conduzcan a construir la identidad?

La escritura, máquina de desciframiento, se aboca sin cesar a detectar las huellas dispersas, las conecta en su espacio y repone las carencias del afuera. Hace legibles los detalles en que reparan unos pocos: ordena, interpreta y llena baches de información.

La identidad nacional se delinea en el camino gradual hacia ese modelo cultural futuro. Para llegar a él, se torna imprescindible superar etapas o, lo que es lo mismo, eliminar el orden de los particulares que caracterizan al contrario. De esto se ocupan las biografías de caudillos: *Facundo o civilización y barbarie*, *El general fray Felix Aldao* y *El Chacho. Ultimo caudillo de la montonera de los Llanos*.

El género pone en escena cómo se construye la identidad del otro en las relaciones entre lo individual y ciertas instancias colectivas. Los sujetos que optan por la aceptación o el rechazo de la legalidad institucional eligen en el mismo acto su devenir como miembros de una comunidad.

Para despejar el enigma de la identidad, el narrador parte de una serie de oposiciones binarias —los textos enfrentan razón y sinrazón, ley positiva a ley consuetudinaria, pensamiento a cuerpo y corrección lingüística a adulteración del lenguaje— que, en rigor, confeccionan un sistema de juicios morales y señalan el origen de las divisiones. Sin embargo, las dicotomías afectan sólo a las acciones o características subjetivas que involucran consecuencias políticas; hay, en efecto, otros espacios "liberados" donde proliferan las variaciones y las contradicciones.

El relato de una vida coincide con el relevamiento histórico de un período y la degradación individual contiene la decadencia de formas sociales anacrónicas. La biografía narra la historia nacional, actualizando permanentemente el recurso de la sinécdoque: Quiroga, Aldao y Peñaloza anudan las épocas de apogeo y declinación de las montoneras.

Cuando Sarmiento escribe las biografías, su posición, de una manera u otra, es la de un excluido del sistema ya sea por el endurecimiento del régimen federal, ya por el creciente desentendimiento con Mitre.[35] Así, la relación conflictiva entre sujetos e instituciones, que Sarmiento coloca del lado del mundo del otro, remite también a la relación personal; respecto de las instituciones, el exiliado es siempre un marginal. Se trata, en última instancia, de una defensa. Ponerse a resguardo de las acusaciones federales o clarificar su intervención en la muerte del caudillo riojano. En cualquier caso, el exiliado es el ilegal para los otros. La biografía de la barbarie cuestiona el sistema del otro —lengua, cultura, costumbres, leyes, formas políticas— para convertir la legalidad que pertenece al otro en ilegalidad.

Si al exiliado le falta la patria, el otro carece de razón. El par razón-sin razón se multiplica y extiende tramando una red de homologías destinadas a cambiar el *estatuto jurídico* del otro. Las cuestiones políticas se deslizan hacia el plano de la ética. El atributo *bárbaro* se prolonga en una cantidad de conceptos análogos: anormal, violento, confuso, desobediente, bajo, irracional, inútil, fanático, anárquico, individualista, primitivo y *malo.*

La homología juega un papel de nivelación y confusión de planos, mezcla valores disímiles y preserva veladamente la función combativa de la escritura. Penetra por entero a la sociedad, poniendo en contacto lo privado con lo público, y además le ofrece al narrador su coartada: la biografía de la barbarie se presenta como la investigación y reconstrucción de un *crimen.*

El momento del acto delictivo se encuentra en la deserción o en la desobediencia a ciertas instituciones. Se sabe, la transgresión a las normas institucionales convierte en marginales a los individuos. El ilegal no sólo se coloca fuera de la sociedad; porta también el estigma de la criminalidad. Entonces, el verdadero excluido, que es el exiliado, les arroja el anatema a los adversarios, con lo cual pasa de "reo" a "juez".

En su afán por imponer una óptica moral, la biografía realiza una investigación pormenorizada de la zona enemiga: deslinda jurisdicciones; marca límites entre componentes redimibles y condenables; separa y califica las acciones; individualiza y jerarquiza a los sujetos.

Toda biografía pone en marcha una investigación. El seguimiento detallado de las etapas de una vida se orienta a la dilucidación final, instante en que los fragmentos se unen para completar el sentido. Para Sarmiento, las pistas están diseminadas en los dos elementos que definen a la barbarie: el cuerpo y la lengua.

La interpretación de ambos elementos constituyen la coartada: develar el enigma permite restituir el orden perturbado, decidiendo la forma del opositor por defecto o por exceso: a la falta de racionalidad se suma un excedente pasional. La actividad interpretativa le arranca al otro su cultura. El despojo distorsiona los valores originales de la cultura diferente; el otro asume así el modo de lo deforme al tiempo que la cultura propia exhibe una conformación adecuada.

Las pistas que guían al narrador hasta el acto criminal muestran la enormidad del delito; en la versión sarmientina, el crimen resulta doblemente monstruoso porque en lugar de un cadáver y un móvil, tendremos el cuerpo social asesinado y la gratuidad del acto, lo que lo vuelve aún más irracional.

Sarmiento se convierte en Calíbar. La figura del rastreador tiene mucho de detective: "Se llama enseguida al rastreador que ve el rastro, y lo sigue sin mirar sino de tarde el suelo, como si sus ojos vieran de relieve esta pisada que para otro es imperceptible" (*F.*, 40). La escena que lo tiene por protagonista ofrece el microrrelato que expandirán las biografías. Aunque imperceptibles, las huellas permiten al ojo avisado reconstruir la historia entera. El perseguido es siempre un reo y el perseguidor, un justiciero que trata de llegar al origen del delito.

Cada relato se genera a partir de un falso enigma. La investigación no se desarrolla linealmente; por el contrario, gira en círculo puesto que las pistas conducen a la develación de algo conocido de antemano: el caudillo es el criminal. La investigación avanza en una dirección única. Si la premisa del acatamiento a las instituciones preexiste, la biografía de la barbarie desplegará una serie de cláusulas de legitimación o ilegitimidad que pondrán en evidencia cuáles son los instrumentos aptos para someter al enemigo.

En Sarmiento el plano de la fundamentación abstracta se cruza permanentemente con un trabajo concreto que ejemplifica las bases teóricas. La biografía se apoya en una concepción del mundo que opera con el par orden versus caos. Esta concepción ancla en un centro que examina las relaciones jurídicas entre las instituciones y los sujetos. La única manera de minar el dominio de las leyes del otro y reivindicar la legalidad propia es negar los fundamentos de esas leyes. La legalidad del poder proviene del mandato del pueblo o de un mandato moral que revierte en reclamo o apelación al derecho natural. Este no deriva de la voluntad de la mayoría, sino de una instancia superior. Sin necesidad de acudir a la ratificación de la comunidad, Sarmiento demostrará en la biografía que tiene a su favor el derecho y las leyes naturales.

Desde su lugar marginal, acusará a los adversarios de apartarse de estas leyes escritas en la naturaleza. La infracción a un orden determinado se iguala con el delito de subversión social. Los textos manifiestan la ilegalidad del sistema del otro, transformando a los *enemigos políticos* en *delincuentes*.

Sarmiento cumplió al pie de la letra la orden del gobierno nacional que le pedía quitar el carácter de guerra civil al accionar de las montoneras.[36] En la realidad, la tarea culminó con la ejecución brutal de Peñaloza, degradado de su rango y ajusticiado como un bandido. En la literatura, amplió esa imagen al convertir la historia de ciertas formas socio-políticas en la historia de un sistema delictivo.

La biografía aplica una lógica sintética que descubre en el sujeto una cantidad de categorías (políticas, sociales, económicas, jurídicas, psicológicas, históricas y morales). Su eficacia consiste en puntualizar que de ellas, la única redimible es el rasgo caracterológico de la violencia.

La barbarie es un cuerpo guerrero y un lenguaje confuso. Pero si algunos cuerpos pueden ser neutralizados y, por consiguiente, incorporados al campo propio, otros deben ser eliminados y el lenguaje del otro, sin excepción, rectificado y aniquilado.

Si nos detenemos en lo mínimo, en lo que está aludido, elidido o dicho al pasar, daremos cuenta de una constante en la producción sarmientina: el espacio textual está en relación inversa a la importancia otorgada a un elemento específico. En la biografía, las reflexiones acerca del lenguaje del oponente son relativamente breves. La brevedad está acompañada por la descalificación. Creo que la impugnación del lenguaje enemigo proviene del hecho de que ese lenguaje retoma y duplica los universales expresados por la lengua propia. Porque ambos discursos resultan paralelos e idénticos, es posible leer en las acusaciones mutuas una lucha por el dominio de los universales.

Pero la autonomía política y la unidad lingüística tienden a nivelar los poderes en pugna. Por eso, contra la autonomía y la unidad que amenazan con instaurar la igualdad de los términos antagónicos, la biografía de la barbarie levantará la subordinación, la división y las diferencias.

"¡Sombra terrible de Facundo, voy a evocarte, para que, sacudiendo el ensangrentado polvo que cubre tus cenizas, te levantes a explicarnos la vida secreta y las convulsiones internas que desgarran las entrañas de un noble pueblo!" (*F.*, 5). El objetivo primario de desentrañar la historia nacional se alarga en otras historias. Los tres textos confeccionan un sistema correctivo que usa como soportes a las instituciones y a la lengua para rectificar el cuerpo y la lengua del otro. Los tres reconstruyen una historia de transgresiones; la investigación permite develar el origen de las desviaciones y enderezarlas.

Creo que todas estas pequeñas historias son, finalmente, variantes de una historia mayor que recorre la producción de Sarmiento. Me refiero a la historia de un orden cuya función es situar y sitiar al adversario.

Subordinación a las instituciones

El acto de transgresión precipita al sujeto en la carrera criminal. Facundo deserta del regimiento de Arribeños; Aldao se separa del Ejército de los Andes; el Chacho se alza contra el gobierno nacional. Aunque Sarmiento se muestra siempre preocupado por establecer las causas, las esquiva en esta ocasión. Si para Aldao la causa es exterior —el ejército se disuelve dejando "huérfano" al personaje— y Facundo se desgaja movido por su idiosincrasia rebelde, la desobediencia del Chacho queda sin justificación: "(...) por motivos y con objetos que el mismo no sabría explicarse, se lanzó sobre Tucumán (...)"[37] (*Ch.*, 308).

Sarmiento reflota en la biografía el viejo conflicto político de la *autonomía* y de la *dependencia*; se revela partidario de un unitarismo a ultranza; el caudillo debe subordinarse o desaparecer. Inversamente a su contemporáneo Alberdi que preconiza el cambio de las costumbres como paso previo y necesario al cambio institucional, Sarmiento enfatiza la efectividad de una autoridad coercitiva que imponga la ley desde arriba y desde afuera.

¿Cuál es la opción discursiva para resolver el problema político? Primero, poner en el enemigo todo lo que se considera irracional. Luego, explicar las vías de canalización de las energías del otro para que resulten aprovechables. La biografía maneja un concepto de uso de las fuerzas útiles del adversario; postula que lo irracional no es bueno o malo en sí mismo; existe, más bien como dato empírico. Pero —he aquí el tercer paso— la descalificación moral surge no bien hay una elección política. El juicio moral negativo deriva directamente de esta opción. El momento de deserción respecto del sistema propio parte en dos la vida y el relato.

La noción de uso rige también en la postura del enunciador en la medida en que utiliza argumentos éticos para discutir problemas políticos. A la imagen del narrador-rastreador se agrega la del narrador-juez. Pero un juez sumamente parcial, puesto que el mismo acto arrastra el elogio para unos y la denostación para otros. No es cuestión de objetividad sino de posición subjetiva: matar *dentro* o *fuera* de las instituciones.

Las instituciones fiscalizan las fuerzas individuales. El gaucho es educado dentro de los límites institucionales; dentro de ese marco es posible una línea evolutiva. Dicho de otro modo, la única vía de progreso para el sujeto gaucho reside en el acatamiento. La educación de los niños y la de los gauchos se sustenta en el mismo principio de *obediencia ciega*. Su instrumentación permite anular las fuerzas improductivas y aprovechar las fuerzas útiles.

La utilidad nace del acuerdo con las normas institucionales. Por eso la biografía sigue paso a paso los usos que hacen los caudillos de esas fuerzas. Lejos de homogeneizar, dictamina en cada momento qué es útil o inútil. La utilidad política de los atributos del otro los moraliza mientras que reserva un carácter negativo para las mismas propiedades que caen fuera de la jurisdicción institucional.

El narrador que recorre las huellas —el cuerpo del delito— ve en ellas el plan del contrario. Controla no sólo sus movimientos, estudia también sus intenciones ocultas y la posible o imposible evolución del sujeto biográfico. El sujeto gaucho adquiere legalidad olvidando su identidad, adoptando una cultura prestada. Para obtener la ley es necesario dejar de pertenecer a un mundo, salirse de un orden para penetrar en otro. Las instituciones juegan al papel de mediadoras. La biografía despliega las condiciones de ingreso al mundo ajeno; presupone la *subordinación* total a las leyes que dominan en este mundo. El principio de subordinación constriñe cada componente del mundo textual: lengua, cuerpos, instituciones.

Sarmiento otorga a los caudillos algunas virtudes y un sinfín de bajezas; pero los rasgos positivos —coraje, don de mando, liderazgo natural— se oscurecen en el instante de la transgresión. Este exceso anómalo que interrumpe y perturba el orden de las cosas puede ser encauzado por dos instituciones: *ejército y familia.* Una institución pública y otra privada para vigilar la vida entera del caudillo: "Facundo, moralizado por la disciplina y ennoblecido por la sublimidad del objeto de lucha, habría vuelto un día del Perú, Chile o Bolivia, uno de los generales de la República Argentina, como tantos otros valientes gauchos que principiaron su carrera desde el humilde puesto de soldado" (*F.*, 73).

El ejército para Facundo; el ejército y la familia para dominar a Aldao. Ambos contienen en su sistema disciplinario la posibilidad de que el "gaucho valiente" sofoque al caudillo. El instrumento de readaptación serán las tácticas disciplinarias ejercidas sobre el cuerpo. Pero Sarmiento irá más lejos: si compete a determinadas instituciones ceñir las fronteras de las acciones, otras se ocuparán de lo verbal; la lengua propia institucionalizada precisará el lugar secundario del lenguaje enemigo.

El interés que muestran los regímenes políticos por la familia —aun cuando postulen modelos distintos— revela el rol que se le da como dispositivo neutralizador de gérmenes de rebelión. En esta esfera, los valores íntimos se compatibilizan con las normas sociales externas. Una incorporación adecuada de las exigencias sociales al centro familiar desvanece la heterogeneidad que afecta a las normas que provienen de afuera. La familia refuncionaliza las imposiciones sociales transformándolas y resulta así un espacio donde se condensan la totalidad de las relaciones entre el estado y la sociedad.[38]

Sarmiento insiste a menudo en la correlación existente entre la organización doméstica y la organización del país: "La sociedad ha desaparecido completamente; queda sólo la familia feudal aislada, reconcentrada; y no habiendo sociedad reunida, toda clase de gobierno se hace imposible; la municipalidad no existe, la policía no puede ejercerse y la justicia civil no tiene medios de alcanzar a los delincuentes" (*F.*, 29).

Lo que sirve para el desarrollo de la sociedad puede aprovecharse en beneficio del aumento de la autoridad estatal. Por este motivo, a pesar de los cambios y las variables históricas, en el espacio familiar surgen de manera permanente técnicas de control. La mirada atenta de cada uno de los miembros sobre los restantes establece un sistema de normas que se autorregula y que dispone la rápida intervención ante la posibilidad de cualquier desvío.

En esta línea, la misión primera de la familia resulta ser la educación de individuos "morales" y "honorables". Esta tarea es concomitante con la otra que le encarga solapadamente el estado: el individuo moralizado es además —o ante todo— un individuo normalizado, un sujeto útil para la sociedad. Así, en el seno de la familia los principios socializantes se sobreimprimen a determinados imperativos económicos y políticos. El sujeto adaptado o integrado es aquel que renuncia a los deseos de autonomía en favor del acatamiento a un orden que lo precede y que preexiste.

En la medida en que las instituciones se tornan factores moralizadores, Sarmiento les otorga la capacidad de reformular su misión dentro del orden social. Claro está que su carácter eminentemente ético anula todo riesgo político. El narrador consigna el pasado y el presente familiar de los caudillos. El común denominador se registra en la insubordinación a la autoridad paterna: Facundo golpea a su padre; Rosas crece apartado del afecto doméstico porque su padre lo destierra; Aldao es destinado a la vida sacerdotal desde temprano para enderezar sus inclinaciones torcidas. La actitud rebelde respecto de los padres se prolonga en acciones violentas hacia la mujer y los hijos, aunque a veces, los esposos irascibles se convierten en padres solícitos.

Sarmiento describe una genealogía de las relaciones de parentesco en la que puntualiza la ruptura de un linaje; en otras palabras, la deserción de la institución familiar: Quiroga y Aldao proceden de familias "decentes" —una acaudalada, la otra pobre. Estos dos caudillos rechazan los bienes simbólicos transmitidos por la institución; al desconocer lazos naturales ratifican su esencia subversiva.

Rosas se inscribe en la tradición familiar, acrecentando los bienes simbólicos recibidos. Su familia prefigura y determina las características atribuidas a don Juan Manuel. El texto satura al personaje, lo atraviesa con el legado español haciéndolo el producto más acabado de esa tradición (la rigidez materna se corrompe en crueldad en Rosas y obtiene en Manuelita un instrumento eficaz de delación).

La biografía del Chacho presenta a un desclasado, sin origen, sin linaje, sirviente de un cura e iletrado.[39] Peñaloza carece de los bienes positivos que transmite la familia —nombre, clase, cultura—; la versión sarmientina lo dota de otro "padre" que le da por herencia el bien simbólico negativo de la religión.

Señas particulares de Peñaloza: individuo sin campo social de pertenencia. Basta recorrer las páginas de la biografía para comprobar que su situación en el interior de la sociedad está invalidada por la práctica del bandolerismo, práctica que coloca a los sujetos que la ejercen en la posición de enemigos públicos. El texto escamotea todo dato que informe sobre el lugar peculiar de un caudillo que peleó con los unitarios contra Rosas y que, como general de la República, desempeñó numerosas misiones pacificadoras como mediador del gobierno nacional.

La familia que presenta Sarmiento contiene un núcleo despolitizado y opera como dispositivo despolitizante. Por eso Victoria Romero, la compañera de Peñaloza que lo seguía en las batallas y empuñaba la lanza como un llanista más, aparece aludida fugazmente : "Mostraba más inteligencia y carácter que él" (*Ch.*, 289). La mujer oficia de puente entre los dos opuestos. En rigor, su verdadera tarea consiste en lograr la retracción de la vida pública: al integrar al rebelde al ámbito privado, la mujer se convierte en el mejor vigía del orden establecido.

Este tipo más sutil de represión opera sobre los sentimientos, convirtiendo a la política en algo doméstico: encerrar en las paredes del hogar lo que emerge como peligroso porque no es dominable. Siendo originalmente la mínima organización política, la familia diagrama un espacio neutro. La autoridad afectiva que emana de la institución traza las líneas apropiadas para resolver el conflicto político concreto. Asegura la conservación de un orden, desligándose de toda acción política y enfatizando la misión de integración social.

Los componentes de la familia activan el traspaso de la autoridad feudal del caudillo de la esfera pública a la esfera privada. (Facundo es el "padre de los peones", el Chacho cobija en sus tierras a los perseguidos por la otra justicia). La institución actúa como brazo de la intervención exterior: el objetivo de desarmar las amenazas montoneras se muta en un problema afectivo al pasar al interior de la familia. Así, funciona a la manera de una escuela en miniatura: educa reemplazando la rigidez de la ley por las caricias de los parientes.

Instrumento eficaz del poder externo, la familia despliega una serie de estrategias para demoler la resistencia y el poder paralelo del caudillo; demuestra cómo cortar de cuajo la vida nómade del gaucho sin que medie alguna instancia de represión descubierta. En síntesis, sirve al doble fin de sacar de la escena política un factor de poder y sustituir el espacio de la autonomía política por el de la autonomía doméstica: "El juez es naturalmente algún famoso de tiempo atrás a quien la edad y la familia han llamado a la vida ordenada" (*F.*, 53).

Las instituciones influyen de manera decisiva en el proceso social mediante la utilización de un conjunto de contenidos que se transmiten de generación en generación. La operación de selección de algunos contenidos que son calificados de "tradiciones auténticas" deja afuera otros que no convienen a ciertos intereses específicos; su enseñanza tiende a la socialización, que es un modo particular de incorporación. Al privilegiar determinadas tradiciones en detrimento de otras, las instituciones dan coherencia a una versión del pasado en la que entrevén principios rectores del presente, así como líneas de continuidad para el futuro. En manos de las instituciones que la difunden, esta reserva social conecta pasado, presente y futuro.

En la biografía de la barbarie, el ejército es depositario de las tradiciones de Mayo. Sarmiento le otorga dos funciones claves: difusor ideológico y unificador político. Hay en el género una increíble supervivencia de la historia de la patria preservada por la institución. El ejército resguarda los intereses comunitarios y es el brazo armado de los ideales de Mayo. Cuando Sarmiento opone al ejército nacional los ejércitos provinciales, precipita al otro en la ilegalidad por cuanto la legalidad nace de la preocupación por lo colectivo. Los textos insisten: los caudillos hacen su propia revolución movidos por un espíritu anárquico.

Si confrontamos las palabras tendremos, por lo menos, el centro del debate, la lucha por apropiarse y reclamar para sí las tradiciones de Mayo. Basta recorrer las páginas escritas por algunos jefes provinciales para comprobar que los ideales eran compartidos por ambos bandos; basta escuchar la voz de Peñaloza para interiorizarse en la contienda ideológica: "(...)la sangre argentina debe economizarse, como los frutos de una paz verdadera y benéfica para todos; lleváis la enseña de la ley, del venerado Código de Mayo".[40] Basta leer la fórmula con la que los gobernadores federales encabezaban la correspondencia oficial para concluir que los caudillos se consideraban en una línea de continuidad respecto de 1810.[41]

La fechitización del ejército conduce a la militarización total de la escritura. El código militar es una fuerza de irradiación que regula cada fragmento del mundo textual. Las normas institucionales derivan en una lógica de subordinación que rige las relaciones sintácticas y semánticas de los relatos.

Bajo los juicios morales harto evidentes actúa esta lógica militar. En ella se atrinchera el manifiesto programático de un tipo específico de inserción social, una organización política fundada en el sometimiento, un uso de las fuerzas productivas, la adopción de un pensamiento oficial, una versión de la historia y de la cultura.

La normalización militar de la nación: esta es la consigna que despliega la biografía. Pensemos en esos cuerpos corajudos que deben ser dominados y en ese lenguaje al que hay que aniquilar. ¿Acaso no están metaforizando el grito de "subordinación y valor para servir a la patria"?

Sarmiento reforzó el retrato verbal del otro con el retrato fotográfico. Después de la batalla de Caucete, el gobernador hace fotografiar a las fuerzas chachistas; la imagen insiste en la versión que ha presentado. Documento para exportación, el sentido que diseña la imagen reduplica el mensaje verbal: sucios, mal vestidos y peor armados; la fotografía dice que esos *no* son soldados. Si la vestimenta "traduce" los valores de una cultura, los que Sarmiento les da coinciden con los harapos que cubren los cuerpos gauchos.

La imagen transportable asegura el adelgazamiento de las fronteras lingüísticas. La composición hecha para el mundo europeo transparenta el mensaje que se quiere transmitir: la homologación de las montoneras con la categoría de barbarie. La imagen es una síntesis que desborda significados; no es símbolo sino la presencia misma, la reproducción del concepto. Hay un uso social que se agrega al objeto plasmado en la imagen. La fotografía recorta, reduce la totalidad humana a la apariencia exterior. El objeto seleccionado hace visible formaciones sociales anacrónicas que aún subsisten. En los puntos de intersección entre el pasado que se niega a desaparecer y el presente —ejército ataviado a la europea— surge el gesto que invalida las tradiciones montoneras.

Sarmiento presenta una tradición jibarizada a nivel de la vestimenta. El ejército nacional toma a cargo la segunda versión de la tradición guerrera. En estos cuerpos bien provistos encarna el mito del coraje gaucho: el cuerpo expuesto a las heridas es tema para la apología. No obstante, hay en este ejército una ausencia: los cuerpos eclipsan el pensamiento. El ideal es un ejército de cuerpos que luchan dirigidos en sus fines por cabezas que piensan.

La cárcel del cuerpo

Hay en la biografía un interjuego de leyes que, recalando en el cuerpo o en el intelecto, ejemplifican los comportamientos sociales que definen la órbita de cada contendiente.

La ley consuetudinaria es para Sarmiento una ley bárbara. Sus acciones se cifran en la violencia practicada sobre el cuerpo propio o ajeno. Es la ley que impera en los hechos de sangre, en el juego, en el trato brutal con las mujeres y en las borracheras.

Opuesta a esta ley, existe la que emana de las instituciones. Identificada con la razón, provee el instrumento primero para la consolidación de un orden. Sin embargo, en *El Chacho*, Sarmiento introduce una diferencia axial en el concepto desde el momento en que la ley escrita, la constitución, no coincide con la razón. El viraje que convierte a la constitución en letra muerta, sirve simultáneamente de estrategia de ataque contra el enemigo coyuntural, Mitre. Frente a una teorización desgajada de la realidad, el narrador esgrime un argumento que libera a su gobierno de toda culpa: la racionalidad asienta en el imperativo de un orden social que se fusiona aquí con el orden de la naturaleza. En la escala de valores que pergeñan los relatos, el lugar supremo corresponde a la razón. Ese lugar subordina e indica cuáles son los lugares que les competen a los demás integrantes del mundo textual.

Así, sólo al cuerpo sometido a la razón se lo denomina heroico. El atributo se gana por la relación de dependencia que mantiene el objeto respecto de su fundamento. Aun cuando el narrador hable del coraje físico que prevalece en la esfera del otro, el valor superlativo se encuentra siempre angostado por una sintaxis que alterna lo positivo con lo negativo. La contigüidad conmociona la apología mediante elementos del campo enemigo o del propio que nivelan o relativizan. Los ejemplos se multiplican: el arrojo de Aldao en la lucha contra los españoles está atenuado por un comentario que conjetura intenciones oscuras del caudillo hacia su jefe; al cuerpo esquivo de Aldao que huye de la batalla, opone la actitud valiente de Benavídez. En *Facundo* el programa racional atempera la heroicidad casi mítica del personaje; los gestos de generosidad de Quiroga hacen contrapeso a sus actos cruentos.

El género propone una alianza particular de formas políticas, articulando dos de sus propiedades simbólicas: el cuerpo —emblema del adversario— entra en contacto con el intelecto —marca del grupo propio. El partido unitario, la cultura, incorpora a la naturaleza con rango de soldado raso. Toda una galería de personajes —Navarro, Barcala, Sandes— puntualizan las variantes y matices tolerables para permanecer en esta esfera.

En Sarmiento los principios abstractos tienen siempre un momento de epifanía. El fenómeno ejemplifica el concepto al tiempo que reclama un espacio geográfico donde desarrollarse y del que toma sentido. El concepto necesita de una exterioridad y de una exteriorización. Profundamente didáctica, la biografía de la barbarie transita la vida de los caudillos, señalando etapas, cambios y defecciones que anticipan el destino final de cada uno; el desenlace se desprende como consecuencia lógica de las pistas salpicadas aquí y allá.

Literalmente, lo abstracto se corporiza: la ley del otro se posesiona de un cuerpo que protagoniza la aventura singular del predicativo. El cuerpo pleno (Aldao=soldado de San Martín) o el cuerpo decadente (Aldao=caudillo) une su suerte a la opción política. En íntimo acuerdo con la ley gaucha, el género muestra que sacar el cuerpo cierra la etapa de la vida pública e inicia el período de decadencia. La degradación física y moral de Aldao se acelera a partir del instante de la deserción (de la institución pero también del campo de batalla).

La transgresión a las leyes acarrea penas que repercuten directamente sobre el cuerpo. El cuerpo es un espectáculo que exhibe los castigos o las recompensas. Luego del primer gesto común que es la transgresión, los textos individualizan por medio del tratamiento de los cuerpos y la distribución de las penalidades. El género no sólo descubre al culpable; formula también otras preguntas: ¿en qué consiste la transgresión? ¿en qué campo de la realidad inscribirla? ¿donde están las causas del crimen? ¿qué medidas tomar para que el delito no se extienda?

En las muertes se delinea un sistema punitivo; una notable gama de significados une la muerte con los actos de la vida. En ella se aplica una sentencia —en un doble sentido, refrán y castigo—: así como se vive, se muere.

El elemento de enlace es la sangre derramada. La biografía interroga cómo y dónde se derrama. Los espacios de la muerte, públicos o privados, construyen los sentidos de la muerte: a cada uno la muerte merecida. El espacio no funciona como escenografía neutra, trasfondo sobre el que se destaca el sujeto; por el contrario, el espacio dictamina el valor. Sandes perece a causa de las heridas recibidas en el puesto de soldado. Su muerte comienza en ese espacio público que congrega a los iguales. Facundo es asesinado en el trayecto entre Córdoba y Buenos Aires. El camino interrumpido por la bala tiene su correlato en el proyecto político que el texto atribuye al caudillo: Facundo se queda a mitad de camino. El espectáculo de su cuerpo sacrificado es análogo al proyecto abortado porque se había convertido en "el centro de una nueva tentativa de organizar la república" (*F.*, 180).

Barranca-Yaco, el espacio anónimo de la traición. En la ley del gaucho, la traición reclama la venganza. Esta ley es la que adopta la biografía, poniéndola en manos de la sociedad o de un poder trascendente. En cualquier caso, la ley gaucha prima en el final de los caudillos. Facundo traiciona dos veces: deserta primero del ejército y abandona luego la causa federal.[42] Aunque el texto exalta de manera explícita al Facundo urbano, confiesa la vigencia de la ley de la venganza: no se puede traicionar sin riesgo de acabar traicionado.

La narración urde los motivos de la venganza: Quiroga, metamorfoseado en cuerpo y pensamiento, invade un espacio en el que reina un igual. Dos espacios deciden el final de Facundo: Buenos Aires preludia a Barranca-Yaco. Si la ciudad es el lugar de las transformaciones, opera también como arquitectura articulada para vigilar. En ella el individuo está circunscripto; siempre hay alguien que ve al forastero. En este sentido la ciudad es lo contrario de la pampa: enormidad imposible de ser abarcada por la vista. En Buenos Aires es posible seguir los pasos del sujeto. En una ciudad resulta difícil sustraerse a las miradas pero la geografía donde se desplazan los caudillos es móvil, y por esto son inasibles. La ciudad es como un cuerpo que le impone al caudillo sus límites; Buenos Aires se internaliza en Facundo haciendo de él un rival. Rosas, el Restaurador de las Leyes, viola la ley propia mandando a matar.

Los cuerpos bañados en sangre, mutilados, dramatizan el triunfo de la justicia. Justicia divina en el caso de Aldao: "¡Sangre! ¡Sangre! He aquí la única reparación que la Providencia ha dado a esos malaventurados pueblos cuya sangre él derramó tan sin medida; morir derramando su propia sangre (...)"[43] (*F.A.*, 279). El espacio privado en que muere Aldao señala la cobardía del que abandona su puesto. En tono fatalista, la narración concibe a la enfermedad como castigo justo a los crímenes. El objetivo sublimado cliva el abismo que separa la sangre del ex fraile de la sangre del coronel Sandes, que expira "cuando la sangre que no había derramado ya no pudo circular por aquellos canales rotos y mal remendados por las cicatrices" (*Ch.*, 349).

Sarmiento construye su práctica literaria en la conexión y alternancia de dos leyes: la ley positiva y la ley consuetudinaria. En los relatos de las muertes de los caudillos domina una apología de la venganza. Contra la regulación de la ley positiva, la venganza opera como foco que denuncia la presencia de la otra ley a la que el narrador denomina "justicia". Entonces, si la venganza pasa a ser sinónimo de la justicia, la ley gaucha amordaza a la otra ley. Aunque la biografía se empeñe en catalogar los crímenes para justificar los desenlaces, la ley del otro termina por imponerse, descubriendo su presencia viva en el centro mismo de la escritura. La fuerza que tiene esa ley entrampa al sujeto de la enunciación. Desde ese lugar privilegiado, la ley del otro anuncia su capacidad de resistir cualquier intento de un espíritu modernizador que pretenda socavarla.

Si la providencia lleva a cabo en el cuerpo de Aldao las represalias que la sociedad no puede concretar, es la sociedad la que va a castigar al Chacho a través del brazo armado de Irrazábal. La biografía apela a una cantidad de fundamentaciones: hace sinónimos conceptos que no lo son, igualando, por ejemplo, desobediencia con crimen; cambia el estatuto del personaje: de general —estatuto militar— a bandido —estatuto jurídico—; identifica órdenes —el orden social es igual al orden natural—; invoca una razón de estado.

El castigo de Peñaloza debe contemplarse desde la táctica política. En su pena se unen dos legalidades: a la vieja legalidad del castigo como sufrimiento corporal se suma la legalidad del castigo como suspensión de los derechos.[44] La cabeza del Chacho expuesta en la plaza pública significa la humillación para el condenado y un espectáculo ejemplar para el pueblo. Cada uno se siente identificado con ese cuerpo mutilado: la pena disuade y pulveriza el origen del disturbio. Bien dice Valéry que cuando la sociedad corta una cabeza cree cortar la causa primera que anida en ella.

Si el narrador se demora en otros casos en describir los cuerpos heridos o corruptos, liquida rápidamente el relato de la muerte del riojano: "Llegado el mayor Irrazábal, mandó ejecutarlo en el acto y clavar su cabeza en un poste, como es de forma en la ejecución de salteadores, puesto en medio de la plaza de Olta, donde quedó por ocho días" (*Ch.*, 371). En el pasaje el énfasis no recae sobre el acto violento de la ejecución sino que se desplaza hacia la calidad del condenado. La escritura argumenta: el cuerpo del caudillo está inmerso en otro cuerpo, el cuerpo social y es este cuerpo el que marca al otro, lo diferencia e individualiza con la mutilación.

La cabeza expuesa a la podredumbre: parte del cuerpo que identifica, pero también parte que piensa. Si los robos del Chacho son irredimibles —los historiadores y los contemporáneos aseveran que Peñaloza no saqueaba— es sobre todo porque ha robado el lenguaje del oponente. La cabeza se constituye en símbolo máximo del error: una cabeza corrupta debe albergar un pensamiento distorsionado. En rigor, los robos provienen del narrador: robo del grado —en una sociedad estratificada, el rango marca la diferencia—, escamoteo del cuerpo. Presentado como gaucho atípico —física y moralmente— Peñaloza saca el cuerpo y burla permanentemente al enemigo. En la biografía, Sandes toma a cargo la violencia del cuerpo. El deslizamiento proporciona la estrategia que sirve para ocultar el cadáver del caudillo.

A veces el narrador calla para poner en boca de personajes circunstanciales el funcionamiento de la ley gaucha. Las armas usadas para matar, lejos de ser equivalentes, cargan de sentido el castigo: Santos Pérez usa un arma de fuego; al secretario lo traspasa una espada pero el niño que integra la comitiva de Facundo es degollado. La culpa de los mayores recae en la descendencia; el maestro de posta explica al doctor Ortiz la inclusión del pequeño entre los condenados: "Aquí hay un niño que es sobrino del sargento de la partida, y pienso mandarlo; pero el otro... ¿a quién mandaré? ¡a hacerlo morir inocentemente!" (*F.*, 188).

Esta ley discrimina formas de castigo y armas nobles o innobles para matar.

En la biografía de la barbarie, las formas de morir restituyen la justicia. La afirmación de un poder superior atraviesa los textos. Pero la ley que restablece el orden acciona una violencia potenciada sobre los cuerpos de los culpables.[45]

Un lenguaje confuso

Es tarea de la biografía normalizar las vidas relatadas. El género compara, distingue y jerarquiza a los cuerpos gauchos. El otro se constituye como sujeto por marcas corporales que lo singularizan. Pero también se construye en el uso de un lenguaje "desviado", no conforme con la norma o la ley.

El cuerpo es el gran tópico de la biografía; el lenguaje, el detalle. Sin embargo, en este elemento late el peligro porque si un sistema disciplinario puede someter los cuerpos por la voluntad o la fuerza, no sucede lo mismo con el lenguaje. Corregir para impugnar: tal es el gesto narrativo que reinterpreta el lenguaje del adversario para despojarlo de cualquier semejanza con la lengua propia.

El trabajo sobre la diferencia encierra las variaciones que habitan en los cuerpos, materiales disponibles para un uso político. Pero frente al lenguaje del enemigo, la escritura trama compulsivamente una homogeinización de los discursos. Nada mejor que unificar para hacer desaparecer todo resto de ambigüedad.

Si se adopta un juego de inclusiones y exclusiones para ubicar a los cuerpos, se prefiere la corrección y consiguiente exclusión en el dominio de la lengua. Cada elemento requiere un tratamiento distinto: la materia moldeable de los cuerpos puede suprimir fronteras y comunicar los términos antagónicos pero el lenguaje del adversario está aislado.La palabra del otro es una palabra sin territorio, sin arraigo y sin legalidad. El procedimiento borra la inscripción social de la lengua enemiga. El otro, para Sarmiento, habla un lenguaje ainstitucional: "A falta de gobierno, de legislaturas, de diarios, de manifiestos que explicasen el objeto y los medios de conseguir la proyectada subversión, un comandante de fuerzas en San Luis recibió la siguiente carta del Chacho, que por la torpeza del lenguaje y lo embrollado de lo que quisiera que expresase las ideas, muestra suficientemente el origen y los elementos de aquella perturbación" (*Ch.*, 319). En síntesis, un lenguaje que carece en su enunciación de aparato político. La denostación progresa hasta culminar en un intercambio de valores: lo informe es lo anormal. El género estrecha las distancias entre ambas nociones que se implican al punto de difuminar toda diferencia.

A algunos cuerpos se los somete; a otros se los liquida. La represión va más contra el pensamiento que contra el cuerpo; o mejor, contra el cuerpo que piensa. Sarmiento califica el pensamiento de Rosas con un atributo de tipo moral —pensamiento abyecto—; pero la reflexión toma en Peñaloza valoraciones de tipo lógico-formal: sus ideas son poco claras.

Cuando aparece en el otro, el pensamiento conserva el estatuto doble: es correcto mientras usa el sistema que le presta el narrador, mientras se mantiene subordinado a la otra cultura. Pero no bien el otro se libera de los vínculos que lo tienen atado, habla un lenguaje tergiversado.

Callo y le doy la palabra al Chacho: "Es por esto, Sr. Presidente, que los pueblos, cansados de una dominación despótica y arbitraria, se han propuesto hacerse justicia, y los hombres todos, no teniendo más ya que perder que la existencia, quieren sacrificarla más bien en el campo de batalla, defendiendo sus libertades y sus leyes y sus más caros intereses atropellados vilmente por los perjuros".[46]

Las voces de los caudillos repiten una y otra vez los universales en los que insiste el discurso de la otra cultura: patria, libertad, organización, constitución, ley. ¿Cómo hacer ilegítimo el lenguaje del otro si las palabras se confunden? ¿Cómo arrancarle a ese discurso ajeno los baluartes de los que se ha apropiado? Habrá que minar el interior de esa lengua, sofocar sus contenidos con argumentos sintácticos u ortográficos, esconder la semántica, explicar su alteración originaria. Habrá que negarle racionalidad u obstinarse en descubrir segundas intenciones: Rosas, la especulación al servicio del crimen.[47]

La biografía incluye la lengua del oponente —cartas de Peñaloza y de Facundo, el testamento de Aldao— y la analiza. Examinando su estructura, concluye que esa palabra es el lugar de emergencia de la confusión. Un lenguaje privado de su función comunicativa, que no transporta ninguna información ni despliega ideal alguno. A esa palabra carente se contrapone una palabra plena, bien conformada. Pero la lucha no será en torno a los sentidos sino a las reglas gramaticales. Sarmiento académico pega su discurso y cuestiona con ademán pedagógico los errores de redacción.

La rebelión de los caudillos contra las instituciones, contra las leyes de la razón y el orden, se tranforma en desconocimiento lingüístico. De manera similar y porque en el lenguaje se nota la procedencia, el narrador exhibe su competencia lingüística que es competencia jurídica: "La palabra *outlaw*, fuera de la ley, con que el inglés llama al bandido, contiene todo el procedimiento. Las ordenanzas lo tienen, autorizando a los comandantes de milicia a ejecutar a los salteadores. Ciertas palabras tienen valor legal" (*Ch.*, 374).

El narrador traduce literalmente la palabra y la ley del modelo: Norteamérica. Pero cuando focaliza el lenguaje del enemigo, olvida el principio de fidelidad y se inclina por la traducción libre. Orientada hacia el discurso del otro, la palabra propia intensifica su poder de veto: si por un lado le niega al otro la racionalidad, por otro, una operación de desciframiento concluye en la certidumbre de que el caudillo no es el dueño de ese lenguaje. El desconocimiento de la *autoría*, suponiendo otro autor distinto del que firma, apunta a destituir al oponente como origen de los significantes universales.

El narrador reclama para su cultura la propiedad y el uso de los universales. Pero todo planteo sobre el origen supone el empeño en ligar algún elemento del presente con un comienzo del que sería tributario; implica considerarse heredero de alguna tradición. Así, en la biografía hay dos herederos de dos tradiciones: el narrador recoge la razón, las consignas de Mayo; el otro retiene el legado del conquistador; es causa primera no de la razón sino de la violencia. Porque los universales forman parte de los bienes transmitidos, el género decide que ese legado no puede ser patrimonio del enemigo.

El dato biográfico de que el Chacho era casi iletrado, le sirve a Sarmiento para explicar las "anomalías" que descubre en su lenguaje. Como el caudillo no sabe leer ni escribir, otro escribe por él y al hacerlo inventa los contenidos. El comentario respecto del adjetivo "venturoso" (¡Borges!) delata su pertenencia a otra cultura, la unitaria del amanuense: "El adjetivo venturoso no entra en la común parlanza de la gente llana. Rivadavia en sus conversaciones, se extasiaba al arrullo de la esperanza en el venturoso porvenir que aguardaba al país. Sus enemigos hicieron de esta frase un apodo del ridículo" (*Ch.*, 313).

A esta figura del amanuense como intérprete de la palabra del otro, se superpone la del narrador-intérprete que cuestiona la apropiación de los universales: dueño del discurso y de los sujetos por él constituidos, restituye los significantes a su órbita de procedencia.

La relación entre lengua y sociedad se da en determinados tipos de contenidos; los enunciados orientados hacia los intereses colectivos inscriben a la lengua en el campo social; por el contrario, quedan fuera los enunciados que expresan intereses individuales. La palabra oral del otro, recogida en las voces conjeturales de Facundo y Aldao, habla siempre la lengua material del cuerpo, una lengua centrada en la preocupación por el dinero, los apetitos personales y las venganzas mezquinas.

La escritura no pierde de vista en ningún momento la necesidad de desposeer al otro. ¿En qué consiste este trabajo de desposesión? Es una práctica de descontextualización y de puesta en duda. Los textos extraen fragmentos de los documentos, los interrogan retóricamente, los valoran y les ponen comillas. El uso de las comillas distancia el discurso ajeno, tranformándolo en objeto de sospecha. Cuando denuncia el plagio, la biografía insiste en prohibir al otro la utilización de los universales.

Toda lógica binaria es jerárquica; esta lógica que afecta al plano del lenguaje y que permite la exclusión de un término se sobreimprime a la lógica distributiva que opera en el plano del cuerpo, especie de rejilla en la que se reparte lo útil y lo inútil.

El género antropomorfiza en los contrarios —lenguaje adulterado/cuerpo versus lenguaje correcto/pensamiento— fenómenos que pertenecen al campo de la economía, de la política, de la cultura, de la jurisprudencia y de las relaciones sociales. Lo notable es que Sarmiento concibe el lenguaje como elemento conector entre los dos campos, como instancia mediadora que posibilita o dificulta el acceso al orden liberal.

Dos concepciones del lenguaje: la primera fusiona la lengua propia con la ley y la razón; la segunda oscila entre la aceptación o la exclusión, de acuerdo con las relaciones de subordinación o autonomía que accione el lenguaje enemigo para ingresar en la otra cultura o mantenerse al margen de ella.

El fin

La biografía de la barbarie es la apuesta literaria de una de las consignas básicas del programa político de Sarmiento: la sumisión del enemigo. El modo de la investigación, que permite rastrear las pistas hasta llegar al momento del acto delictivo, justifica la represión desatada sobre el otro.

La biografía muestra su deuda con el iluminismo y las doctrinas rousseaunianas en un punto crucial: desertar de las instituciones implica quebrar el *contrato social*. En la concepción de Sarmiento, los caudillos desandan la historia: si el contrato social transforma a la naturaleza corrupta en la existencia moral del ciudadano, su ruptura retrotrae a la sociedad a estadios primitivos.

La doctrina del contrato social y el derecho natural funcionan como apoyaturas implícitas para desplazar el problema político-cultural hacia el campo legal. En virtud de una apelación al derecho natural, el género niega la legitimidad de la otra ley.

Los textos enfrentan dos leyes deformadas en sus fundamentos: conciben a la ley propia como ley natural y a la ley del adversario como no-ley. En este sentido, propician una interpretación peculiar del conflicto entre poderes: se transforma en una lucha desigual entre la preservación de los derechos inalienables y la defensa de un aparato delictivo.

Sarmiento es maestro no en el plano pedagógico sino en el dominio de la lengua; sabe a la perfección cómo disolver los conceptos teóricos en lo material y servirse de ellos en la praxis política. Los naturalistas sostienen que sólo el poder político concreta el orden natural, que no existe sociedad separada del estado. La biografía va en esta dirección: al identificar orden social con orden natural, se interroga y propone soluciones concretas para constituir un poder político que restaure el orden perturbado.

Para sujetar al contrario, Sarmiento opta no por leyes escritas sino por dos instituciones anteriores al estado. Su concepción iusfilosófica se ubica en un punto temporal anterior a la ley positiva, en una esfera que la trasciende y compete a una autoridad casi divina. Desde este lugar escribe las biografías. Emanación de esta instancia, la ley que encarna en la biografía queda fuera de la jurisdicción humana. Desde ese lugar privilegiado puede dictaminar los castigos.

El gesto de modernizar el concepto de trascendencia invocando el consenso de la sociedad no borra el sesgo autoritario y excluyente de su pensamiento. El reclamo de la razón es más bien apelación a una razón de estado en la medida en que, argumentando el interés común, se arroga el derecho de sortear ciertos "escollos formales", entre ellos la constitución nacional.

Pero esta razón desemboca en una ley del talión que entrampa al narrador, lo corre de su puesto de luchador por el progreso y lo sitúa en el rol de remozador de sistemas legales primitivos: "Las sociedades humanas tienen el derecho de existir; y cuando las organizaciones que establecen para castigar los crímenes son ineficaces, el pueblo suple a la falta de jueces en un país despoblado" (*Ch.*, 377).

La noción de razón convoca una trama de significados: orden, justicia y rectitud. Cuando Sarmiento ataca a los caudillos tachándolos de irracionales, dice que ellos son la anarquía, la arbitrariedad y el error. El círculo se cierra al identificar razón con voluntad general: la rebelión va contra la sociedad entera y contra la naturaleza.

Cuando la razón pasa de fundamento teórico a acción concreta se traduce en virtudes públicas. Toda una galería de personajes virtuosos desfila por la biografía, personajes reclutados entre los iguales. Sin embargo, los textos reparten algunas virtudes entre los otros, sean enemigos o estén incorporados a la esfera propia (Sandes, Navarro, Barcala, Lamadrid).

La diferencia esencial radica en el hecho de que las virtudes reconocidas a los caudillos no superan la esfera privada —exceptúo a Facundo, como contracara de Rosas— mientras que las acciones del otro sometido trascienden a la esfera pública y redundan en beneficio de la comunidad.

En esta dirección, la biografía funciona como agente publicitario de las instituciones. Hay siempre un factor externo —poder o ejército— que le transmite al caudillo la virtud: "El poder educa, y Quiroga tenía todas las altas dotes del espíritu que permiten a un hombre corresponder siempre a su nueva posición por encumbrada que sea" (*F.*, 179). Filtrada por la acción personal, esta virtud retorna a la esfera de la que ha nacido. De manera similar, lo privado se confunde a menudo con lo que está inscripto en la naturaleza y conduce al desastre. A Facundo "la falta de hábitos de trabajo, la pereza del pastor, la costumbre de esperarlo todo del terror (...) lo mantienen en una espectativa funesta que lo compromete últimamente"[48] (*F.*, 181).

Los textos distribuyen muchos vicios y pocas virtudes. Elaboran distintas versiones del otro y lo configuran apoyándose en uno o dos atributos. Facundo es frecuentemente el caudillo y a veces el gaucho valiente; la biografía da una versión moral y política del personaje que continúa sin grandes cambios la imagen desplegada en el ciclo folclórico. Rosas, aunque en alguna ocasión se le llama bandido, ostenta el título de enemigo político; el género diseña una versión moral, política y económica. Aldao, fraile y general, la oposición en el interior del personaje; la versión moral, individual y doméstica dibujan su figura. Pero para el Chacho sólo existe el mote de bandido. Porque la existencia del insurgente supone más que la violación de la ley, la rebelión total, el enfoque se centra en el aspecto moral y jurídico.

Versión contra versión: las leyendas y cantares populares transforman a Peñaloza en defensor social y político. El arraigo en la sociedad se percibe bajo la forma de la supervivencia. Si su muerte es el fin de la esperanza, la leyenda corrige el destino, le regala al riojano la inmortalidad.

> Diz que Peñaloza ha muerto;
> Yo digo que así será...
> ¡No se descuiden, salvajes,
> No vaya a resucitar!

Sarmiento senaló en muchas oportunidades la adhesión espontánea que despertaban los caudillos en las masas campesinas y advirtió con lucidez que esa adhesión se debía más a los valores que encarnaban que a causas teóricas. El género trabaja estas cuestiones reubicando a los líderes gauchos en el seno de la sociedad, arrinconando el peso político y económico que aglutinan sus figuras.

Cuando Hobsbawm define al bandido, sus palabras concuerdan asombrosamente con las de Sarmiento: "no se trata tanto de rebeldes sociales o políticos, ni mucho menos de revolucionarios, como de campesinos que se niegan a someterse y al hacerlo se ponen en cabeza de sus compañeros o incluso más simplemente de hombres que se encuentran excluidos de la trayectoria normal de su gente y que, por tanto, se ven forzados a quedar fuera de la ley y a caer en la 'delincuencia'".[49]

Lanzada contra el adversario, la palabra oculta en sus pliegues las motivaciones ideológicas. ¡Bandido![50] La acusación no la acuña Sarmiento; es usada incluso por Sandes, que llama a Peñaloza el "general bandido",[51] curioso *oxímoron* que condensa las contradicciones expandidas en la sociedad.

La biografía de la barbarie, que apunta al sometimiento total del otro, pone en movimiento una palabra descalificadora. Como contrapartida, la palabra gaucha exhibe el deseo por restaurar un orden signado por ideales de justicia y libertad.

Pero a esta altura el rastreador puede estar satisfecho: las huellas lingüísticas y corporales le han permitido cercar al enemigo.

NOTAS

1. Las citas remiten a J. B. Alberdi, *Bases y puntos de partida para la organización política de la República Argentina* (Bs. As.: Sopena, 1957).

2. G. Vignaux sostiene que las etapas por las que un razonamiento jurídico se instituye en codificación parecen proceder siempre de las formas sistemáticas del razonamiento. Cfr. "Le discours juridique: Analyses et méthodes", *Langages* 53 (mars 1979).

3. Cfr. G. W. F. Hegel, *Principios de la filosofía del derecho* (Bs. As.: Siglo Veinte, 1987).

4. Alberdi critica la constitución unitaria de 1826: "Esa disposición, copiada, sin bastante examen, de constituciones europeas, es perniciosa para las repúblicas de Sud América, que, obedeciendo a sus antecedentes de comunidad, deben propender a formar una especie de asociación de familias hermanas" (*B.*, 32-33).

5. El espacio de la autoridad es siempre ambivalente, un espacio construido por dos emociones, el miedo y el respeto. R. Sennett define el concepto en la coexistencia de los términos: "La seguridad, el superior juicio, la capacidad para imponer disciplina, la capacidad de inspirar temor son las cualidades de la autoridad (...). La palabra 'temido' tiene un doble sentido. Expresa tanto miedo como reverencia". Cfr. *La autoridad* (Madrid: Alianza, 1982) 25.

6. La construcción de un estado nacional requiere la unión armónica de los contrarios: "Una *constitución* no es una *alianza*. Las alianzas no suponen un gobierno general, como lo supone esencialmente una constitución (...). Una federación concebida de este modo tendrá la ventaja de reunir los dos principios rivales en el fondo de una *fusión*". (Subrayado de Alberdi) (*B.*, 108).

7. D. Sommer lee de manera alegórica las novelas nacionales del siglo XIX. Las historias amorosas de los personajes centrales son ficciones fundacionales: prefiguran la

conformación de los estados nacionales. Cfr. "Irresistible Romance: The Foundational Fictions of Latin America", *Nation and Narration*, ed. H. Bhabha (London and New York: Routledge, 1990) 71-98. Jameson entiende que toda la literatura del tercer mundo representa alegóricamente las transformaciones estatales. Cfr. "Third-World Literature in the Era of Multinational Capitalism", *Social Text* 19.5 (1986): 65-98.

8. M. Weber ha subrayado la importancia de lo político en el estado. "La política como profesión", *Política y ciencia* (Bs. As.: Leviatán, 1985).

9. Ph. Legendre entiende por función dogmática la función que ejerce el poder manipulando el deseo de saber para asegurar la producción, reproducción y circulación de un sistema de escritos de verdad.

10. Kozicki parte de un artículo de Legendre ("Le Palais de Justice") para elaborar una serie de relaciones entre derecho y psicoanálisis. Cfr. E. Kozicki, "El discurso jurídico y discurso psicoanalítico. El derecho como texto sin sujeto", *El discurso jurídico,* ed. Ph. Legendre y otros (Bs. As.: Hachette, 1982) 21-40.

11. Cfr. M. Horkheimer, "Razón y autoconservación", *Teoría crítica* (Barcelona: Barral, 1973) 141-176.

12. E. Canetti, *Masa y poder* 283.

13. Cfr. M. Foucault, en especial, *Microfísica del poder* (Madrid: Las Ediciones de la Piqueta, 1980) y *Vigilar y castigar* (México: Siglo XXI, 1985). La reflexión teórica en los años 70-80 cuestionan el poder. El postmarxismo trata de explicar el hecho de que la revolución soviética triunfara allí donde también habían triunfado las estructuras fundamentales del capitalismo. Marcuse, Foucault, Deleuze, Guattari, Lyotard, entre otros, encaran esta problemática tomando por eje las prácticas de dominación y su organización en el seno de las sociedades.

14. Las citas remiten a D. F. Sarmiento, *Recuerdos de provincia*, Obras Completas, tomo III (Bs. As.: Luz del Día, 1948).

15. Los pasajes más vertiginosos de elisión de causas políticas son los que narran los enfrentamientos entre el sujeto y la autoridad. Sarmiento describe el choque con el gobernador Quiroga: "Preguntado quiénes son, respondí que los que han hablado en mi presencia no me han autorizado para comunicar a la autoridad sus dichos. Insisten, me obstino; me amenazan, sácoles la lengua; y la causa fue abandonada, yo puesto en libertad (...)" (*R.P.*, 175).

16. Cfr. C. Altamirano y B. Sarlo, "Una vida ejemplar: La estrategia de *Recuerdos de provincia*", *Literatura y sociedad* (Bs. As.: Hachette, "Lengua-Lingüística-Comunicación", 1983) 163-208.

17. En el movimiento que va de lo más simple a lo más complejo y de lo general a lo particular, se inscriben primero los palmares, testigos del arraigo y la conservación de la memoria; el programa letrado actualiza el indígena; Juan Jofré funda ciudades y sus descendientes continúan una tradición legitimada en el talento y el patriotismo; en Fermín Mallea subraya el vigor del afecto; José de Oro le lega el espíritu conquistador y gaucho y el entusiasmo por la verdad y la ciencia; de los Oro provienen la inteligencia clara, la imaginación fértil, la valentía, las pasiones y la locura; Fray Justo lo designa sucesor en su labor educativa; de Domingo de Oro aprende la retórica política y el don de la palabra persuasiva; en los libros de Funes bebe el gusto por la historia; "El obispo de Cuyo" narra la prolongación del apellido Sarmiento; su madre le enseña el orgullo de una pobreza digna y le inculca la afición al trabajo.

18. Si Domingo de Oro se le aparece como modelo digno de imitar es por su carácter inapresable: "(...)los argentinos no (lo) han podido clasificar (...)" (*R.P.*, 77). La figura de este consejero político comparte con Rosas esta característica. El texto lo representa cercano al poder, pero ubicado siempre más allá de su dominio.

19. En el acuerdo respecto de la tiranía del Uno se encuentran las teorías de Clastres y de Deleuze y Guattari. Cfr. P. Clastres, *La sociedad contra el estado* (Caracas: Monte Avila, 1978); *Investigaciones en antropología política* (Barcelona: Gedisa, 1981); Deleuze y Guattari, *Rizoma* (México: La red de Jonás, 1978); y *Mille Plateaux* (Paris: Minuit, 1980).

20. En este punto Sarmiento pone en el pueblo la ceguera de los ignorantes; el pueblo mira, pero no ve: "Salí y me saludaron con un *hurra* de mueras y denuestos aquellos hombres que no me conocían, salvo dos que tenían razón de aborrerme. ¡Abajo! ¡abajo! *Crucifige eum!*" (Subrayado, de Sarmiento) (*R.P.*, 189).

21. S. Molloy sostiene que esa falta es el "lugar de trabajo de *Recuerdos*, la escena de su escritura". Cfr. "Sarmiento, lector de sí mismo en *Recuerdos de provincia*", *Revista Iberoamericana* 143 (abril-junio 1988): 407-418.

22. Las citas remiten a D. F. Sarmiento, *Argirópolis*, Obras Completas, tomo XIII (Bs. As.: Luz del Día, 1950).

23. E. Bloch, *Natural Law and Human Dignity* (Cambridge: The MIT Press, 1986).

24. Para una interpretación de los relatos que dibujan rostros, cfr. G. Deleuze y F. Guattari, *Mille plateaux*, en especial, "Année Zéro-Visagéité", 205-234.

25. D.F. Sarmiento, "Investigaciones", *Progreso* 27 de septiembre de 1844.

26. Sobre la genealogía del concepto de lo salvaje, cfr. H. White, "The Forms of Wildness: Archaeology of an Idea", *Tropics of Discourse. Essays in Cultural Criticism* (Baltimore: The Johns Hopkins Univ. Press, 1985) 150-182.

27. Los axiomas que se refieren a *hechos ontológicos* son numerosos: "Es carácter privativo de la verdad hacerse, una vez enunciada, asequible a todas las inteligencias, vencer en la conciencia pública las resistencias que las pasiones y los intereses sublevan, hasta formar a la larga la convicción íntima de los pueblos (...)" (*A.*, 54). "El mal no está en los hombres, sino en la falta de instituciones, en la falsedad de posición de cada uno de los personajes de este extraño drama" (*A.*, 89). "Dados estos antecedentes cuya verdad nadie pone en duda, el tiempo por sí solo no puede producir una mejora de situación sensible; porque no hay progreso sino donde hay rudimentos que desenvolver, como ciencia, industria, etc.". (*A.*, 90). Los *hechos económicos* también adquieren el rasgo de lo irrefutable: "Esta es una ley universal. Del libre intercambio de productos entre una ciudad y los demás mercados del mundo, depende su engrandecimiento y su prosperidad" (*A.*, 60). "El comercio se estimula a sí mismo, y la riqueza y variedad de los mercados sometidos a su especulación son el elemento de su prosperidad (...) Un dato reciente de cuya importancia puede juzgar el más negado, comprueba la verdad de este axioma" (*A.*, 62). Porque el punto máximo de conflicto pasa por lo *político*, antes de desgranar axiomas en este campo, Sarmiento examina los hechos a partir de los "principios y causas de que emanan" (*A.*, 19). En este punto, la *cita* de documentos y tratados sirve a la construcción de la verdad; de su inserción deriva el valor de la ley, fundamento de la organización. A veces el letrado hace propias sentencias o *refranes populares* que rematan una explicación científica: "No es rico el que tiene plata, sino el que produce y sabe gozar del fruto de su trabajo" (*A.*, 83). El sujeto enunciador profiere el gesto del hombre de sentido común cuando establece una serie de "*principios sencillos*" que completan las bases de legitimación: "Estos principios sencillos, pero de una aplicación muy general, los limitaremos aquí a unos cuantos casos de experiencia práctica" (*A.*, 90). La simplicidad corre paralela a las "ideas grandes"; la alianza armoniza los opuestos: la práctica y la teoría, el pragmatismo y la reflexión.

28. Sobre discurso panfletario y sus formas argumentativas, cfr. M. Angenot, *La parole pamphlétaire. Typologie des discours modernes* (Paris: Payot, 1982).

29. Los *enunciados injertados* se construyen con diversas técnicas. A veces basta un sustantivo y un atributo; otras, el injerto se refiere al cruce de tonos —por ejemplo, un tono objetivo y otro irónico—; en ciertas ocasiones, después de una argumentación racional se acumulan una serie de proposiciones hiperbólicas: "Los gobiernos confederados no pueden legítimamente prescindir de la convocación de un Congreso, ni estipular ellos de una manera

irrevocable por la sencilla razón de que no puede sin monstruosidad chocante (...)" (*A.*, 26). Un amplio espectro de procedimientos acentúa la degradación del enemigo: uso de epítetos y palabras fuertemente connotadas; acumulaciones con gradación, paralelismos o anáforas; introducción de la ironía, el sarcasmo y los absurdos como formas de distanciamiento; preguntas retóricas y oraciones exclamativas; dislocaciones estilísticas con marcas de oralidad; eufemismos y perífrasis; dilemas y retorsión de las acusaciones de los adversarios; argumentos "ad hominem" e interpelaciones; concesiones retóricas y contrargumentaciones; metáforas.

30. La consolidación del sistema es la cuestión siempre reiterada en los textos alberdianos. Las *Cartas Quillotanas* insisten en tomar distancia de las facciones: "Siempre que se exija una guerra previa y anterior para ocuparse de constituir el país, jamás llegará el tiempo de constituirlo. Se debe establecer como teorema: Toda postergación de la Constitución es un crimen de lesa patria; una traición a la República. Con 'caudillos', con 'unitarios', con federales, y con cuanto contiene y forma la desgraciada República, se debe proceder a su organización, sin excluir ni aun a los malos, porque también forman parte de la familia". Cfr. J. B. Alberdi, "Primera carta", *Cartas Quillotanas* (Bs. As.: Claridad, s/f) 16.

31. C. Lefort sostiene que el discurso burgués se escribe con letras mayúsculas y "lleva las señales constantes de una verdad que consolida el origen de los hechos, los encierra en una representación y dirige la argumentación". Cfr. *Las formas de la historia. Ensayos de antropología política* (México: F.C.E., 1978) 255.

32. Lejos de tener un referente, de señalar algo fuera de ellas, las significaciones sociales instituyen modos de ser tanto de los objetos como de los sujetos. Cfr. C. Castoriadis, "La institución imaginaria de la sociedad", *El imaginario social y la institución*, vol. 2 (Barcelona: Tusquets, 1989).

33. Las citas remiten a J. B. Alberdi, *El crimen de la guerra* (Rep. Arg.: Edic. de la Univ. Nac. de La Plata, 1984).

34. En "Los escritores nuevos y los escritores viejos" (*La Moda* 21 de abril de 1838) Alberdi juega con el doble sentido de la expresión "hijo de la patria", que por un lado designa al que no tiene origen conocido y, por otro, nombra al patriota. La superposición de ambos desemboca en una metáfora socializada: "la pobre patria está sin hijos". ¿Hijos o entenados? La voz jurídica, que es una voz intérprete y explicativa, definitoria en cuanto circunscribe espacios y tareas de los sujetos sociales, emprende treinta años después la elaboración de una teoría sobre el caudillismo que atienda al sistema y dé soluciones integradoras. En términos de Alberdi, en la década del '60, el problema consiste en la supervivencia de ciertos anacronismos. Contra las interpretaciones de Sarmiento y Mitre, llama a los caudillos "patriotas" e "hijos de la democracia": "Artigas, López, Güemes, Quiroga, Rosas, Peñaloza, como jefes, como cabezas y autoridades, son obra del pueblo, su personificación más espontánea y genuina. Sin más título que ése, sin finanzas, sin recursos, ellos han arrastrado o guiado al pueblo con más poder que los gobiernos. Aparecen con la revolución americana: son sus primeros soldados". Cfr. *Grandes y pequeños hombres del Río de la Plata* (Bs. As.: Plus Ultra, 1974) 155.

35. Ciertos datos permiten fechar la escritura de *El Chacho* hacia 1865, lapso en que se desempeñaba como ministro en Estados Unidos. En carta del 6 de agosto de 1865 a Aurelia Vélez, Sarmiento dice que piensa agregar un "complemento" al *Facundo* en el que aclararía su intervención en la guerra contra las montoneras. En otra carta del 7 de marzo de 1866 a Mary Mann, Sarmiento le comunica que ha terminado la vida del Chacho.

36. Mitre fraguó la política a seguir contra Peñaloza. En sus instrucciones a Sarmiento —abril de 1863— dice: "(...) declarando ladrones a los montoneros sin hacerles el honor de considerarlos como partidarios políticos ni elevar sus depredaciones al rango de reacción, lo que hay que hacer es muy sencillo (...)". Transcrito por F. Chavez, *Vida del Chacho* (Bs. As.: Theoria, "Tierra en armas", 1967) 72-73.

37. Las citas remiten a D. F. Sarmiento, *El Chacho. Ultimo caudillo de la montonera de los Llanos*, Obras Completas, tomo VII (Bs. As: Luz del Día, 1949).

38. En una línea foucaultiana, Donzelot analiza la familia como un espacio particular donde se homogeinizan las exigencias sociales. Cfr. *La policía de las familias* (Valencia: Pre-textos, 1979).

39. En la *Vida de "El Chacho"* que se publicó en el diario *El Argentino*, de Paraná, durante noviembre de 1863, Hernández rastrea el origen del caudillo. "Peñaloza no fue jamás un hombre oscuro. Pertenece a una de las más antiguas, como de las más notables familias de La Rioja, y la que ha contado y cuenta entre los suyos personas muy respetables". Texto recogido por A. Pages Larraya, *Prosas del Martín Fierro* (Bs. As.: Raigal, 1952) 151-183. F. Chavez incluye en su libro un trabajo de César Reyes que detalla la genealogía de Peñaloza.

40. Citado por D. De La Vega Diaz, *Mitre y el Chacho* (La Rioja, 1939).

41. La fórmula que encabezaba la correspondencia señalaba tres hitos históricos: "La Rioja, junio de 1848. —Año 39 de la Libertad, 33 de la Independencia y 19 de la Confederación Argentina". Carta de Bustos al gobernador de San Juan, citada por Chavez, 238.

42. Sarmiento subraya un cambio ideológico en Facundo. Sin embargo, de la correspondencia de Quiroga se desprende la fidelidad a un pensamiento. Escribe a Rosas en 1832: "Usted sabe, porque se lo he dicho varias veces, que no soy federal, soy unitario por convencimiento; pero sí con la diferencia de que mi opinión es muy humilde y que yo respeto demasiado la de los pueblos constantemente pronunciada por el sistema de gobierno Federal (...)". E. Barba, comp. *Correspondencia entre Rosas, Quiroga y López*, no. 55 (Bs. As.: Hyspamérica, Biblioteca argentina de historia y política, 1986) 68.

43. Las citas remiten a D.F. Sarmiento, *El general fray Félix Aldao*, tomo VII (Bs. As.: O.C., Edit. Luz del Día, 1949).

44. Sobre las distintas concepciones de la pena, cfr. M. Foucault, *Vigilar y castigar* (México: S. XXI, 1985).

45. Si para los unitarios la negativa de la sociedad gaucha a adoptar sus reglas constituía un acto de rebelión, del otro lado se escuchan argumentos semejantes. En 1842 se rechaza la renuncia de Rosas invocando la necesidad de orden. Un conflicto reiterado: cada orden considera al otro el caos y la violencia: "El ocio, la vagancia, la insubordinación en el hogar doméstico, el fraude, el hurto, el asesinato, la profanación y el sacrilegio, el feroz libertinaje se mostraron insolentes en todas partes". Citado por R. Rodríguez Molas, *Historia social del gaucho* (Bs. As.: C.E.A.L., Capítulo, Biblioteca argentina fundamental, Serie complementaria: Sociedad y cultura/11) 161.

46. Citado por De La Vega Díaz, *Mitre y el Chacho.*

47. Sarmiento no pone en duda la autenticidad de la palabra de Facundo, pero argumenta de manera similar en lo que respecta a su claridad: "La incorrección del lenguaje, la incoherencia de las ideas, y el empleo de voces que significan otra cosa que lo que se propone expresar en ellas o muestran la confusión o el estado embrionario de las ideas, revelan en estas proclamas el alma ruda aún (...)" (*F.*, 242).

48. Para una política de la representación interesa el estatuto conferido al otro que es lo otro de la razón. La versión que presenta Paz de Facundo dista de la de Sarmiento. El militar reconoce en el caudillo un hombre de armas, es decir, un igual y lo llama "formidable enemigo". En el episodio "La Tablada", Paz no vacila en elogiar el desempeño de las tropas de Quiroga: "No trepido en decir que es la operación militar más arrojada de que he sido testigo o actor en mi larga carrera". J.M. Paz, *Memorias póstumas. Guerras civiles* (Bs. As.: Albatros, 1945) 63.

49. E. J. Hobsbawm, *Bandidos* (Barcelona: Ariel, 1976) 20.

50. Hay un momento de quiebra en la imagen que el texto dibuja de Peñaloza. El gaucho atípico moral y físicamente se cruza con una visión épica: "Desde ese día principia el acto más heroico, más romanesco que las crónicas de la montonera, tan intangible, tan rápida y fugaz recuerdan. Alguna cualidad verdaderamente grande debía de haber en el carácter de aquel viejo gaucho, si no era nativa estolidez, como la terquedad brutal que a veces pasa plaza de constancia heroica" (*Ch.*, 345).

51. En carta del 12 de marzo de 1862 dirigida al coronel Rivas, Sandes, reitera el apelativo oficial: "(...) me puse en marcha sobre el bandido Peñaloza (...) y no debiendo demorar un solo momento para darle alcance, seguí la marcha incontinenti por el camino que llevaba al general bandido". Citado por J. Victorica, *Urquiza y Mitre*, no. 30 (Bs. As.: Hyspamérica, Biblioteca argentina de historia y política, 1986) 224.

CAPÍTULO IV

OTRAS RUPTURAS E INVERSIONES

Patria mihi vita mea carior est.

— Cicerón

I. Contrautopías: La unión de los adversarios letrados en la vuelta a la patria

A. Conflicto y armonías de las razas en América: *Un sermón positivista*

A fines de 1882, Sarmiento escribe a Mary Mann: "Para V. que está tan versada en nuestra historia le diré que tiene la pretensión este libro de ser el *Facundo*, llegado a la vejez, como el *Trampero* de Cooper, condenado a tender trampas y redes a las liebres y *prairie kickens* para vivir, después de haber sido en sus mocedades *Skinstoking* —en su edad viril *Larga Carabina*, el terror de los pieles rojas y el amigo de Uncas el último mohicano"[1] (*C. y A.*, vol. 1, 291).

La imagen del cazador feroz en la juventud, pacífico en la vejez, condensa de manera admirable las transformaciones operadas en el sistema y en su autor. Si bien el hecho de llamar a *Conflicto* un "Facundo envejecido" lleva una intención filiatoria e inscribe al nuevo texto en el objetivo siempre renovado de explicar el mundo, la figura del cazador "condenado" a tareas fútiles trasluce un sentimiento nostálgico que regresa hacia el pasado en un intento de recordar la plenitud contra la decadencia actual; y la necesidad de encontrar justificaciones al fracaso. Como si la determinación de las causas tranquilizara porque se forja la ilusión de que el dominio aún es posible.

Las "Conclusiones" son un testamento literario y político.[2] Sarmiento detalla su legado a la posteridad: una vida de luchas en la que se confunden la praxis política con la literaria y un conjunto de textos que concentran la vida pasada, presente y futura de la patria.

Las "Conclusiones" presentan una versión abreviada de las textualidades autobiográfica y utópica. Sarmiento retoma núcleos narrativos desarrollados en *Recuerdos* y los teje con hechos biográficos posteriores más relacionados con la trayectoria intelectual y la publicación de sus textos que con la vida cotidiana. De su producción rescata a *Facundo*, *Viajes* y *Argirópolis*. *Conflicto* es el cuarto término, "la última ilusión" para corregir la distorsión del modelo. Los recoge y los resume en torno a la utopía y al obstáculo que se opone a su concreción. Copia el pasaje de los *Viajes* que convierte a Estados Unidos en el lugar más cercano al paraíso terrenal. Insiste en el esquema de vida acuñado en las biografías de caudillos. Y como último deseo, reitera la exhortación final de *Argirópolis*: "Seamos Estados Unidos". La herencia letrada se aprieta en el enunciado de la utopía que se repite al paso de los años, mientras los hechos se examinan escrupulosamente para armar la trama de relaciones.

El mito de un origen vacío, culpable de múltiples fracasos, preside la redacción de *Conflicto*: "¿Cuál ha de ser, nos hemos preguntado más de una vez, el sello especial de la literatura y de las instituciones de los pueblos que habitan la América del Sur, dado el hecho de que la nación de que se desprendieron sus padres no les ha legado ni instituciones ni letras vivas?" (*C. y A.*, vol. 2, 399). Al igual que en el inicio de la vida pública y literaria, cuarenta años antes, el letrado echa de menos el principio de autoridad de las instituciones estatales y el sistema de interpretación que supone para él la literatura.

El narrador se exhibe como el punto de emergencia de las instituciones faltantes. Me detengo en una escena: en ella, la vida individual une a través de distintos tiempos la lucha política y las contiendas literarias. La subjetividad se recorta sobre un campo de fuerzas hostiles; los factores desencadenantes de las acciones del sujeto narrador son los actos violentos del otro. Sarmiento vuelve a contar la historia de su conversión política, consignada ya en *Recuerdos* cuando, siendo adolescente, presencia la invasión de San Juan por Facundo Quiroga. Como si el hecho contuviera el destino personal y colectivo, como si fuera la causa primera, los acontecimientos posteriores derivan de él. En otras palabras, el acto violento pone en movimiento una cantidad de respuestas que se continúan en el tiempo y se ramifican hacia varias esferas de la vida.

Luego del breve relato de la invasión, un salto temporal reubica al personaje en el gobierno de San Juan; desde el lugar de la máxima autoridad narra la anécdota de la famosa fotografía de las fuerzas chachistas, después de la derrota de Caucete. Los mismos protagonistas en los mismos espacios conservan las actitudes a pesar de los años y de las coyunturas.

Tan inmóviles como la fotografía, los saltos temporales preservan una invariante: el *estereotipo* del otro bárbaro y del yo civilizado. Por último agrega un acto literario, regresando a la época juvenil: las imágenes grabadas en la retina del testigo servirán de sustento a la escritura de *Civilización y Barbarie*. De manera harto significativa, Sarmiento borra del título el nombre del caudillo; con ello se desvanecen también los rasgos heroicos usados en la biografía como estrategias para enfrentar a Rosas.

El párrafo transcripto sintetiza la problemática que desarrollan dos gruesos volúmenes: las preguntas sobre la identidad social de esta parte del continente apuntan a generar respuestas que puedan llenar el hueco primordial. Distintos cuerpos teóricos y científicos hacen sus aportes para contestar a la pregunta que abre el texto: "¿Qué es la América?" La contestación a este interrogante esencialista se construye en la confluencia de la literatura, la biología y la antropología evolucionistas, una historia institucional, una historia social y la teología judeo-cristiana. Estos materiales configuran la matriz de un discurso-collage que mezcla de forma irreverente argumentaciones a menudo contradictorias.

Las preguntas por la identidad parecen ser recurrentes en las políticas racistas que surgen en tiempos de crisis. Cuando se formulan, cuando la cuestión se convierte en debate público significa que los grupos más fuertes consideran la acechanza de algún peligro. Desde este punto de vista, el racismo no consiste en prejuicios más o menos abstractos e individuales, sino en una relación social específica en una situación histórica dada.[3] Desde mitad de los 80 y durante la década siguiente, nuestra literatura representa los conflictos raciales cuyas víctimas son los inmigrantes o los antiguos gauchos convertidos en orilleros y compadritos.

Por otra parte, el darwinismo social provee las bases científicas que fundamentan las políticas de discriminación. En este sentido, Sarmiento aparece como un ideólogo que presta sus escritos para la consolidación de una comunidad racista. El discurso contra-utópico se construye en una vuelta completa hacia el pasado, hasta los orígenes, para encontrar allí el principio de una alteridad que no es social ni cultural, sino ante todo *natural*: "No todos los pueblos modernos muestran igual desenvolvimiento del instinto del gobierno en la masa como se notan diferencias en las especies de animales inferiores, entre los cuales se distinguen las hormigas y las abejas como las más adelantadas" (*C. y A.*, vol. 2, 252).

Todo discurso racista pretende coartadas racionales, y aun lo irracional se quiere inscripto en el corazón de la naturaleza. Basado en jerarquías estrictas, afirma que la transgresión de ese orden desemboca en el caos, porque atenta contra lo que se supone inmutable. La homologación de reinos que no pueden asimilarse animaliza al hombre reducido a elementos negativos: en vez de la razón, juega el instinto; en lugar del individuo prevalece la masa; una especie inferior sustituye al amo del universo.

Con un amasijo de citas, datos estadísticos, documentos jurídicos, científicos, literarios, administrativos, fragmentos de discursos históricos, leyendas, cartas y escritos periodísticos, Sarmiento elabora una teoría de la segregación basada en el reconocimiento de una orden divina hecha al pueblo judío: la prohibición de las mezclas étnicas. Nuevamente interviene el procedimiento de la homología para deshistorizar los procesos culturales.

Cuando se apela a la religión, se aspira a la universalidad: un discurso religioso con inflexiones cientificistas articula los estigmas físicos y psíquicos que caracterizan al otro, sea éste individual o colectivo. La maldición que porta el líder recae sobre la comunidad: "Nosotros añadiremos un pequeño comentario, y es que ambos farsantes (López y Francia) hundieron a su país en ruinas y sangre, por la misma causa; y es que los pueblos pagan hasta la cuarta generación la degradación de los padres que crearon el gobierno absoluto" (*C. y A.*, vol. 2, 277).

El discurso religioso, que es la malla de *Conflicto*, cambia en un discurso reflexivo de análisis político cuando el tema es el uso de las instituciones religiosas como factores de poder. La prosa contrapone en exacto paralelismo, y en tonos de blanco y negro, los actos fundadores de los jesuitas en el sur y los realizados por los puritanos y cuáqueros en el norte. Para Sarmiento, la fundación del Virreinato lleva en sí el germen de su disolución, porque además de los grupos indígenas, los jesuitas se dedicaron a la tarea de corroer el principio de autoridad de las instituciones coloniales. Concebida la evangelización en términos de lucha de poderes, Sarmiento acusa a la orden de usar a los indígenas en beneficio propio y de pretender crear un estado dentro de otro estado. Ferozmente anticlerical, la prosa acumula maldades y dobles intenciones sobre los enemigos hasta llegar a la descalificación de su utopía que, por otra parte, engancha con la crítica a la Revolución Francesa y sus ideólogos: "El *Contrato social* está fundado en la teoría de la bondad innata del hombre y de la corruptora influencia de la civilización".

"'El hombre nace libre, dice, y por todas partes se le encuentra aherrojado'. La idea de igualdad de su teoría parte del mismo principio; y la preponderancia y autoridad tutelar, protectora y directiva que da al Estado, es la traducción apenas modificada del gobierno paternal de los célebres misioneros jesuitas, a quienes combatía Voltaire, su discípulo" (*C. y A.*, vol. 1, 180).

En lugar de este tipo de contrato, *Conflicto* propone un contrato norteamericano basado en un concepto de igualdad que en rigor es *mismidad*, la alianza entre dos términos que se reconocen iguales porque lo son política, étnica y culturamente: "Y puesto que de instituciones vamos a hablar, los puritanos no podían admitir en la nueva Sión al salvaje que no podría firmar, ni comprender, ni practicar el pacto que celebraron entre sí los peregrinos de la May Flower la noche antes de descender a tierra en la Bahía de Massachusetts, en el lugar llamado hoy Plymouth" (*C. y A.*, vol. 1, 211).

De la "nueva Sión", la tierra prometida, están excluidos los diferentes por raza, lengua y cultura. Ese espacio cerrado y doméstico es en la década del 80 el espacio de la utopía sarmientina. Las dimensiones ideales concuerdan con las de las casas de Nueva Inglaterra, donde se combinan de modo rutinario el orden y los libros. El hogar puritano interioriza el modelo del estado burgués: división de roles, trabajo ininterrumpido, acatamiento a las normas. Todo cae bajo la mirada del dueño de casa: "Nada perdido, todo en su lugar" (*C. y A.*, vol. 1, 211). Y presidiendo la utopía doméstica, dos libros de significativos títulos, *Paraíso perdido* y *Viaje del peregrino*.

Si el hogar doméstico norteamericano reproduce el modelo de estado, aquí en el sur los jesuitas construyen otro espacio cerrado, una comunidad utópica que, lejos de reproducir, produce un modelo que desafía el modelo oficial especialmente en la espinosa cuestión de la propiedad. La palabra utopía adquiere un matiz peyorativo y la clausura pasa a ser sinónimo de amenaza social. El espacio inaccesible, que se sustrae a la mirada, es potencialmente un centro de conspiraciones. El carácter panóptico de la misión sólo rige para los que están dentro de ella. La misión y la pampa, dos espacios a simple vista contrarios, tienen en común la capacidad de eludir las miradas ajenas.

La pregunta a la que responde el texto tiene que ver con los espacios vitales, en qué tipos de espacios pueden desarrollarse de modo armónico el juego entre vida pública y vida privada. Para evitar los conflictos, nada mejor que construir en la lengua los espacios de distribución de los grupos sociales. Sarmiento revitaliza la institución colonial del cabildo. Contra el espacio cerrado y sagrado de la misión jesuítica, el espacio abierto y laico del cabildo. Jesuitas o cabildantes: así planteado, se trata de una disputa por el liderazgo. Cuando el texto esboza las condiciones imprescindibles de los pretendientes a líderes echa las bases de una autoridad legítima.

El laicismo y la racionalidad fundan la legitimidad de la autoridad. Hasta la religión puritana está despojada de cualquier matiz místico; pero la apología del protestantismo proviene de otra esfera: entre religión y estado no hay conflicto de poderes; o mejor, la religión sostiene el proyecto estatal. Por el contrario, en el sur, religión, fanatismo, caudillos y luchas de poderes devienen sinónimos. El texto disuelve las diferencias entre los términos trenzándolos en una cadena que culmina con el concepto religioso del *mal*.

El tono apocalíptico impregna el discurso que describe el origen del mal. Pero el carácter sagrado de la condena no se circunscribe sólo al tono; hay toda una semántica del *pecado original* que se desplaza hacia la mezcla étnica al tiempo que se acumulan las *profecías* y se detallan minuciosamente las *epifanías satánicas*: el indio, el caudillo, el jesuita. Si la literatura del siglo XIX había acuñado el estereotipo del mal en la imagen del indio, Sarmiento se vale de ella y organiza las otras figuras a su alrededor. Por primera vez aparece una filiación directa entre el indio y el caudillo; el capítulo titulado "Los indígenas a caballo" comienza con el relato de la introducción del caballo, pero en seguida deja paso a las historias de caudillos. Artigas o Rivera comandan indios —el texto se refiere a las "indiadas de Rivera" y llama "pardejón" al caudillo—, negocian con ellos o tienen su sangre. De manera similar, los jesuitas los protegen y los usan, estableciendo una relación de amo y esclavo que combina el paternalismo con la explotación.

La prosa se ocupa de develar los signos y poner al descubierto las trampas diabólicas. El ejemplo más acabado: Artigas, bandolero, se hace pasar por patriota: "Llamábanle el jefe de los *orientales*, por no saber al fin cómo llamarle, pues él se llamaba el *protector de los pueblos libres* y bajo ese título extendió su autoridad hasta Córdoba, donde fue proclamado en 1816".

"Cuando se ha querido escribir la historia de aquel desquicio, de aquellas violencias, traiciones, alzamientos y algaradas de jinetes, se han buscado palabras en el diccionario, ideas en lo pueblos, causas en los celos locales, para darles alguna forma aceptable. Todo se explica, sin embargo, dejando a todos satisfechos o igualmente contristados, restableciendo la verdad histórica, palpable, brutal de un alzamiento de razas conquistadas" (*C. y A.*, vol. 1, 279). (Subrayado de Sarmiento).

El narrador cuestiona el *nombre social* del caudillo. El grupo es fuente genuina de enunciación, el que puede nombrar; por eso al señalar al propio Artigas como autor del epíteto con que se lo conoce, ilegitima el ejercicio de su autoridad. El discurso racista abusa del anacronismo del tiempo circular —el siglo XIX repite al siglo XVI— y del estereotipo de la tribu sublevada; las luchas independentistas se transforman así en "alzamiento de razas conquistadas".

La representación estereotipada es una estrategia de poder. Cuando un grupo pone en peligro la hegemonía de otro, el discurso se encarga de invalidar al enemigo encarnándolo en un símbolo fácilmente localizable. En *Conflicto*, el otro, el *mal* se disimula vistiendo los disfraces seductores de dos roles sociales que en última instancia se reducen a uno: el patriota y el padre. Una manera de politizar los modos de representación consiste en tratar al otro como realidad fija, a la vez diferente pero de algún modo previsible.[4] Esta ambivalencia determina una retórica que mezcla el asombro de las cosas vistas por primera vez con la certeza de lo ya conocido. En esta línea, el texto reflota y crispa la antigua versión de las biografías bárbaras.

El discurso racista explota la hipérbole, dibuja la caricatura del chivo emisario y resbala hacia el fundamentalismo en un intento de construir una verdad que permita la identificación rápida de imágenes y el proceso de subjetivización del culpable. El narrador penetra hasta las intimidades más profundas del adversario, lo posee íntegramente y su visión descubre horrores, torvas intenciones y hasta estupideces.

Porque debe encerrar a todos los otros en el cerco de la diferencia, borra los matices que en alguna época habían hecho de Rosas el pensamiento al servicio del mal. En esta última versión la prosa mima los *discursos científicos* de moda provengan ya de la *biología* —"La serie de renuncias presentadas en veinte años con insistencias, muestran la misma estupidez, que el instinto de hacerse el muerto que poseen muchos animales, ya insectos, ya cuadrúpedos"—, de la *medicina* o de la *sociología*. Estos tipos discursivos se entretejen con la *denuncia política*: "Pero el maníaco imbécil que hemos presentado (...) es un producto social que se viene formando con prestigio, con autoridad, con sanción de la ley, con asentimiento de los legisladores y apoyo ostensible y claro de la opinión dominante (...)" (*C. y A.*, vol. 2, 368).

Las luchas políticas están sostenidas y legitimadas por discursos. Los enfrentamientos entre unitarios y federales incluyen confrontaciones verbales por fijar el contenido de una retórica nacional. Sospecho que una de las razones de la persistencia del esquema sarmientino en la literatura y en la vida argentinas es la invención de una retórica eficaz.

Una retórica fundamentalista deriva en políticas discriminatorias. La prosa abusa del tono del sermón, admonitorio y machacón, que estigmatiza con la diferencia y de la semántica religiosa: el dualismo bien-mal, el concepto de pueblo elegido o maldito, las imágenes del pecado y la corrupción, el mito de la caída y la resurrección.

La maldición bíblica, consecuencia de la transgresión, aparece en *Conflicto* como el pecado de la mezcla étnica. Las Escrituras ofrecen un patrón temático que sirve de apoyo a las argumentaciones. Si la quiebra de los mandatos divinos instala a la muerte en el mundo, los sucesivos gobiernos caudillos secularizan el tópico. Como contrapartida, un puñado de intelectuales y patriotas, entre los que se destaca el mismo Sarmiento, emprenden la tarea de la reconstrucción. El pasaje titulado "Resurrección" conecta las vidas personales en el exilio con la praxis literaria y traza una analogía religiosa en la que el escritor-profeta pronuncia las palabras que contienen la salvación. De otro modo: la literatura del exilio toma a cargo la redención de la patria: "En los Estados vecinos, Chile, Bolivia, Uruguay, y desparramados en menor número en otros países se asilaron los hombres de pensamiento, los antiguos congresales y patriotas, los escritores y la juventud estudiosa, ya que la pronta a formar estuvo siempre donde se batían contra el triunfo definitivo de la teoría del gobierno absoluto, que tenía en el Uruguay su sostenedor en el general Oribe".

"La literatura argentina propiamente dicha data de aquella época memorable, de aquella batalla de diez años sin tregua que acabó en Caseros" (*C. y A.*, vol. 2, 279).

En esta última etapa, la palabra escrita construye un espacio singular, puesto que anticipa los acontecimientos. La cita de Platón, puesta casi al comienzo, en la que se afirma la verdad inscrita en la letra, valida la práctica individual.[5] Esta literatura que cumple una función redentora contrasta con otro tipo que el texto tiñe de connotaciones negativas. La profecía adelanta el destino; exhibe, por lo tanto, la verdad y esto justifica la lucha. Los términos que se implican son *profecía*, *verdad* e *interés general*.

En contraposición, el narrador rechaza la literatura que además de focalizar al otro le atribuye caracteres propios del bando "civilizado". Elige para transcribirlos algunos versos de Ercilla que aluden al Estado araucano, al orden y a la disciplina del pueblo indígena. Lo que resulta intolerable es la posesión de las instituciones por parte de los otros; si la organización india es anterior a la blanca, resulta de ello una nueva escala de valores que pone en el escalón superior al grupo étnico que se supone inferior. Sarmiento acusa al poeta del "delito" de idealización, de haber creado un *estereotipo*, un modelo indio de guerrero y patriota.

Esta vez los juicios de valor operan con los criterios de verdad y falsedad. En la lógica textual, la literatura estereotípica es la que moldea el origen del mal con los atributos del bien. Los hacedores de esta literatura se especilizan en los *estereotipos*, introducen la *falsedad* y la hacen pasar por verdad, mientras defienden *intereses particulares*: "Un día se ha de escribir la historia comparativa de todas las conquistas, para hacer la crítica de la literatura de cada una de ellas, y se disipará tanta conseja inventada por los conquistadores mismos, para disimular sus derrotas, engrandeciendo al enemigo, para engrandecer sus victorias, elevando a centenares de miles los vencidos, y para ver lo que no comprenden en instituciones lo mismo que habían dejado en Europa en dinastías, noblezas, jerarquías, pontífices, etc., etc" (*C. y A.*, vol. 1, 56).

El narrador se declara ferviente militante del primer tipo de literatura. Literatura y exilio se trenzan en la misión de redimir a la patria. El escritor-profeta acciona la lengua fuera de las fronteras de la patria y en el ejercicio de la palabra construye la verdad histórica.

Lengua y patria son los significantes que trazan los espacios que pertenecen a los miembros de la élite y los espacios que pertenecen a los enemigos. *Conflicto* y también los artículos reunidos en *Condición del extranjero en América* desgranan una galería de estereotipos: aunque pertenezcan a etnias dispares, los otros se encuentran en el reducido espacio de dos epítetos que los invalida como sujetos políticos y culturales. El indio, el caudillo y el extranjero presentan el reverso del escritor exiliado. Estos otros son radical y naturalmente distintos porque no tienen sentimiento de pertenencia y hablan una lengua imposible.

"Sin patria" y "de lengua confusa" son las marcas que homogeinizan el campo de los otros. El lenguaje incoherente de Artigas coincide con el del inmigrante italiano; el "bachicha" resulta un "bárbaro":[6] "Pues eso es del bachicha en América. Adviértase que el Paddy es ciudadano americano, y la Irlanda no es nación. El otro día llamábamos *bárbaro* a un diarista y gustónos la reminiscencia clásica de Gioberti que se empeñó para moverse a ser nación a los diversos reinos en Italia, en hacerles adoptar la división grecorromana del mundo en *griegos y bárbaros*. Después que alemanes, franceses y españoles eran bárbaros, hemos visto por las contestaciones, que *bárbaro* aplicado a nosotros, era simple inspiración de bachicha, pues toma el epíteto con tierra y todo, y lo trae a América *Il primato italiano* de Gioberti"[7] (*C.E.A.*, 383).

Bárbaro recupera el sentido primigenio de extranjero, el que habla otra lengua. El discurso periodístico inserta la palabra ajena, pero degradada después de haber sido sometida a un proceso de castellanización. La politización de los modos de representación en la lengua consiste en la irrupción del "cocoliche". La *burla* y la *apropiación paródica* de la otra lengua que resuena hasta en algunos títulos —"Uditi o rustici"; "L'opinion étrangère"— alterna con el *lamento* por los tiempos idos. Para el viejo letrado, la unión pertenece al pasado: "Nuestros padres, sin distinción de origen, preguntaron al general Paz: —¿Puede defenderse la plaza? Y el general contestó: —Si me ayudan todos, la cosa es hecha. —Pues defenderemos nuestros hogares, contestaron a una ingleses, franceses, italianos, etc. Todavía no había aparecido el tipo bachicha, para preguntar ¿a cómo se paga la sangre?"

> Y la defensa se organizó.
>
> No hay patriotismo que baste cuando se agota la pólvora. No lo digo, en vía de comparación en la vida ordinaria. Cuando la cuerda del heroísmo está bien tirante el buen sentido pierde los estribos.[8] (*C.E.A.*, 372).

El interés pecuniario o la solidaridad grupal. He aquí un ejemplo de discurso discriminatorio que no incluye el significante raza, sino que pone en el centro el antiguo motivo de la muerte por la patria. El discurso de la raza se confunde con el discurso de la nación; su cruce delinea en el interior del país las fronteras que protegen de los grupos amenazantes.[9] Los discursos ponen en relación el pasado con el presente: al actualizar la memoria de los males originarios, previene sobre el creciente peligro de las minorías no subordinadas al orden estatal. El discurso científico trabaja el rechazo a la raza en *Conflicto*; en los artículos periodísticos la discriminación se desplaza hacia otro objeto y defenestra costumbres o culturas.

El nacionalismo del último Sarmiento explota la oposición entre lo universal y lo particular. La voz del sujeto enunciador pretende uniformar y fijar la identidad nacional, trazando la *línea genealógica* que arranca en la colonia, pasa por la independencia y culmina en sus hijos dilectos, los intelectuales de la generación que creció alrededor del 37. En síntesis, espiga de cada época un elemento fundamental: instituciones políticas, capacidad guerrera y autonomía de pensamiento.

Esta es la identidad deseada y nunca alcanzada. El discurso representa la historia nacional como una repetición constante de la salida del estado de naturaleza y el eterno retorno a ella: del indio al inmigrante, el lugar de la esperanza es el patriota. Si el primer término arrastra la idea de raza y el segundo conlleva la impugnación cultural, el tercero es diferente por cuanto apela a una categoría universalizante: ser patriota es una vocación. La identidad nacional se configura en esa noción sumamente general y ambigua que no obstante perdura hasta el día de hoy y determina reconocimientos o exclusiones.

Wallerstein sostiene que en el concepto de pueblo se encuentra la dimensión temporal del pasado. El discurso racista usa el sentido de ese pasado como instrumento contra el adversario presente.[10] Entre las instituciones que examina *Conflicto* interesa el surgimiento y la consolidación del pueblo, protagonista de la victoria sobre el inglés. El pueblo es sinónimo de patriota y se define en actos políticos, con lo que la lógica textual se aleja de toda especulación esencialista.

Los cambios de tonos delatan la posición de un sujeto enunciador que deambula por los acentos distanciados de la ironía, recala en la sobriedad de la aseveración y llega a la explosión admirativa: "El *pueblo*, en el sentido político, el pueblo *soberano*, aparece entonces en la escena, indignado. ¿Contra quién? Contra el fácil vencedor, porque el pueblo soberano es esencialmente español, meridional y católico; y el *inglés*, hereje, y rubio y colorado, es el enemigo nato del europeo del mediodía, de lo que hoy llamamos la raza latina. Así lo ha aprendido de sus padres, así lo ha heredado con el santo horror a la herejía (...)" (*C. y A.*, vol. 2, 57).

La burla crítica del pasaje anterior se complementa con una estética de la sublimación de la lucha popular: "Por el contrario, el ardor del pueblo, teniendo por núcleo dos mil hombres regulares mandados por un jefe hábil y decidido no reconoce límites; el barro, los pantanos, no impiden que los cañones, *cuarteados* por cien paisanos, vuelen, como si alas de pájaros fuesen las ruedas, y con cada ráfaga del huracán, la bulla, los gritos, el alboroto, lleguen a los oídos de los que ya se sienten estrechados por el cerco" (*C. y A.*, vol. 2, 59).

Cuando la narración se detiene en la guerra contra el invasor, complaciéndose en relatar situaciones y actitudes heroicas, inicia la genealogía de los patriotas. La lucha por la liberación aglutina sectores; la prosa da un lugar destacado a los paisanos y los acerca pacíficamente al ejército regular. La armonía social se transfiere a la guerra, presentada poéticamente en imágenes naturales.

Estas escenas pueden leerse como el lugar donde se condensa la cuestión que atraviesa el texto: la acechanza de un enemigo externo o interno sostiene la necesidad de poner en marcha políticas discriminatorias. El discurso racional y científico acompaña prácticas agresivas y no verbales que se dan en la sociedad.

B. Peregrinación de Luz del Día: *El complot develado*

En el pensamiento alberdiano, la utopía encuentra un espacio propio en el campo de la filosofía, ciencia y saber que echa las bases para otras disciplinas como la jurisprudencia y la política. Las reflexiones desplegadas en el *Fragmento preliminar al estudio del derecho* explican la práctica filosófica como el ejercicio de la razón; de ahí que se la reconozca sustrato universal y fundamento de legitimación: "la filosofía es la ciencia de la razón, en general" y la jurisprudencia la "ciencia de la razón jurídica"[11] (*F. P.*, 45).

En un movimiento constante que va de lo general a lo específico, Alberdi demanda a sus iguales el conocimiento universal y, al mismo tiempo, la aplicación del saber a un tiempo y un espacio precisos. Rechaza las especulaciones puras: la racionalidad del filósofo se hace visible en la medida en que contribuya a la evolución de la vida social. Si la filosofía alcanza valor en la praxis, paralelamente la política y el derecho que operan sobre una realidad determinada hallan vías genuinas cuando adscriben a las argumentaciones de la ciencia madre.

La conexión entre universales y particulares conforma un eje que retorna una y otra vez, saturando todos los tipos de discursos. Ya en el *Fragmento* asevera: "Dios ha creado la individualidad y la universalidad; podría decirse que la universalidad es el fondo y la individualidad es la forma de la creación. Una ley mantiene este fondo, la ley moral;

otra ley sostiene esta forma, la ley egoísta: tal es la doble ley del hombre. La ley egoísta le divide el universo, la ley moral le liga al universo: una lucha y una atracción con el todo, tal es la condición del hombre como todas las cosas de la creación" (*F. P.*, 120). La problemática discurre con variantes, en torno de las interrelaciones y adecuaciones entre teoría y acción, entre fundamentaciones filosóficas y actos políticos.

La búsqueda de un término sintético que, superando el binarismo haga mover la historia hacia adelante, determina un modo de argumentación que alterna dos figuras según las circunstancias: por un lado, juega con la figura de la *conciliación* cuando el discurso utópico enuncia las alianzas; por otro, arriesga la contrafigura del *complot develado* en el momento en que el discurso utópico se da vuelta transformándose en su opuesto.

La conciliación —figura textual, problema filosófico y propuesta política— aparece de manera recurrente y decisiva en el programa de las *Bases*. Veinte años después, Alberdi adopta una posición más cauta; en la década del 70, la posibilidad de conciliación se centra en armonizar los valores con las acciones. Esta nueva alianza implica una refutación a la otra invocada en las *Bases*; allí el letrado había apostado a la conciliación de formas políticas abstractas y había omitido aspectos prácticos de la cuestión. Error de juventud: el Alberdi viejo corrige omisiones. Porque la racionalidad no basta y no asegura la dirección de los acontecimientos, hay que hacer nuevos contratos, otros pactos que rectifiquen los antiguos. La literatura ofrece el espacio para celebrarlos.

La trayectoria intelectual de Alberdi se desliza en dos andariveles: a las concepciones ético-filosóficas del siglo anterior agrega propuestas pragmáticas para aplicar en coyunturas particulares. Si el iluminismo asoma en los planteos sobre la razón y sus correlatos, el siglo XIX y cierta imagen de la realidad americana diseñan un proyecto con preeminencia de un poder político fuerte que consolide el desarrollo industrial.

Porque se consideraba filósofo, Alberdi no rehuyó las preguntas de su época sobre el origen y el fundamento de las leyes y sobre las relaciones entre la razón, la verdad y el bien. En el intelectual joven, verdad y razón coinciden; los enunciados filosóficos son de por sí verdaderos y, por consiguiente, buenos, morales y justos. En el *Fragmento* la *razón general* es sinónimo de *verdad*. El *bien absoluto*, homologado con la *ley moral*, sigue los lineamientos del *derecho natural*. Así, lo bueno, lo moral y lo justo son aspectos de la relación pacífica del hombre con el bien en sí, esto es, el bien moral o el bien común. El acuerdo entre bien individual y colectivo gobierna también el campo del *derecho social*, concebido como sistema de principios y normas que regulan la evolución conjunta de los individuos. Porque el espíritu de justicia es intrínseco a la ley y al legislador que la enuncia, ninguna ley puede atentar contra la razón o contra la libertad. En este punto, Alberdi trata de aferrar la teoría a la vida cuando reclama la necesidad de reformar las costumbres para evitar que la ley se convierta en letra muerta.

Al lado de la ley, y con igual estatuto civilizador, coloca a la economía: "En rigor, pues, la economía y la moral no son dos ciencias, sino dos aspectos de una misma ciencia: la ciencia social. Como el hecho moral y el hecho económico no son dos hechos, sino dos casos de un mismo hecho: el hecho humano; pero dos casos, eternamente dos, jamás idénticos" (*F. P.*, 151).

A veces, Alberdi disputa con Sarmiento el concepto de educación. Desde la perspectiva del legislador, la educación consiste en ejercitar a la sociedad en la práctica de los deberes y los derechos políticos que son instrumentos del autogobierno. La libertad reclama como condición de posibilidad la riqueza material generada por el progreso industrial; sin embargo, el cumplimiento de estas etapas requiere la pacificación interior; es ésta la primera cláusula del desarrollo. Por eso embiste contra Sarmiento: "Mucho podrá deber al alfabeto, pero más falta le hacen hoy la barreta y el arado. Esta es la educación popular que necesitan nuestras repúblicas y por cierto que ella no se toma en la guerra civil" (*C. Q.*, "Tercera carta", 68).

La imagen de un camino ascendente cuyo primer peldaño es la paz, el segundo, la riqueza material y el último, la libertad podría metaforizar la organización de la nación. En Alberdi hay una idea constructivista del concepto de libertad que implica la meta, el fin al que deben tender todas las tácticas y todas las estrategias. El sistema diseña una pirámide en la cual los lugares del político y del sabio están determinados por el intercambio de esfuerzos para edificar una sociedad que, aunque es destinataria del plan, colabora sólo con la obediencia. En este recorrido, el individuo que sintetice autoridad y poder genera a su alrededor la paz que conduce a la libertad, accionando previamente medios coercitivos para lograr la concordia.

En la disquisición sobre la distribución del poder y la posesión del saber, Sarmiento acerca los términos que forman una dupla positiva y anhelada. Por el contrario, Alberdi los escinde, viendo en ellos el origen de numerosos conflictos. En el imaginario alberdiano, a menudo los que tienen el poder carecen de saber o de razón; y a la inversa, el saber compete a ciertos sujetos más o menos anónimos que, no obstante, desempeñan la tarea de marcar rumbos.

En el sistema así planificado, importan los lugares que ocupan los sujetos y no el nombre propio. De ahí el intento siempre renovado de borrar la subjetividad de la primera persona para preferir un discurso productor de efectos de distanciamiento. En la consecución del fin último —la consolidación de la libertad y la ley— los individuos cumplen el rol que, de alguna manera, les asignan las coyunturas. Su carácter accesorio contrasta con el poder supremo conferido a la ley; Alberdi defiende "una constitución que tenga el poder de las hadas, que construían palacios en una sola noche" (*B*., 105). Si las *Bases* recogen el lema de Urquiza "Confraternidad y fusión de todos los partidos políticos" y ponen al caudillo en el centro de la organización es porque el lugar del militar, su campo de poder, lo corrobora como solución de doble faz: Urquiza une a la capacidad guerrera las ventajas de un carácter político pacifista.

El emplazamiento de la ley en la cúspide convierte al sistema en fortaleza inexpugnable. El dicho de los antiguos "hacerse esclavo de la ley para no serlo de los hombres" renace a menudo con afeites que lo actualizan. Pero el espíritu que sostiene las distintas versiones permanece idéntico: no bien se reconoce a la ley por instancia suprema e indiscutible, se la ubica en un espacio alto y alejado, un espacio inaccesible para los profanos. Desde ese espacio habla a ciertos mortales. Palabra profundamente autoritaria, cuando se la oye hay que aceptarla y reproducirla o transgredirla.

¿Qué papel le queda al sujeto frente a la ley? Los buenos ciudadanos son aquellos que se dejan poseer; la ley habla por su boca. El legislador es un Hermes moderno que lleva diligente el mensaje de los dioses. Aunque mensajero, Hermes sigue siendo un dios; las palabras olímpicas lo ratifican en un lugar intermedio entre los dioses y los mortales; de modo similar, el legislador escucha con atención la voz de la ley para decirla al pueblo. Por ser instancia incuestionable, la ley valida a su enunciador; en el discurso alberdiano, el sujeto, conciencia individual, se desvanece para retornar travestido en una especie de voz general que articula principios universales. La voz no pertenece ya a un cuerpo, sino que subraya su identificación con un ente trascendente. La ley no sometida a discusiones se erige en dogma racional; el *oxímoron* esclarece los vasos comunicantes entre fe y razón: la religión que Alberdi comparte con muchos contemporáneos entroniza por dios a la razón y por profeta al legislador.

La contracara del discurso racional se refugia en el espacio de la literatura, dominio de la imaginación que abarca la esfera de lo irracional. Allí el absurdo sustituye a la sensatez; y los prejuicios, a las leyes de la lógica. Entre sus intersticios se mueve la desesperanza que junto con la sin-razón designa de manera hiperbólica una zona de la vida cotidiana y de la política contemporánea. La literatura constituye el espacio apropiado para desplegar la distorsión y la burla, el lado oscuro de la realidad.

En *Peregrinación* puede leerse la inversión literaria del proyecto político-jurídico contenido en las *Bases*.[12] Alberdi literaturiza la irracionalidad de los otros y el pesimismo propio. Cuando el recurso de la ironía se expande y se hace modo discursivo, crea una manera particular de significar: por un lado, exige del lector la reconstrucción del sentido, rechazando y dando vuelta al sentido literal; obliga a la elección de un significado y a la negación de otros posibles. En la medida en que el lector entra en el juego, crea con el narrador lazos que urden intrigas cuyas víctimas son tanto los referentes internos como los externos.[13]

Además de la complicidad entre narrador y lector, la textualidad irónica implica la tensión de dos sentidos que se resuelve en el triunfo de uno, el juicio y la consiguiente dirección valorativa respecto de los ámbitos condenados. El sujeto de la enunciación se separa de su enunciado; si, por un lado, la ambigüedad asoma fugaz en la aparición de una sola voz bifurcada que dice una cosa y significa la opuesta, en seguida la oscilación desaparece. La duplicidad se muestra falsa porque las jerarquías quedan establecidas al situar una visión por encima de las demás. La ironía es la forma privilegiada de una *voz-juez* que se despega de lo circunstancial o accesorio dictaminando valores y señalando errores. El espacio del juez es transparente; no está nunca en el límite entre lo bueno y lo malo, sino en el continente del bien. Ese sujeto irónico de la enunciación indica el lugar imaginario del letrado que, instalado en el seguro refugio de la razón, marca los signos de la irracionalidad.

Peregrinación es una contrautopía, la novela de la desesperanza. El fracaso político del proyecto se exhibe como ficción desilusionada. Literatura, política y fracaso. Del viejo optimismo militante queda en el Alberdi de la década del 70 la postura crítica frente a un sistema desvirtuado en la práctica. Si "todo proyecto y toda construcción llevados hasta los límites de su perfección roza ya la utopía", si "un sueño inacabado hacia adelante"[14] es la médula del pensamiento utópico, el texto de Alberdi pone en escena la negación patética de esta definición, porque muestra lo que no pudo llegar a ser. No obstante, el letrado no renuncia a la esperanza; la limita a ciertas zonas y ciertos personajes. Cambia el optimismo sin fronteras por un discreto posibilismo.

El discurso posibilista hace de contrapeso al discurso utópico. El equilibrio, deseado más que realizado, perfila la *conciliación* entre dos aspectos fracturados en el orden de la realidad que mantienen vínculos de mutua implicancia. Aquí se detiene la reflexión; *Peregrinación* conserva el cuestionamiento, pero carece del desenlace feliz: las contradicciones perduran aún cuando el texto llega a su fin.

En rigor, Alberdi escribió siempre los fundamentos para la nación y la legitimidad de sus instituciones. Así como en 1850 había echado las bases para la constitución y la unidad nacional en el discurso jurídico, esta vez, usando el discurso literario, espiga las formas y los principios que deben ser conservados, los que deben ser rectificados o directamente rechazados en la redefinición del estado. *Peregrinación* es la novela del estado, o más bien, de dos estados, el efectivo y degradado y el perfectible; el texto representa todos sus elementos, subraya la ausencia de alianzas entre dirigentes y pueblo, examina y valora distintas concepciones del estado. Puede leerse allí: la necesidad de edificar la sociedad sobre pactos; los conflictos entre sociedad civil y sociedad política; los juegos de poderes y opresiones y la irrupción de la razón en el desarrollo de la historia.

Dos faltas, dos huecos que desmoronan cualquier proyecto. Primera ausencia: la participación del *pueblo*, sin el cual no hay legitimidad, ni razón, ni bien; segunda ausencia, el *interés general.* La novela denuncia la transgresión de los pactos contenidos en el lema Mayo-Progreso-Democracia a manos de individuos que han olvidado la misión de los antiguos legisladores, trocando el bienestar común por ambiciones personales. Se insiste: el divorcio entre *política* y *ética* es fuente de males sociales.

El texto discute la aplicación deformada de un sistema. Pero en el movimiento, también queda implicado el sistema propio que no ha atendido más que a la racionalidad. La función utópica de cuestionamiento del orden contemporáneo agrega en *Peregrinación* un proceso de individualización al señalar a los responsables del caos. La revisión crítica sigue el modo filosófico de argumentación: las abstracciones generales apuntan a lo particular argentino. El relato conserva el esquema narrativo de las novelas y cuentos filosóficos del siglo XVIII francés y con él construye el sintagma a aplicar en la corrección del proyecto estatal: *la ley no es performativa.* El programa primigenio se da vuelta porque así como las *Bases* no dieron lugar a la sociedad ideal, así también difiere la enunciación de la ley de su práctica. Los hombres que la ejecutan serán los sujetos de la disputa.

Peregrinación es una novela "juez" que dicta sentencia sobre el delito de *escisión.* Ejemplifica la decadencia de una sociedad en la que se han resquebrajado las alianzas entre razón, ley, bien colectivo y praxis. La anécdota narra los alcances de la fractura entre *orden ideal* y *orden real*, ilustrada por los personajes de Luz del Día y Quijote y el divorcio entre *ética* y *política* asumido por Tartufo, Gil Blas y Basilio.

La sociedad que puebla el mundo narrativo engloba personajes literarios que representan los vínculos entre sociedad civil y sociedad política y personajes alegóricos que señalan el lugar de los valores cívicos —verdad, libertad, justicia— en la sociedad. A unos y a otros corresponde parte de la responsabilidad en la crisis nacional: la connivencia de los grupos de poder alejados de las bases trama el primer desvío. De manera paralela, la insistencia en principios abstractos que ignoran la realidad desemboca en la inoperancia; la ley que excluye las realizaciones pragmáticas a fuerza de teorizaciones se autosentencia y condena también a la comunidad para la cual nació. En otra palabras, el fracaso radica en la elisión de un término —ética o práctica—, porque si Tartufo es un verdugo consciente, Luz del Día se convierte en enemigo social a fuerza de ingenuidad.

El texto descubre los peligros que acechan a una sociedad cuando ésta delega la facultad de autogobernarse y cuando sus representantes se apartan del imperativo de legislar con miras al bienestar general u operan distanciándose del pueblo. Por un lado, el pragmatismo y la lucidez corruptos. Por otro lado, la incomprensión de la realidad. La encarnación paródica de aquellos que planifican la construcción de un estado anterior a la consolidación de la nación plasma en el episodio de "Quijotanía o la colonización socialista en Sud América". Igualmente inútil, la conferencia que da Luz del Día sobre la libertad manifiesta la insensatez de armar un orden sobre principios atemporales que pretenden validez universal. El auditorio permanece sumergido en el tedio que causa la retórica de lo incomprensible: "Un coro de silbidos, una lluvia de insultos, un diluvio de pedradas hubiesen dado al amor propio de orador una satisfacción más grande que su dolor de verse despreciado con tanta benignidad e ingenuidad por ese terrible letargo universal de su auditorio (...) Un pueblo que insulta y aborrece la verdad no está distante de estimarla: el ultraje supone la estimación secreta del mérito envidiado"[15] (*P.L.D.*, 286).

La novela fluctúa entre el desencanto extendido y el vislumbramiento tímido de la esperanza. En la descripción de la sociedad civil, el mundo narrativo yuxtapone a Tartufo y a Fígaro; si el primero encarna la búsqueda del interés individual, el segundo comunica la zona del poder con el ámbito del pueblo. Fígaro desecha posiciones rígidas y junta astucia y capacidad de acción para trabajar en favor de la libertad. Mientras este personaje se mueve en la esfera de lo posible, Luz del Día sostiene el lado utópico, la plenitud de la verdad. En la novela, el periodista de *La Moda* abandona el diminutivo; y con su desaparición las aspiraciones juveniles se modifican en pretensiones más modestas. Acaso la madurez entremezcla pragmatismo y esperanza. Fígaro conserva de Tartufo la habilidad de manipular la realidad. A Luz del Día lo liga la defensa de derechos naturales. Punto de convergencia entre dos extremos, el personaje escenifica una posición política y ética; absorbe cosmovisiones polarizadas y las reelabora en un accionar cuya operatividad paga el costo de renunciar a los absolutos. Frente a la luz deslumbrante de la verdad, Fígaro es una sombra en que se proyecta la claridad; y precisamente por la condición de no encandilar a los demás puede actuar en favor de la luz.

Lo universal particularizado: Alegorías y tipos

"Yo no quiero recordar pleitos antiguos", dice el personaje de Molière (*P.L.D.*, 44). Sin embargo, el texto pone en escena un enfrentamiento que toma senderos oblicuos al cifrar en claves literarias conflictos políticos y problemas filosóficos. *Peregrinación* se construye en un juego que combina la abstracción que genera el uso de alegorías y tipos con la determinación de la referencia. La novela es una máquina de producir clisés. Hay un abuso intencional del clisé que afecta todos los niveles, el discurso, el léxico, los temas, las situaciones, los personajes, las acciones narrativas, el género.

El relato trabaja lo cristalizado en los personajes alegóricos o típicos. Los que encarnan los valores, pilares de la sociedad, es decir, los universales de libertad, justicia y verdad hablan el discurso iluminista, las viejas ideas revolucionarias, aunque aparecen personificados al modo medieval. Si las alegorías resbalan por el plano de la declamación, los tipos describen la composición de la franja social donde se trama el destino de la república. Es este sector intermedio, oculto entre bambalinas, el que ejerce estrategias de poder. El relato les adjudica un pragmatismo cínico con el que se acomodan al sistema que usufructúan y al que contribuyen a sostener. Con la alternancia dialéctica del *rótulo*, que proviene de la literatura europea, y la *identificación*, que provee la política argentina, Alberdi reelabora a un Tartufo-Sarmiento, a un Basilio-Gil Blas-Bartolomé Mitre, parafraseando programas y copiando actitudes y opiniones.[16]

Mediante enunciados que se ubican a mitad de camino entre lo abstracto y lo concreto, la literatura vertebra los campos filosófico y político. Si las figuras alegóricas hablan el discurso de los universales, los tipos extraídos de la literatura incorporan los referentes externos: Tartufo o Fígaro son eslabones que literaturizan lo no literario. Máscaras que acercan los planos, estos personajes ofician de *conectores didácticos* accionando los conceptos en una anécdota que facilite su comprensión; son al mismo tiempo *instrumentos polémicos* que muestran zonas ocultas de la historia contemporánea. La literatura es el espacio donde se pone en escena la *develación de los complots* que maquinan los grupos de poder. Una especie de funcionamiento mayéutico intrínseco la confirma como espacio de conocimiento y de lucha político-ideológica.

Cuando la literatura y la política ocupan el mismo espacio, cuando las esferas no son autónomas, entonces se justifican las nociones de referencia y representación. Si los textos literarios no están regidos sólo por convenciones semióticas sino que describen mundos, podemos decir que *Peregrinación* imagina el universo nacional.[17]

La novela barre distintos grupos e instituciones de la sociedad civil y política. Las relaciones del narrador con sus personajes manifiestan acuerdos o distancias respecto de esas zonas. La postura es inflexible cuando juzga la zona del poder que comprende a Tartufo y compañía; fluctúa en cambio entre la adscripción y la duda cuando focaliza a Luz del Día o a Fígaro. El relato transforma y reproduce otros discursos del mismo Alberdi o de otros políticos. Luz del Día retoma enunciados de las *Bases* y conceptos del *Fragmento* o de *El crimen de la guerra*. Estas citas, que son el contexto de *Peregrinación*, cierran el sistema inaugurado con el *Fragmento*; superponiendo filosofía y literatura, o utopía y contrautopía, el sistema puede volverse sobre sí mismo para pensarse, corregirse y rectificar el modelo de nación.

Los referentes borrosos se tornan cada vez más nítidos en ese espacio total en el que conviven la crítica, la desilusión y la esperanza. El contendiente de Alberdi se bifurca, ya que su palabra se dirige contra los iguales, contra los enemigos en el poder, pero también contra sus propias ideas. De manera patética, hay enunciados que refutan en muchos momentos los antiguos proyectos contenidos en el *Fragmento* o en las *Bases*; como ejemplo del desgarramiento que desborda el texto basta citar la violenta inversión del lema "gobernar es poblar". El optimismo implícito en el movimiento totalizador cede subrayando aquellos casos en que "poblar es apestar, corromper, embrutecer y empobrecer" (*P.L.D.*, 32). No obstante, en su conferencia, Luz del Día revitaliza el concepto: "El medio de poblar es el medio de educar en Sud América y no hay otro eficaz y pronto" (*P.L.D.*, 255).

La mirada posibilista que constriñe los extensos territorios de los universales delinea otros espacios más pequeños y divididos. Tartufo y sus compañeros se mueven en ámbitos subterráneos, Luz del Día en espacios anchos, supracontinentales; su espacio es el mundo libre, un universo sin fronteras. El texto señala un *espacio intermedio* que es el que recorre Fígaro. Aunque Fígaro se desplaza hacia arriba y hacia abajo, su lugar de pertenencia y su ámbito de acción es esa dorada horizontalidad en la que actúa como despertador de la conciencia del pueblo, traductor de los conceptos y defensor de los derechos. Pero Fígaro no es un héroe; sus tácticas son las de la *resistencia*, la del que afirma con la palabra para negarla luego con los hechos. Su política condice con el siglo, practica el pragmatismo y la astucia como modos de supervivencia.

La literatura diagrama un espacio poliforme donde confluyen la filosofía, el derecho y la política; una zona de fantástica capacidad intertextual donde caben todos los discursos, todos los tiempos, todos los modelos y todos los enemigos. Por ser una esfera no autónoma, la literatura permite una cantidad infinita de deslizamientos y de inclusiones. El lenguaje acciona el cuestionamiento cuando en el *espacio del clisé* confluyen el tono declamatario, el distanciamiento irónico, la cita de otros textos y la definición seguida de una contradefinición. La mezcla de todos estos componentes que corresponden a niveles textuales diversos permite leer lo puntual y la coyuntura en la abstracción. El discurso que amontona la mayor cantidad de lugares comunes es el discurso que emite la verdad. Verdad y clisé se unen de manera indisoluble: *la verdad es un lugar común.*

Todo lugar común configura el espacio ambiguo de lo deseado por compartido y lo rechazado por gastado. El lugar común debe ser usado con la ironía que proveen las comillas. Se constituye sobre la complicidad que otorga el reconocimiento de un secreto escondido en la palabra y supone un escucha que comparta los códigos. Cuando Luz del Día sostiene la utopía de la razón inmutable y divide en su discurso dos órdenes irreconciliables —la mentira y la esclavitud excluyen el dominio de la libertad y de la armonía natural— suspende la certeza. Sometidos al trabajo del clisé, el lenguaje iluminista y la cita aseveran los universales al tiempo que ironizan y los someten a la burla.

El sistema primigenio desarrollado en el discurso filosófico, jurídico o teatral justifica en la filosofía sus proposiciones objetivas y generales. Un escalón más abajo y emanados de la ciencia madre que los acerca y convalida se hallan la política y el derecho que generan sistemas particulares. En esta construcción jerárquica los sujetos se engarzan al modo de palancas. El sistema asegura su continuidad porque tiende a superar idiosincrasias. Pero cuando se accede al dominio de la literatura, el relato configura un espacio crítico donde no sólo se revisan los métodos usados para concretar los fundamentos, sino que también se cuestionan los mismos fundamentos.

La literatura es lo particular mismo. Ella puede albergar lo singular, el trazo mínimo y efímero; y puede también dar cabida al ademán ampuloso, construir mundos ilusoriamente completos. La literatura tiene la capacidad de realizar ambos movimientos simultáneamente en una única superficie significativa. La novela de Alberdi explicita las relaciones entre el individuo y el sistema, detalla la posición de los sujetos en el mundo descrito. La desarticulación entre un nivel y el otro arrastra el fracaso. En el reparto de culpas nadie queda a salvo. La crítica abre varios frentes: la caída en el individualismo y la desvinculación de la realidad se siguen como antecedente y consecuente. La voz narrativa condena a todos los estamentos: al pueblo, a la clase dirigente y a la élite pensante.

Cuando los personajes portavoces de la palabra letrada profieren idénticos gestos de separación y unión muestran la dificultad de armonizar las acciones particulares con el sistema en que se desenvuelven. Luz del Día divide veracidad de falacias; Fígaro se encarga de enseñarle estrategias eficaces para neutralizar las acciones enemigas. En el final es Fígaro quien fragmenta la verdad en física y natural; su compañera las fusiona. La prosa acerca la palabra del personaje a la del narrador y, borrando cualquier marca identificatoria de locutores, una voz general y anónima invoca la existencia de una sola verdad contradictoria en la que el acto de pensar conlleva un compromiso social.

Alberdi escribe el nacimiento del poder, de qué maneras se construye y cómo se ejerce: el poder político no nace de la soberanía del pueblo sino de las intrigas de un pequeño grupo. De entre ellos, Tartufo se destaca como líder para debatir con Luz del Día. La codificación referencial es fácilmente discernible: Sarmiento discute con Alberdi el proyecto estatal. La pregunta que formula la viajera: "¿Quién es este hombre?" (*P.D.L.*, 7) recibe una respuesta rápida porque, difrazado de republicano, Tartufo agita las consignas de educación popular que en el texto pasan a ser la "moral del asesinato".

La contrautopía devela el complot del adversario. En la minuciosa selección de los elementos arroja sospechas sobre miembros de la dirigencia política y pone en jaque a las instituciones públicas y privadas: la familia, la prensa, el sistema educativo, el manejo de la política externa e interna, la economía, las relaciones sociales y las leyes de la república. En síntesis, la sociedad política y la sociedad civil, así como las normas que rigen la convivencia, caen bajo la piqueta de este texto demoledor del *statu quo*.

La reflexión sobre el estado y la sociedad en un relato atiborrado de alegorías y tipos lo torna eficaz. Las relaciones entre el universo literario y lo extratextual se refuerza con una estructura en abismo: la narración de la utopía socialista patagónica aprieta en pocas páginas otro mundo del revés. El episodio de Quijotanía se apoya en el eje semántico de la falta de razón, repitiendo el eje mayor. La dualidad parece ser la característica de la novela; la tensión entre alegoría y literalidad constituye otra estructura doble. *Peregrinación* inventa un mundo del revés donde reina la decadencia de los valores cívicos. Este mundo textual mantiene una relación de continuidad con la historia; el universo ficcional pone en escena la duplicación hiperbólica del mundo real. En el espacio narrativo se juntan las esferas de la literatura que provee los personajes y de la historia y la política que aportan discursos, anécdotas y hechos biográficos.

Si un relato alegórico se caracteriza por una estructura de dos líneas narrativas que guardan entre sí una relación dialéctica, *Peregrinación* se aleja de este modo de significar en cuanto que no hay una segunda narración que lea la primera, ni siquiera que la repita. Por el contrario, la novela insiste en darse una *función literal.*

El texto pide explícitamente que se lo decodifique. Pero el misterio a develar reside más que en la identidad de los personajes —claramente nombrables— en dilucidar las maniobras y manipulaciones políticas. Se trata de descubrir lo que permanece oculto, la *trama del complot*. Por esta razón, la definición inicial de "lo que es este libro" enumera posibles interpretaciones —historia, política, filosofía moral, cuento fantástico, libro de viajes, estudios de zoología moral—, invitando a aceptar o recusar las propuestas. Pero hay un resto insinuado y suspendido en el sintagma "es algo más", especie de hueco semántico que irá llenando el avance del relato (*P.L.D.*, 3). Pueden leerse allí los despojos de un proyecto, las batallas políticas e ideológicas, la historia de una mentalidad y el sentimiento ante el fracaso.

Acaso la frase de Benjamin "las alegorías son en el reino del pensamiento lo que las ruinas en el reino de las cosas"[18] condense de manera admirable la novela alberdiana: alegorías medievales de lenguaje dieciochesco para las ruinas del estado soñado. La representación se apoya en la redundancia: habla de la decadencia mediante la decadencia. Alberdi combina dos modos de significar al juntar la alegoría con la literalidad. El otro hablar inherente a la alegoría remite no a otro sentido sino al deslizamiento de planos, del plano literario al filosófico, de la esfera de la ficción al ámbito de la política contemporánea. La literalidad invade el dominio de la alegoría, historizando lo que el proceso de abstracción alegórica deshistoriza. Hay un movimiento dialéctico en el interior del mundo textual que juega con la vacilación entre lo atemporal y lo coyuntural.

De la visión alegórica, Alberdi conserva el *sensus moralis* medieval en la condición ejemplar del relato. Pero, si el medioevo enfatizaba sólo la condición general del hombre, *Peregrinación* lleva la marca de su siglo y se debate con suerte fortuita entre consideraciones universales acerca de la naturaleza humana y reflexiones sobre el caso particular de América. Instalada en el nivel de los personajes, la alegoría introduce la historia en la búsqueda infatigable por armonizar lo universal con lo individual. Si el texto desecha trabajar con personajes históricos es para dar oportunidad a la historia de inmiscuirse disfrazada de literatura. Como dice Enzensberger: "El único sistema de signos coherentes en donde se puede leer la historia como una realidad material y concreta parece ser (...) la literatura".[19]

Bloch establece vínculos entre la función utópica (lo-todavía- no-llegado-a-ser) y los tipos y las alegorías. Porque son categorías de síntesis y de condensación, la función utópica se apodera de lo no elaborado en ellas para usarlo en la realización del proyecto. Ciertas zonas no trabajadas de la alegoría y del tipo pueden acoger la función utópica que les imprime una orientación positiva hacia adelante.[20] En el revés del género, *Peregrinación* acciona lo consolidado de los tipos literarios europeos y reelabora en las personificaciones alegóricas los pilares conceptuales del iluminismo; en sus discursos, los clisés y las argumentaciones viciosas dan cuenta de la esclerosis intelectual.

Cara y ceca de la misma moneda, el aspecto crítico modula su dureza no bien se lo contempla desde el lado de las instituciones. La literatura didáctica es altamente socializada; por eso, a menudo representa ideas destinadas a ser incorporadas por un público amplio. Para hablar de las instituciones estatales que son la base de la convivencia, Alberdi elige paradigmas literarios socializados. Una institución refuerza a la otra, poniendo en evidencia una concepción de la literatura y de la política en la que la institución ocupa el centro.

El empleo de tipos literarios favorece el doble proceso de metaforización y literalidad. El tipo es un sistema semiológico; una microestructura basada en un conjunto de rasgos organizados en torno a un núcleo fijo y un número pequeño de variables. En la medida en que su valor le viene impuesto desde afuera, entra en el texto con una función predeterminada.[21] Las alegorías y los tipos tienen en *Peregrinación* idéntica función: resumen sentidos codificados en la literatura que se han convertido en patrimonio de la comunidad universal.

La alegoría presupone el plano de la ética. En Alberdi, la ética como modo discursivo implica la copresencia de dos discursos, uno que impone el tema y el otro que lo analiza críticamente. Ambos se enfrentan y se examinan desmontando los presupuestos del contrario. Como en un espejo, cuando plantea los términos del debate, el otro hace de lenguaje crítico y viceversa. Los personajes alegóricos y típicos se hacen cargo de estos dos discursos. Su emisión separa esferas que mantienen un pleito irresoluble: representan órdenes que se oponen y, por consiguiente, se neutralizan. A nivel textual el quietismo se expresa en una red de definiciones y contradefiniciones. Las definiciones que enuncia un personaje son devueltas con signo contrario por el otro. En el momento en que Luz del Día se autodefine: "—Yo soy la verdad" su interlocutor replica: "—Bien lo sé, y por eso cabalmente es usted la desgracia" (*P.L.D.*, 11).

La guerra de definiciones acaba en un punto ciego porque cada sistema está marcado por una carencia que lo invalida; si la falta de ética anula moralmente el accionar de Tartufo, la falta de operatividad pone en duda los postulados de Luz del Día. El duelo dialógico separa, por un lado, verdad de error pero al mismo tiempo congela toda posibilidad de cambio. Con este movimiento, el texto rechaza los sistemas de pensamiento binarios porque condenan al estatismo. A medio camino entre la posición intransigente de Luz del Día y el lugar efectivo en que se ubica Fígaro en una sociedad "imperfecta", Alberdi va pergeñando la imagen del letrado, que es su propia imagen. El intelectual resulta un exiliado permanente no sólo de su patria, sino de su propio sistema, tironeado y desgarrado entre la apuesta racional y los acontecimientos que la desmienten.

La contradicción que no cesa

El desdoblamiento es un principio fundamental del texto: si el género utópico se constituye en la inversión del orden real, *Peregrinación* agrega el revés del otro discurso alberdiano; la posición del narrador se ubica entre dos personajes; los diálogos enfrentan las voces en la definición y la contradefinición; la escritura propone la alegoría y la literalidad; cantidad de intertextos surcan la prosa de modo que superponen tiempos, nombres y proyectos; distintas versiones de un mismo concepto circulan entre el principio y el final. Sin embargo, el dos no toma siempre la misma valencia; por el contrario, es oposición o contradicción, según los casos específicos.

El universo narrativo detalla la composición de la sociedad, circunscribiendo en la dicotomía campo-ciudad los espacios pertenecientes a los distintos grupos. El campo —la estancia patagónica— es el espacio utópico por excelencia: dentro de la clausura de sus fronteras todas las locuras se hacen realidad. Es el ámbito de la sociedad política que encarnan don Quijote y su secretario gallego. En la ciudad, se mueven el pueblo y una franja intermedia de "seres subterráneos", motores del resto de la sociedad. Esta zona de espacios sofocantes, ocultos y bajos donde se mueven Tartufo, Basilio, Gil Blas y Fígaro es la preferida porque allí está el nódulo del poder. Los agentes sociales de esa capa constituyen una élite que remeda de manera degradada a la generación del 37: ocupan idéntico lugar, ofician de puente entre la clase gobernante y el pueblo pero trastruecan la misión.

Al llevar a primer plano el peso de las apariencias, el análisis acentúa los rasgos críticos. Los personajes típicos tienen a cargo explicar las relaciones sociales develando la corrupción. Ellos son el auténtico poder porque lo crean, ungen ministros y presidentes. Su discurso involucra la investigación del problema político de la dominación y paralelamente de la obediencia a ese poder mediante el manejo de la opinión pública y de las instituciones.

Pegado al discurso sobre el poder, la novela despliega un discurso sobre las formas de la verdad; discurre sobre sus posibilidades e imposibilidades. Hay dos conceptos de verdad. Desde el poder, la verdad consiste en la descripción de situaciones. La problemática de la verdad no tiene que ver con valores sino con acciones políticas que se juzgan según el patrón de la eficacia. La contrapartida de esta definición la da Luz del Día cuando desde planteos éticos sostiene que la verdad es universal.

El relato iguala a los sujetos y los reconoce como interlocutores de acuerdo con la relación poder-verdad. Tienen estatuto idéntico aquellos que entienden el poder de la verdad y la hipocresía del poder. La verdad circula exclusivamente entre los miembros de esta zona pero no se otorga jamás al pueblo. En los diálogos contrapuntísticos, los personajes esgrimen razonamientos que revelan conciencias lúcidas. Pero el circuito se interrumpe en el pasaje hacia el exterior. La visión crítica del narrador se ensaña con esta zona: el pueblo permanece ciego y sus opiniones se reducen a un cúmulo de prejuicios. *Peregrinación* representa al pueblo como *lugar de apariencias*: "En achaques de honor, señora mía —replicó el hotelero— sobre todo, respecto de una dama, la verdad y la realidad son nada; la apariencia es todo. Aunque usted fuera la verdad en persona, yo respetaría más la mentira si fuese apoyada por la opinión pública" (*P.L.D.*, 130).

Contra este concepto de pueblo que adhiere al engaño y se convierte a sabiendas en sirviente de los manipuladores la novela propone otro porque el auténtico pueblo es el gran ausente. En esa falta cifra Alberdi el motivo por el cual un simulacro de comunidad puede convertirse en paradigma de convivencia. Otra ausencia notoria, la vinculación entre la élite pensante y la élite económica gobernante. La atomización de la sociedad dramatiza el conflicto americano. Rotas las conexiones éticas entre poder, saber y práctica, se impone la disolución.

El texto enjuicia el tiempo presente, mira añorante hacia el pasado e interroga sobre el futuro. El análisis crítico del proyecto significa encontrar pautas para evitar un nuevo fracaso y escapar a la repetición viciosa: "especie de razón o de cálculo, habrá entre ellos (Luz del Día y Gil Blas) no coloquios, sino razonamientos, es decir, quimeras de un lado, sofismas del otro" (*P.L.D.*, 114).

Algunos teóricos definen a la utopía como un neutro en el que las contradicciones se disuelven armónicamente mediante lo imaginario.[22] El texto de Alberdi incorpora las categorías de la contradicción y de la oposición en una urdimbre que desentraña probables vínculos entre la enunciación de los modelos y su funcionamiento concreto. *Peregrinación* discute las relaciones entre lo posible y lo absoluto, ya que la quiebra de la totalidad aparece como hecho consumado.

En lo que se refiere a los niveles de personajes y discursos, el sistema narrativo se construye sobre las categorías de *oposición* y *contradicción*, que son soluciones presentes en el proyecto político- filosófico. La primera forma de oposición exige la *exclusión* como modo de relación. Uno de los términos, al que se califica de *diferente*, está invalidado por alguna carencia que resulta crucial en la oposición. Tartufo, Basilio y Gil Blas son los opuestos de Luz del Día: el pragmatismo rechaza al idealismo como el interés individual al bien colectivo o la mentira a la verdad.

Si el sujeto de la enunciación vacila en ocasiones frente a Tartufo; la denostación es total cuando se refiere a Basilio (la etimología adhiere a la imagen del rey, la del animal fabuloso y la del reptil). Desde el inicio, la ética invalida su intervención, ya que intenta justificar lo injustificable; una calumnia buena para la "civilización y el progreso" es un contrasentido. Y porque la calumnia es la raíz de los males que afectan al cuerpo social, el mal se extiende por Basilio, único cuerpo registrado: "Cediendo a una especie de delirio de perversidad y de gula, la boca de Basilio vomita estas máximas mezcladas con eructos vinosos y sanchescos del olor más infecto" (*P.L.D.*, 71).

El texto subraya la importancia de los lugares sociales intermedios. Fígaro se mueve en todas las direcciones; desde la prensa es puente entre la verdad y el pueblo; oficia de contrapeso a la corrupción, usando sus mismos métodos; neutraliza el mal y establece contactos con la verdad, a la que aconseja. La contradicción entendida como unión conflictiva en un único término de un aspecto negativo y otro positivo se aloja dentro del personaje. Caracterizado por oposición a Basilio, Fígaro "es la intriga en favor de la justicia", "un triste pero necesario soldado de los pueblos menores de edad" (*P.L.D.*, 142-143). Al calificarlo de "tunante, aunque amable y bueno" (*P.L.D.*, 145), el texto fija los límites del personaje: si acepta su necesidad insiste también en la insuficiencia.

Alberdi vislumbra que la unidad nacional podrá recomponerse en la medida en que se concilien práctica y teoría o, en términos del relato, en la medida en que entre Fígaro y Luz del Día se entable una relación de *complementariedad.* En el intercambio de carencias lo contingente y particular podría atrapar el sentido de la eticidad absoluta y lo abstracto llegaría a aferrar la naturaleza específica de una comunidad.

La difícil conciliación de universales y particulares aparece nítida en el desenlace, cuando Fígaro, imitando el gesto de Tartufo, separa verdad moral y social de verdad física y natural. En el momento de la despedida los personajes se intercambian regalos que son dos concepciones de la verdad. Fígaro escinde los términos; Luz del Día tiende a la unión de los opuestos; posee esta vez la lucidez al enunciar la contradicción: "(...) le recordó que Bompland había venido a estudiar la naturaleza, no la sociedad, pero que la sociedad, no la naturaleza, le confiscó su libertad natural y su persona" (*P.L.D.*, 303).

El regalo de Fígaro a Luz del Día ha sido guiarla en la maraña del mundo americano y facilitar cierto desplazamiento en su visión; la comprensión de lo concreto traza la línea que va desde la polaridad inicial de Luz del Día al entendimiento desilusionado final. Y aquí, el "regalo" que la novela ofrece al lector: la extraordinaria comprensión de las contradicciones que forman parte de una sola realidad. Contradicción no significa acuerdo. La lucidez se instala en ese lugar ambiguo que marca el distanciamiento respecto del género utópico como espacio armonizador de contrarios. Alberdi sigue inmerso en una lógica de conflictos porque no puede dar el salto que enlace abstracción y práctica conciliándolos a la manera hegeliana en un universal concreto o, abusando del anacronismo, instalarse en lo particular concreto adorniano. El enfrentamiento en el seno de su propio pensamiento encarna en los dos personajes que completan una sola figura de legislador; la indecisión nace de la dificultad para hablar a la vez el discurso del posibilismo y el discurso de la utopía.[23]

La novela yuxtapone al modelo teórico racional de Luz del Día, dos métodos pragmáticos, el de Tartufo y el de Fígaro; si uno resulta inviable, el otro perfila la solución. El examen de los sistemas especulativos hace aparecer paralelamente otra relación de oposición; el modelo de Luz del Día representa lo abstracto racional, mientras que el modelo que Quijote crea para su "nación" sintetiza lo abstracto irracional. En relación especular invertida, sistema y contrasistema teorizan sobre la conformación de la sociedad ideal, obviando las particularidades de la sociedad real. Las consecuencias de tal proceder derivan en la marginación. Luz del Día y Quijote que condensan pensamientos antitéticos por sus fundamentaciones se autoexcluyen al realizar idéntico gesto de abstracción.

El episodio de "Quijotanía o la colonización socialista en Sud América" refleja en espejo deformante las argumentaciones de Luz del Día; las distancias entre ambos están limitadas por la presencia o ausencia del factor racional que desemboca en la comprensión o en el delirio respectivamente. Puesta en abismo de *Peregrinación* el relato parodia un tipo de sociedad política. Defenestra a los enemigos y evidencia las distorsiones conceptuales en que puede incurrir la especulación exacerbada. Si América es el lugar "donde todas las utopías se ponen a prueba" (*P.L.D.*, 151), la fortuna de los proyectos reside en la combinación exacta entre lógica y pragmatismo.

El episodio enjuicia algunos programas estatales y discute además la vacuidad de un pensamiento que, nacido del optimismo utópico, se arroja en la locura. El letrado escribe en claves literarias acusaciones ya formuladas en otros registros. La locura de Quijote toma dimensiones colosales al creer que la letra puede transformar las leyes de la naturaleza y convertir carneros en hombres. La actitud crispa la voluntad desmesurada de Sarmiento, quien veinte años antes había pronunciado: "Que Argirópolis sea".

Las referencias al enemigo político proliferan: Quijote es mal lector del evolucionismo darwinista, hacedor supremo de constituciones, fabricante de un sistema falaz de instrucción pública, multiplicador de academias, preconizador de una política imperialista para ensanchar sus territorios y, finalmente, inspirador del código civil.

La extensión de este microrrelato exhibe la preocupación del narrador por describir con minuciosidad el contrasistema: un estado que no conforme con ser instancia de articulación de las relaciones sociales pretende inventarlas. Basta leer el fragmento con una perspectiva irónica para reestablecer los significados desplazados. Alternando la ironía con la comicidad y el absurdo, Alberdi acentúa la falsedad de una retórica jurídica disfrazada de verdad. En la burla del código civil —redactado por Vélez Sarsfield entre 1862 y 1869 y puesto en vigencia en 1871— se hace la parodia de todo el sistema legal. La efracción entre *formas jurídicas* y *contenidos ilógicos* que violentan la racionalidad del derecho alude a la historia contemporánea.

La falta de lógica que domina la utopía quijotesca se expresa en sofismas construidos sobre una extensa red de homologías, inversiones y falsas inferencias. En el uso intensivo de diversos modos de falacias lingüísticas, el narrador hace estallar la racionalidad del lenguaje y desnuda en consecuencia la irracionalidad del que lo usa; el gobernante, la sociedad política, delira. Basta analizar un ejemplo para ilustrar la crítica hacia una élite que observa las formas, pero que ha perdido el saber y la legitimidad. Quijote da lecciones a su secretario: "El gobierno rehace lo que Dios hace. Es el segundo creador del hombre (...)"; enuncia en seguida un entimema falso: "No es su matador, luego es su creador" (*P.L.D.*, 191-192). En la base del razonamiento subyace un axioma lógicamente verdadero: el que crea no destruye; al formularlo de manera negativa altera su significación, porque no necesariamente aquel que no mata crea. La disrupción reside en la homología invertida que conduce a un falso silogismo; la figura de Quijote parodia el modo de pensamiento racional en cuanto desconoce la imposibilidad de pasar del axioma al entimema por inferencia silogística.[24]

Quijotanía reconstruye un estado invertido. En toda organización estatal, las leyes emanadas del poder político y legitimadas por consenso aseguran derechos y determinan deberes. Las leyes nacen del pueblo y para el pueblo. Pero, en esta nación distorsionada, tanto el aparato institucional y formal como la sociedad misma son creados en destellos demiúrgicos.

El país patagónico comparte con el otro país ficcional —y desde la perspectiva del narrador, con el universo histórico— la ausencia de la participación popular. La intención didáctica sobresale nítida y reafirma los viejos postulados alberdianos: cuando una nación delega el ejercicio del poder, otros deciden por ella; la renuncia conlleva la pérdida de la condición humana y el devenir carnero del hombre.

Desde el comienzo, la confrontación de voces que provienen de órdenes que no se tocan en ningún punto muestran la esterilidad de las posiciones. A esta dualidad se agregan otras oposiciones tales como verdad-mentira, ética-política, pasado-presente, lo ideal-lo real, lo dicho-lo hecho, el cuento-la historia que plantean un dilema circular. A un momento de *definición de universales*, apoyada en una filosofía moral o una ética general, sucede otro de *redefinición individualista*, que problematiza el carácter general del primero. Las posiciones de locución que se excluyen mutuamente son al relato lo que la ausencia de pactos legítimos a la vida política.

El personaje de Fígaro está armado según una retórica del *oxímoron* que dramatiza la posibilidad y los límites de las alianzas. Cuando Luz del Día lo define con dos adjetivos opuestos —tunante, bueno— la contradicción irrumpe en el enunciado angostando la extensión de cada término pero sin invalidar ninguno.

Como si la realidad manejara varios niveles de oposición y distintos grados de integración, la novela va dando los pasos necesarios para arribar a un pacto feliz. El relato divide zonas de enfrentamientos y de aproximación: a un *espacio de exclusión* se superpone el *espacio ambiguo del "oxímoron"* y a éste el *espacio que dibujan los elementos complementarios.*

En la alternancia de estos espacios, *Peregrinación* postula determinados modos de aprehender la realidad. Como en las utopías tradicionales, en este relato la protagonista es guiada por anfitriones que le enseñan las distintas facetas de una sociedad. Por el camino del *conocimiento* progresivo, Luz del Día va cambiando su postura inicial. El pasaje de las definiciones dogmáticas al reconocimiento de las contradicciones finales sintetiza los vínculos que crea el choque de verdad y realidad.

C. La reafirmación del patriota: Alberdi y sus autobiografías

Una historia de las ideas (exiliadas)

La vida y la producción de Alberdi ejemplifican la problemática del destierro voluntario o forzoso que obliga a la recuperación imaginaria de la nacionalidad. En sus páginas autobiográficas, intenta demostrar que las ideas afincan en un único suelo. Si los espacios reales pueden ser azarosos, por el contrario, la peregrinación intelectual evidencia inquietud por una geografía y un tema: la constitución definitiva de la nación: "(...) la historia de mi vida formará un libro, ocupado, todo él, de la República Argentina, pudiendo titularse *La vida de un ausente, que no ha salido de su país*" (*V.P.*, 366).

El autobiógrafo escribe el relato de su vida en la vejez. Este gesto lo diferencia de Sarmiento; Alberdi despeja el sentido final de una vocación cuando apenas queda futuro para él, sólo el bronce de la historia que lo inmortalizará con el nombre de patriota. Los textos aspiran a fijar el contenido del epíteto. *Mi vida privada* y *Palabras de un ausente*,[25] dos autobiografías en forma de cartas, pueden leerse en continuidad en la medida en que la segunda comienza donde termina la primera. *Mi vida privada* cuenta la educación recibida en el país —familia, estudios, maestros, compañeros— y se interrumpe con el exilio de 1838. El lapso comprende el desarrollo y la maduración de un pensamiento que se prepara para la acción política. El ingreso en esta esfera señala el pasaje a la vida pública. En *Palabras de un ausente*, el amor a la libertad justifica el alejamiento y la permanencia en el exterior. Construídos como razonamientos jurídicos, los enunciados establecen una casuística: las identidades proveen ejemplos de principios universales.

La elección del género epistolar implica la puesta en marcha de algunas convenciones: a menudo se subraya el carácter confidencial del contenido y se pronuncian palabras y contraseñas dirigidas sólo a los que pueden decodificarlas. La carta presupone también un contenido verdadero; en ella el elemento ficcional queda desechado en favor de secretos revelados a media voz. El tono íntimo se presta a una relación peculiar entablada por el autor que hace la confesión, por una parte, y el destinatario que la recibe, por la otra. Porque este tipo de acto literario tiene mucho de religioso, el emisor aparece como responsable de alguna culpa que debe aclarar en el curso de la escritura mientras que el destinatario adquiere el estatuto de una instancia legal que absuelve o sentencia.

Alberdi hace gala de ser un buen estratega de la argumentación cuando mantiene algunas normas y viola otras. No bien las cartas privadas se vuelven públicas, crean un lector espía que se inmiscuye con deleite en territorios prohibidos. Pero aquí el *voyeur* sale burlado pues el acceso a esa vida oculta no satisface ninguna perversión. Por el contrario, el narrador cuenta la historia de una perseverancia. Confiesa todo el bien de una existencia empeñada en tareas patrióticas. Convierte en jueces a su familia y a sus iguales emigrados y los autoriza a dictaminar sobre la fidelidad de lo narrado. Afirma la sinceridad de sus páginas, apela a los pocos que reconoce por interlocutores y se aleja del tono íntimo para transitar un registro despojado —en *Mi vida privada*— o desgranar argumentos filosófico-políticos —en *Palabras de un ausente*— que ensanchan el campo reducido de los amigos para conferir a la prosa el estatuto de carta abierta.

La escritura funda vínculos indisolubles entre las esferas privada y pública porque en el lenguaje reservado de la carta se inscriben los tiempos de la historia. Estas cartas alcanzan la categoría de documentos en cuanto incluyen otras cartas que, atesoradas por el sujeto, recortan pedazos de la memoria colectiva. A lo largo del texto, el narrador detalla un epistolario de personajes famosos que ostenta como herencia. Este acervo nacional encierra nombres ilustres como el de San Martín, el de Florencio Varela o el de Echeverría y rescatan del olvido también a los héroes anónimos que encarnan virtudes cívicas: Alberdi inserta una carta en la que el Congreso honra ciudadano al padre vasco que adopta la nacionalidad argentina y las ideas de Mayo.

Los testimonios escritos forman una cadena que eslabona las generaciones sucesivas. La tradición continúa en la vida del protagonista quien, cuando parte para Montevideo, lleva consigo una serie de cartas que fomentarán la resistencia. La carta aparece entonces como motor de la acción e instrumento político: "Entre los papeles que contenía mi baúl se encontraba el manuscrito inédito de esas *Profecías* que sacaron a Frías, según él dice, del retiro inactivo que llevaba en el campo y pusieron a Marco Avellaneda y a tantos otros jóvenes amigos en la campaña que decidió de sus destinos, o mejor dicho, de los nuestros" (*V.P.*, 385).

Como en el caso de Sarmiento, la autobiografía arma una identidad que une cultura y naturaleza. En el origen biológico se encuentra el germen del pensamiento revolucionario. Los factores hereditarios —subrayados en la mayoría de las autobiografías del siglo XIX— aparecen aquí con el sentido específico de ejemplo o educación espontánea. Alberdi no necesita demorarse en aclarar sus orígenes. Para verificar la legitimidad bastan ciertos datos: el apellido materno, Aráoz, convalida por simple inclusión; a la sangre irreprochable agrega las ideas progresistas paternas que guían a la generación joven en la lectura de Rousseau; el niño Juan Bautista juega en las rodillas del general Belgrano, amigo de la casa; frecuenta compañeros que figurarán en los anales de la historia nacional; es miembro y cofundador del Salón Literario y de la Joven Argentina. Alberdi explica también sus acuerdos y desavenencias con los caudillos federales, la protección de Heredia o el enfrentamiento con Quiroga.

El yo autobiográfico se postula como *modelo de racionalidad* mediante el examen de la trayectoria intelectual. El relato de la totalidad de una vida se contrae en la *historia de un pensamiento*, donde las primeras lecturas y experiencias prefiguran la madurez. En *Mi vida privada*, Alberdi señala con prolijidad los modelos humanos y culturales que han intervenido en su educación; el recorrido cubre un espectro de influencias positivas que conectan al protagonista con el medio, con los mayores, con los iguales y culmina en la vinculación entre el individuo y la patria.

El texto atraviesa una geografía de resonancias históricas que sigue el desplazamiento del sujeto de la provincia natal a la gran ciudad: Tucumán, el Colegio de Ciencias Morales y la universidad de Buenos Aires conforman la atmósfera físico-cultural en la que crece y se afirma. Cuando sale al ancho mundo su educación está completa. Alberdi no aprende de modo empírico como Sarmiento sino en los libros leídos en la patria o fuera de ella.

La figura del padre que le inculca las ideas revolucionarias ocupa el segundo estadio en ese magisterio integral. Con los iguales mantiene una relación intercambiable en la cual cada uno desempeña a la vez los roles de alumno y maestro: "Al dejar a Buenos Aires para pasar a Montevideo, en 1838, yo le (a Marco Avellaneda) inicié en los trabajos de nuestra agitación política de esa época (...)" (*V.P.*, 378); Cané lo despierta al asombro de la literatura de Rousseau y de los románticos; Echeverría le descubre los secretos de los filósofos y los historiadores franceses.

La postura racionalista reniega de toda adscripción afectiva y se inclina por una visión crítica de los modelos. Y porque se pretende el máximo grado de abstracción, el ideal no encarna en el individuo sino en el sistema. El único modelo incuestionado es la *patria* que organiza la *forma* primigenia e inalterable del sujeto: "Por variadas que hayan sido las fases por que ha pasado mi vida, la forma que ha conservado mi inteligencia durante ella, venía de su primer período, pasado en mi país" (*V.P.*, 386).

Sin embargo, el espacio real del narrador no es la Argentina sino Europa. Su lugar físico es otro y es otra la problemática que debe encarar en el momento de su probable vuelta a la tierra natal reclamado por Avellaneda y Alsina. La inserción en la coyuntura política demanda la justifición de la vida pública. En este sentido, *Palabras de un ausente* responde a los cargos hechos por el enemigo. Cuando se desencadena la batalla ideológica, el yo autobiográfico bucea en el accionar político del adversario para contrastarlo con el propio. El discurso pone en evidencia la superioridad de una teoría que sostiene la praxis frente a una práctica carente de apoyaturas especulativas.

El tiempo de la razón

Palabras de un ausente apunta a tres objetivos simultáneos: justificar la ausencia del país, consensuar el sistema de ideas y defenestrar al enemigo. El texto habla de ausencias y de presencias de cuerpos e ideas. En esta alternancia debate el concepto de *patriota* o su sinónimo *argentino* y busca delimitar los espacios que le pertenecen puesto que sólo el patriota puede realizar la civilización. Alberdi se coloca en el campo del adversario cuando redefine la civilización borrando el significado de educación que le había otorgado Sarmiento y sustituyéndolo por el de libertad o seguridad personal.

La escritura desvanece los cuerpos e insiste en la corporeidad de las ideas en el intento de probar que la ausencia física difiere de la intelectual. La pretensión podría formularse en una serie de ausencias y presencias que combinadas transitan el texto para escribir un sintagma: se trata de la *presencia o ausencia de civilización*. La disyuntiva entre razón y cuerpo que había instituido el siglo XVIII contribuye a una estrategia política que enfatiza el papel decisivo del pensamiento en la acción.

La compaginación de un discurso polémico con argumentaciones jurídico-filosóficas genera un tipo de subjetividad que muestra, en la contraposición de dos vidas, el anverso y el reverso de la figura del patriota: la ausencia física del narrador resulta presencia civilizada en sus escritos; por el contrario, el otro sólo es capaz de actos bárbaros. Casos particulares de leyes generales, protagonista y antagonista concretan sistemas intelectuales que, partiendo de postulados comunes, llegan a prácticas opuestas.

El texto escarba en la diferencia —que atribuye a móviles personales— para construir allí un recinto exclusivo. Las diferencias entre el simulador y el patriota auténtico crean el espacio de las ideas que es el espacio de la ley, de la razón y de la patria. La imagen del patriota superpone estas tres caras. Pero si la lucha se plantea como enfrentamiento programático, contiene también la pugna por lugares sociales concretos. Aunque la batalla se desarrolle en términos de una polémica filosófica que pretende destruir un sistema de pensamiento, atenta también contra el hombre: "En este sentido el caballo representa la civilización del Plata mejor que ciertos maestros de escuela de primeras letras que entienden servir a las letras persiguiendo a los letrados"[26] (*P.A.*, 164).

Por un lado, la literatura trama las ventajas morales y racionales del yo autobiográfico; por otro, empequeñece al enemigo dotándolo de un cúmulo de contradicciones irresueltas. Su mundo está marcado por el estigma de la falta de razón. Alberdi disfraza el cariz político de la cuestión imaginando, en torno a ciertos universales, batallas de las que sale siempre victorioso. Pero en esta contienda, el adversario no desempeña un papel determinante; arrinconado en el estrecho ámbito de la negatividad, no constituye al sujeto enunciador cuya identidad se afirma en la continuación de la herencia fundacional.

La identidad del líder que necesita el estado se basa en una doble relación. La esfera individual y la colectiva funcionan como los engranajes de una máquina, encastran sin fricciones una en otra; pero no bien estalla el enfrentamiento personal, la subjetividad se delinea en un movimiento de vaivén que salta de la afirmación a la negación. Entre el primer momento y el último se extienden las impugnaciones enemigas. El texto abre con la *afirmación del yo* metaforizada en una serie de definiciones de las que surge que la ausencia es, en realidad, presencia, patriotismo y libertad. La segunda etapa dibuja el recorrido inverso de *negación del yo por el otro*; el narrador descalifica las opiniones del adversario apelando a la historia. El tercer paso corresponde a la *negación del otro por el yo*. Torcidas y releídas, las ideas de Sarmiento exhiben su deformidad: el patriotismo encubre al crimen, la civilización es barbarie, la invocación del interés común esconde ambiciones privadas.

En este punto el aparato de la enunciación, que casi siempre permanece en el distanciamiento del más puro racionalismo, se torna defensa apasionada: "El que me ha amenazado con un proceso de traición prevalido de su posición oficial, amenazó mi vida con la punta de su pluma, ahora 15 años en Chile, cuando escribió lo que llamó sus *ciento y una* cartas, en que violó 101 veces las leyes de la libertad de escribir y las leyes de la decencia pública. El confesó a los suyos su intención homicida, y su estilo habló más que su confesión" (*P.A.*, 154).

Después de esta irrupción, como llevado por el pudor, el grito se acalla, vuelve la enunciación en tercera que en tono neutro espiga una serie de principios generales. Estos principios —que podrían entrar en un catálogo de derechos naturales— figuran los contornos del mundo al que se aspira pertenecer y en el que se desea permanecer. El narrador se demora en definiciones que hilvanan universos ideológicos contrapuestos y escribe el revés de la trama sarmientina: así, en Alberdi, la civilización encuentra espacio en el campo y es sinónimo de seguridad, las instituciones argentinas copian de manera burda el régimen norteamericano.

Palabras de un ausente cierra con la vuelta al plano personal. El credo final angosta la brecha que va del intelecto a las emociones. El enunciado "amar a su país" enmarca el texto. Y si el principio es igual al final, si el amor limita los extremos de la vida, lo que se lee en el medio, en el trayecto de un punto al otro, es la vida patriótica por excelencia.

La imagen del patriota se desenvuelve en un espacio equilibrado, el lugar de la exacta racionalidad afectiva. Si cabe la posibilidad de resbalar hacia el sentimentalismo o lo estrictamente anecdótico, ciertos procedimientos acuden en auxilio para disminuir las marcas subjetivas que son inherentes a toda autobiografía. Si el pronombre de primera persona singulariza el discurso señalando la fuente de enunciación, el pasaje a una tercera, a un "autor", produce un deslizamiento hacia un registro más objetivo; transforma la voz inconfundible en palabra no identificada. Los enunciados no aparecen ya como patrimonio individual, sino como una especie de voz colectiva que asume el patrimonio común.

El narrador monta su discurso sobre la base de definiciones apodícticas expresadas en tono jurídico. La subjetividad se disimula por la acumulación de axiomas que ponen al yo fuera de toda sospecha. A veces una afirmación que compromete el accionar del sujeto reaparece como una verdad universal. Una instancia legal abstracta convalida el más mínimo sentimiento y cada pensamiento del sujeto. Estas definiciones recortan los espacios coincidentes de lo privado y lo público, el dominio en que se superponen la racionalidad individual y la colectiva: "Confieso que mi amor por la libertad no es un amor platónico. Yo la quiero de un modo material y positivo. La amo para poseerla, aunque esta expresión escandalice a los que no la aman sino para violarla. Pero no hay más que un modo de poseer su libertad, y este consiste en poseer la seguridad completa de sí mismo" (*P.A.*, 137). Más adelante cambia el sistema pronominal; la dimensión del concepto se ensancha, porque lo que correspondía al plano emocional se convierte en forma de vida refrendada por una nación: "Ser civilizado, para un sajón de raza, es ser libre. Ser libre es estar seguro de no ser atacado en su persona, en su vida, en sus bienes, por tener opiniones desagradables al gobierno" (*P.A.*, 165-166).

Alberdi remonta su pensamiento a los orígenes de la patria mediante la permanencia de ciertas ideas que insisten a lo largo de su producción. En esta obsesión escrituraria, la autobiografía copia pasajes de la contrautopía. Razonamientos que en la novela están a cargo de los tipos o las alegorías son retomados en *Palabras de un ausente* por un yo que inmediatamente desaparece para ceder a otras posiciones de locución. Si recordamos que *Peregrinación* recoge el programa invertido o ratificado de las *Bases* y que este ensayo continúa las ideas de la Joven Argentina, cuyo texto fundador había sido el *Dogma Socialista*, el viaje temporal hacia atrás revela el deseo de persistir en los principios revolucionarios.

Alberdi dedica el centro de su autobiografía a la defenestración del enemigo. Las figuras del *oxímoron* y del paralelismo desacreditan al otro e invalidan su proyecto o las posibles continuaciones (cuando Alberdi escribe *Palabras de un ausente* Avellaneda es presidente de la República). Dualidades y analogías gauchas metamorfosean a Sarmiento en un caudillo más. El texto trabaja la técnica de contraponer dos elementos cuyo choque hace estallar el aparato conceptual del adversario al descubrir una coherencia fingida. Se cita un concepto acuñado por el adversario para destrozarlo en un juego de deducciones lógicas que lo invierten: cuando el narrador recoge la acusación de traidor se defiende dando dos acepciones opuestas a un mismo significante; una corresponde a los patriotas, la otra, a los caudillos. La culminación del procedimiento aparece en el ataque directo a Sarmiento, quien reúne en su interior los contrarios. La yuxtaposición vista como un fenómeno contra natura produce el *oxímoron* "barbarie letrada".

Sin embargo, en este mundo del revés la confrontación de versiones despeja cualquier ambigüedad semántica. Cuando el sujeto autobiográfico queda involucrado, la narración coteja la versión enemiga con la propia; el resultado es la neutralización del ataque. El registro jurídico, las reflexiones filosóficas y el sistema pronominal que abusa de la tercera persona contribuyen a la identificación del patriota. Su pensamiento respaldado en la consistencia de la ley aparece como una voz autorizada que obra contra otra voz surgida de un poder distorsionado. Un exilio patriótico: "El origen y significado liberal de nuestra ausencia es un hecho repetido en la historia de las Repúblicas militares. Más de una vez ha servido a la ciencia tanto como a la libertad" (*P.A.*, 139).

NOTAS

1. Las citas remiten a D. F. Sarmiento, *Conflicto y armonías de las razas en América*, tomo XXXVII, XXXVIII, Obras Completas (Bs. As.: Luz del Día, 1953).

2. Sarmiento murió antes de publicar el segundo tomo de *Conflicto*. El texto no estaba siquiera terminado. El material fue ordenado por el editor, motivo por el cual lo que figura como "Conclusiones" era, en la intención del autor, un prólogo.

3. Así lo define E. Balibar en su artículo "Racisme et nationalisme". Cfr. E. Balibar et I. Wallerstein, *Race. Nation. Classe. Les identités ambiguës* (Paris: La Découverte, 1988) 54-92.

4. Homi K. Bhabha sostiene que la construcción del estereotipo es la mayor estrategia del discurso colonial; la imagen fija es también interiorizada por el discurso colonizado. Cfr. "The Other Question", *Screen* 24.6 (Nov-Dec. 83): 18-36.

5. *Conflicto* insiste en que la proyección del modelo estatal es materia de escritores y sabios en todos los tiempos: "Platón, que soñó la República ideal, nos ha trasmitido la sustancia de una conferencia de Solón con los sacerdotes egipcios. —Un día que este grande hombre conferenciaba con los sacerdotes de Saís sobre la historia de otros tiempos, uno de ellos, dijo: ¡Solón! ¡Solón! Todavía sois vosotros unos niños, vosotros los griegos. Sólo hay uno entre vosotros que no sea novicio en las cosas de la antigüedad. Vosotros ingnoráis lo que fue la generación de los héroes, cuya debilitada posteridad formáis. Escuchadme, quiero instruiros sobre las hazañas de vuestros antepasados; (...). Todo lo que ha ocurrido en la monarquía egipcíaca, de ocho mil años a esta parte está inscrito en nuestros libros sagrados..." (*C. y A.*, vol. 1, 24).

6. Para defenestrar a Artigas, Sarmiento usa las estrategias que había empleado en las biografías de caudillos. Después de transcribir una proclama del oriental, comenta: "Créese al oír este lenguaje incoherente escuchar a uno de los oráculos de la antigüedad, o al demonio que se ha apoderado de un poseído y dice lo que el poseído ignora" (*C. y A.*, vol. 1, 279). En este caso, el estigma está hiperbolizado por la contaminación con lo diabólico.

7. "Apodos políticos. Los bachichas en América". Los artículos a los que hago referencia fueron publicados entre 1885 y 1888 en *El Censor*, *El Nacional*, *La Tribuna* y *El Diario*. Desde los títulos, la prosa acciona políticas discriminatorias: "Las colonias sin patria", "La nostalgia en América", "¡Siempre la confusión de lenguas!", "Una nación sin nacionales".

8. D. F. Sarmiento, "Uditi o rustici", *El Diario* 2 de mayo de 1888. En contraposición la figura de Garibaldi reúne las características del héroe: "Dominábalos por la energía de su carácter, mezclada a una infinita bondad, y la mayor solicitud por su bienestar. Careciendo de todo y sin salarios, el gobierno daba raciones, según práctica militar; y Garibaldi guardaba las suyas para proveer de zapatos y de medicamentos a los soldados".

9. Balibar distingue formas de racismo: teórico o doctrinario y espontáneo, interior y exterior, institucional y sociológico, de exterminación y de explotación. Por eso prefiere hablar de racismos, en plural. Cfr. *Racisme et nationalisme*.

10. Cfr. I. Wallerstein, *La construction des peuples: Racisme, nationalisme, ethnicité* 95-116.

11. Las citas remiten a J. B. Alberdi, *Fragmento preliminar al estudio del derecho* (Bs. As: Hachette, 1955).

12. La novela tuvo gran repercusión. Juan María Gutiérrez le escribe a Alberdi mostrándose preocupado por su pesimismo. Los diarios de la época hicieron numerosos comentarios; *La Nación*, en su edición del 24 de junio de 1875, elogia la novela en los siguientes términos: "El estilo impetuoso de Juvenal, la crítica filosa como un acero de Voltaire, y el gusto crítico de Maistre brillan y palpitan en esos giros audaces, donde el genio y el arte, la filosofía y la sátira, entremezclan su armonioso conjunto. El libro del Dr. Alberdi vendrá probablemente a producir una revolución en la literatura americana." Citado por J. Mayer, *Alberdi y su tiempo* (Bs. As.: Eudeba, 1963).

13. Para un estudio lingüístico detallado de la ironía cfr. W. Booth, *La retórica de la ironía* (Madrid: Taurus, 1986).

14. E. Bloch, *El principio Esperanza* 146.

15. Las citas remiten a J. B. Alberdi, *Peregrinación de Luz del Día o Viaje y Aventuras de la Verdad en el Nuevo Mundo.* Obras Selectas, *Páginas literarias*, tomo II (Bs. As.: Librería "La Facultad", 1920).

16. La mirada estrábica del narrador apunta nombres destacados en la escena nacional. Ciertos personajes literarios encubren apenas a los enemigos políticos; los guiños deben haber sido transparentes para los contemporáneos. Dice Canal Feijoo, "(...) el lector —el lector de Alberdi— reconoce en seguida en Tartufo a Sarmiento o Vélez en don Quijote o Basilio o Tenorio, a Mitre, en Gil Blas a Mariano Balcarce o Héctor Varela (...) Es claro: al

Sarmiento, al Mitre, al Vélez, al Varela, 'de Alberdi', esto es, tal como él se los tiene fichados desde las *Quillotanas*, o desde el despido diplomático". *Constitución y revolución*, 2 vols. (Bs. As.: Hyspamérica, 1986) 2: 327.

17. Th. Pavel elabora una teoría que caracteriza a la estructura de la ficción como una estructura compleja, dual, que reúne en sí por los menos dos universos de sentido. Cfr. *Univers de la fiction* (Paris: Du Seuil, 1988).

18. W. Benjamin, "Alegoria e drama barroco" *Origem do drama barroco alemão* (São Paulo, Brasil: Brasiliense, 1984) 200. Desde el punto de vista de la retórica, T. Todorov clasifica a la alegoría como un tropo de anomalía semántica que desborda siempre un plus de sentido. Cuando un enunciado se construye íntegramente con palabras empleadas en sentido metafórico da por resultado una alegoría. *Littérature et signification* (Paris: Larousse, 1967).

19. H. M. Enzensberger, "La literatura en cuanto historia", *Revista Eco* 201 (julio de 1978).

20. E. Bloch 148-155.

21. Para un estudio de los tipos y las alegorías medievales, cfr. P. Zumthor, *Essai de poétique médiévale* (Paris: Seuil, 1972).

22. Este es el concepto de utopía que maneja L. Marin, *Utópicas: Juegos de espacios* (Madrid: Siglo XXI, 1976).

23. La posición estructural de Fígaro —su intervención ocupa el centro y el final del relato— es significativa. El "alter ego" alberdiano se hace cargo de viejas premisas: propone a la educación y a la libertad como formas de autogobierno; insiste en la preeminencia del hombre sobre las leyes; alerta sobre el peligro que entraña el hecho de que las mayorías renuncien al ejercicio del poder; se muestra partidario del voto calificado; basa el orden y la paz en la obediencia; traza la diferencia entre libertad civil y libertad política; pone énfasis en el desarrollo de la economía y elabora el concepto de "seguridad social". La relación de complementariedad entre Fígaro y Luz del Día se transforma en ocasiones en identidad. Ambos coinciden, por ejemplo, en la definición de libertad como autogobierno.

24. El carácter adulterado de las teorías se manifiesta en la aplicación distorsionada de los *topos* aristotélicos; es decir, de proposiciones irreductibles lógicamente a otras. Los topos son enunciados de verdades bajo su forma más general y por esta razón se los considera elementos constitutivos del razonamiento dialéctico. Alberdi emplea numerosos procedimientos para enfatizar el carácter absurdamente peligroso de los gobernantes como Quijote. Un ejemplo: el capítulo "De las cosas y su propiedad" se construye sobre el recurso de la *asimilación* de dos esferas distintas que se someten a leyes idénticas. Las conclusiones forzadas de acuerdo con una retórica aparentemente coherente, pero en realidad delirante, hacen decir a Quijote: "¿Es posible hacer de dos o más hombres uno solo? Pues tan posible como este refundir dos o más propiedades en una sola propiedad definitiva y permanente" (*P.L.D.*, 197).

25. Las citas remiten a J. B. Alberdi, *Obras escogidas. Cartas sobre la prensa y la política militante de la República Argentina*, tomo VII (Bs. As.: Luz del Día, 1954). *Mi vida privada*, tomo VII, Obras Completas (Bs. As.: Imprenta de "La Tribuna Nacional", 1887) 366-388. *Palabras de un ausente*, 136-175. La inquietud por la nacionalidad está contenida en los títulos completos de las autobiografías: *Mi vida privada que se pasa toda en la República Argentina*; *Palabras de un ausente que explica a sus amigos del Plata los motivos de su alejamiento.*

26. Numerosos pasajes resaltan la figura del doctor contra la figura del autodidacta: "Olvidó solamente que mi oficio de abogado me había inveterado en el debate, y que si es mortal para mí el tiro procedente de una mano amiga, ninguna emoción podía causarme la bala que venía del adversario" (*P.A.*, 154).

EPÍLOGO:

EN TORNO A LA FUNDACIÓN DE LA VERDAD

Las textualidades utópica y autobiográfica se caracterizan por los juegos, los deslizamientos y las contaminaciones permanentes entre la literatura y la vida, entre lo imaginario y lo real, entre lo colectivo y lo individual, entre lo público y lo privado. El uso de estos géneros limítrofes produce un efecto de ambigüedad que aglutina las esferas. La ambigüedad se instala en el centro de las prácticas política y literaria que confunden sus dominios.

Cuando las fronteras se desdibujan y se tornan permeables, el oficio de escribir se convierte en campo privilegiado para inventar articulaciones entre el individuo y el grupo o entre el aparato estatal y la sociedad civil mediante la construcción de modelos confiables. Esos modelos propician la armonía de lo general con lo individual, el perfecto encastre de uno en otro. La verdad de una vida, el trabajo con la noción de *experiencia* que prima en la autobiografía se exhibe como testimonio fehaciente de que la reconciliación es posible y, más aún, deseable. La probidad del protagonista despierta las simpatías y la aprobación del público. Dicho en términos políticos, abre las vías para obtener el *consenso* que reconozca y asuma el programa delineado en la utopía.

La *autobiografía* nacionaliza la vida individual. Allí se proyecta la *existencia colectiva* en la trama del relato subjetivo; allí el nombre propio se ratifica, recortándose sobre el *nombre común* de patriota y se preservan las huellas del pasado nacional; la narración es un reservorio de las *tradiciones*. Inscribe los sentimientos más íntimos de sacrificio por el bien general y de pertenencia a un suelo, a una cultura y a una lengua. Cuando el pacto autobiográfico se actualiza, la identidad individual se vuelve representación nacional.

La utopía se sostiene en la autobiografía. A la eficacia de una vida llena de experiencias, suma el desafío del proyecto para la comunidad. El género inculca en los sujetos la sacralización de las instituciones estatales. Atribuye, además, al sistema imaginado las marcas de la *ley* y de la *verdad*. El espacio utópico establece las fronteras interiores y exteriores que cobijan a los verdaderos patriotas, los sujetos legales y excluyen a los que no lo son.

De manera implícita, las textualidades elaboran el régimen de verdad que otros tipos de enunciados se encargan de desovillar. El discurso periodístico lo hace explícito y esclarece la vinculación que mantiene con la práctica literaria. Un recorrido azaroso y heterodoxo permite esbozar la posición de los sujetos textuales: también aquí se trata de una *fundación*. La verdad significa *interpretación* en Sarmiento, *representación hiperbólica y satírica* en Alberdi. En ambos, la verdad apunta a una realidad política que el escritor usa y modifica pero no copia. La defensa del derecho de ejercer la explicación, la opinión y la crítica desemboca en la postulación de una subjetividad que custodie los intereses grupales. La pluma sirve al mismo tiempo a la contienda política y a la utilidad pública.

Alberdi cultivó las paradojas y las contradicciones: en su vida, fue el exiliado que tuvo a la patria por tema excluyente; en la literatura encontró en la distorsión el lugar de la verdad.

La ley construye el espacio contiguo y complementario del arte. Si la fundamentación de la ley radica en la razón, la función del arte está en lograr el consenso. La razón para los iguales, el consenso para los menores. En el espacio dramático, un espacio colectivo y popular, el cómico muestra a esos menores con palabras, imágenes y gestos lo que dice el legislador en el espacio jurídico de la palabra pura.[1] Cuando las leyes biológicas se aplican a la sociedad, los agentes cumplen tareas destinadas a guiar el crecimiento; corresponde al cómico exhibir lo silenciado.[2]

En la distancia que va de la empiria al artificio, la sátira formula estereotipos que la comunidad reconoce como parte integrante de la vida nacional.[3] La deformación y la risa, el absurdo y los juegos de palabras estallan en la escritura alberdiana como síntomas de la politización de lo estético.[4] El discurso satírico conecta con la esfera política y con el tiempo presente que es el gobierno del enemigo. Alberdi habrá de permanecer fiel a una imagen del intelectual destructor de mitos y falsos ídolos por medio de la risa o la reflexión. La verdad artística se confunde con legitimidad en cuanto que nace del enlace con lo social.[5]

"(...) Un nombre, ser Sarmiento (...)". Sarmiento tuvo conciencia de que escribía para la historia su propia historia y las historias de los otros. La historia en sus múltiples formas —también como historia de vida— dicta los pasos para llegar a la verdad surgida de los sentidos que trama el intérprete con la masa de los acontecimientos, la geografía y las tradiciones. La organización de estos elementos escribe una geografía de la *imaginación* que se superpone al territorio de la *interpretación científica*.[6]

El espacio de la literatura sobreimprimc la verdad artística y la política. Esa esfera peculiar preserva un lazo que une a los contrarios divididos en otras esferas. La escritura letrada se dice deudora de la literatura popular: Sarmiento destaca en el esquema de la biografía del héroe procesos de idealización y reconoce su propio trabajo de selección.[7]

Sin embargo, las diferencias nacen en el punto exacto donde comienza la política. Dotado del poder lingüístico, el letrado integra una clase que reúne talento, experiencia y don de mando.[8] El intelectual se proclama *maestro* y *traductor* de un pueblo que se mueve a tientas en medio de su historia. La palabra racional e infalible más el talento hacen del artista un ser extraordinario.[9] El arte enlaza la *vida* con la *imaginación* y cruza la *imaginación* con el *conocimiento*.[10] La serie de operaciones que engloba el proceso del trabajo artístico lo definen como un acto complejo y múltiple.

Sarmiento pone la escuela junto a la literatura y el periodismo. En esta visión paneducadora las relaciones sociales están moldeadas sobre los términos de enseñanza y aprendizaje. Pero si en la distribución de papeles el saber concierne al publicista y al político, el pueblo pone el sentido común y los afectos.[11]

La ley no enseña, prohibe. Alberdi distingue la voluntad de enseñar de la misión de legislar. El didactismo tedioso de su literatura nace de este intento de unir en el discurso ambos gestos, enseñando la ley. Sarmiento no tiene la misma preocupación, porque el magisterio es su oficio. Desentendida de la tarea docente, la literatura afirma orgullosamente su condición política: ataca, defiende, distribuye diferencias, crea coincidencias y construye los espacios prohibidos para el enemigo así como los lugares propios.

Aunque los sistemas conceptuales que rigen la constitución de los modelos trabajan distintos niveles de abstracción, la ley y la educación traman una red de similitudes en torno a las ideas de universalidad, jerarquía, poder, racionalidad, prohibiciones y permisiones, derechos y obligaciones.

La lógica de la norma es la del "deber ser". La ley regula los vínculos entre el individuo y el grupo; genera instituciones y se dirige a ellas pero interpela también a los sujetos individuales. El carácter racional del legislador le confiere un poder supremo arraigado en ese atributo que comparten la letra y el hombre. El legislador otorga al sistema jurídico una escala de valores que provienen comúnmente del campo de la filosofía o de la política. La ley reconoce derechos y señala obligaciones; permite actos beneficiosos y prohibe aquellos que atentan contra la colectividad.

Ideas similares se concentran en la palabra educación. Los modelos culturales tienden a generalizar los conocimientos y las prácticas de los agentes; la educación pública busca la nivelación cultural de los sujetos.

Pero el sistema educativo se fundamenta en un esquema jerárquico en el que convergen saber, poder y razón. En el circuito del intercambio intelectual puede enseñar el que tiene plena racionalidad y aprende el que demuestra aptitudes para desenvolver ciertas capacidades. La relación enseñanza-aprendizaje está enmarcada en permisiones y prohibiciones; el maestro cumple funciones de juez cuando dictamina las formas y los límites de los derechos y de las obligaciones.

La ley pretende establecer modos de convivencia social que incluyan a todos los hombres: es universal porque rige para el conjunto. El discurso literario que acompaña al discurso jurídico intenta desvanecer lo individual para destacar lo colectivo; el cuerpo del letrado aparece travestido en cuerpo de ideas socializadas.

En Sarmiento, las relaciones intersubjetivas adoptan el esquema de la relación enseñanza-aprendizaje. Así como el maestro se conecta sin mediaciones con el alumno, también en el campo político se enfrentan dos contendientes que polemizan con argumentos de estatuto similar. Las posiciones del sujeto textual repiten esos modos de vinculación en que confrontan mentes y cuerpos.

Los modelos estatales germinan en estos rasgos comunes a los universales de la ley y la educación. El estado inventado es una instancia unificante construida jerárquicamente y legitimada a la vez por la racionalidad interna al sistema y el consenso.

Buenos Aires, 1990

NOTAS

1. En numerosos artículos, Alberdi insiste en el carácter didáctico y crítico del drama. En "Señales de hombre fino" (*La Moda* 24 de febrero de 1838) aclara la relación entre teatro y verdad: "(...) si la verdad sola es gustosa, la verdad no existe en nuestro teatro, sino en las representaciones cómicas". Los artículos están recogidos en *Escritos satíricos y de crítica literaria* (Bs. As.: Estrada, 1945).

2. La función social del cómico es complementaria a la del intelectual. Dos textos: "Del uso de lo cómico en Sudamérica" (*El Iniciador* 15 de julio de 1838) y un pasaje del *Fragmento*. El primero sostiene que el trabajo del cómico "no sería, pues, otro que alumbrar con la antorcha del siglo XIX las facciones visibles de las cosas viejas que nos circundan". El segundo apela a los jóvenes que tienen la tarea del "estudio y desarrollo pacífico del espíritu americano bajo las formas más adecuadas y propias" (*F.*, 60).

3. Al dar a los artículos un carácter moralizador, Alberdi usa el artificio como forma de esquivar la censura: "Y no vaya otra vez don *Severus* o don *Simple* a escribir en el 'Diario de la Tarde' que nosotros hacemos la parodia de nuestra sociedad en nuestros artículos. Nosotros no hacemos otra cosa que tipos ideales de fealdad social, presentándolos como

otros tantos escollos de que deba huirse. Están formados del ridículo que existe diseminado en nuestra sociedad como existe en las más cultas sociedades del mundo (...)". Alberdi responde desde *La Moda* (9 de diciembre de 1837) a una crítica aparecida en un diario oficialista y firmada por un tal "Severus" transformado burlonamente en don "Simple".

4. La subversión estética no arrastra la transformación social, pero señala un camino. Ciertas formas literarias se dirigen sólo a lo afectivo; otras adquieren un estatuto intermedio entre lo artístico —la esfera de lo individual y lo íntimo— y lo jurídico-filosófico. De entre estas *formas-puente* el teatro resume el espacio de encuentro de la estética y la ética. La conciencia de la eficacia de este tipo de representación corre paralela a la demarcación de los límites de la literatura: "Con cien sátiras no se completa la destrucción de toda una sociedad feudal" (*La Moda* 9 de diciembre de 1837).

5. Alberdi escribe poca ficción. A los títulos analizados en las páginas anteriores, cabe agregar *El Edén* (1843), versificado por Juan María Gutiérrez, y *Tobías o la cárcel a la vela* (1844). El letrado califica esta zona de su producción como puro juego de artificio y disculpa su torpeza estilística en una carta a Juan María Gutiérrez: "Muy posible es que los lectores académicos no me hallen ajustado al código de poeta: pero al menos me hallarán pintor sincero y veraz los lectores que maten el fastidio de la navegación a la sombra de la *randa* en los mares tropicales". *El Edén. Páginas literarias*, tomo I (Bs. As.: Librería La Facultad, 1920) 233-234. Aunque se aleja del objetivo político, la literatura de entretenimiento preserva un núcleo de verdad en cuanto describe paisajes que representan distintos estados de civilización. Pero la crítica se torna áspera respecto de la poesía íntima, egoísta aunque bella. Los comentarios a un cielito de Juan María Gutiérrez separan la poesía intimista del resto de la literatura: "(...) no expresa una necesidad fundamental del hombre ni de la sociedad ni de la humanidad, ni del progreso: es la expresión de un sentimiento individual y, por lo tanto, a pesar de su belleza, es una poesía pueril y frívola en el fondo" ("Poesía", *La Moda* 25 de noviembre de 1837). Respecto de la posición estética que compartió todo el grupo del 37 puede consultarse también su discurso en el certamen poético de Montevideo del año 1841.

6. La historiografía romántica consideraba a la historia mucho más que una sucesión de hechos; comprendía también la tarea hermenéutica del historiador. La influencia conjunta de Thierry (la historia como lucha de razas), Michelet (las revelaciones de la libertad forman el entramado de la historia) y de Herder (el medio influye de manera decisiva sobre el ser humano) están presentes en Sarmiento, para quien la historia abarca varios campos: "El estudio de la historia forma, por decirlo así, el fondo de la ciencia europea de nuestra época. Filosofía, religión, política, derecho, todo lo que se dice en relación con las instituciones, costumbres y creencias sociales se ha convertido en historia (...)" ("Los estudios históricos en Francia", *Progreso* 20 de mayo de 1844. Recogido en D. F. Sarmiento, *Artículos críticos y literarios*, tomo II (Bs. As.: Luz del Día, 1948) 202.

7. En el año 1881, con motivo de la traducción italiana del *Facundo*, escribe: "No vaya el escalpelo del historiador que busca la verdad gráfica a herir en las carnes del Facundo que está vivo; ¡no lo toquéis!, así como así, con todos sus defectos, con todas sus imperfecciones lo amaron sus contemporáneos, lo agasajaron todas las literaturas extranjeras, desveló a todos los que lo leían por primera vez y la pampa argentina es tan poética hoy en la tierra como las montañas de la Escocia diseñadas por Walter Scott, para solaz de las inteligencias": "*Facundo* o Civiltà o barbarie", *El Nacional* 22 de septiembre de 1881. Recogido en D. F. Sarmiento, *Páginas literarias*, tomo XLVI, Obras Completas (Bs. As.: Luz del Día, 1953) 303-304. Puede consultarse también "De las biografías", *Mercurio* 20 de marzo de 1844. *Artículos críticos y literarios*, tomo I, Obras Completas (Bs. As.: Luz del Día, 1948) 182-185.

8. La tarea casi sagrada del escritor aparece nítida en la carta que Sarmiento dirige a V. Alsina desde Yungay: "fustigar al mundo y humillar la soberbia de los grandes de la tierra, llámense sabios o gobiernos" (Incluida en la edición de *Facundo* de 1851).

9. El artículo "Cuadros de Monvoisin" resume posiciones estéticas. El pintor histórico es superior a los que sólo copian porque muestra capacidad para aprehender el alma de un

pueblo. El artista puede captar lo oculto colectivo: "Aquí, pues, no es una fisonomía, no es un alma, sino la vida, la fisonomía, el alma de todo un pueblo, esa alma social, permítasenos la expresión, que se abre paso y se muestra en los grandes acontecimientos. Ella no está materialmente en ninguna parte: no está en tal figura, ni en tal otra, ni en tal grupo, sino que está en las relaciones creadas por el artista en ese rayo inteligente, inmaterial que ilumina todas las fisonomías porque al mismo tiempo hay unidad en el todo" (En *Progreso* 3 de mayo de 1843. Recogido en D. F. Sarmiento, *Artículos críticos y literarios*, tomo II, Obras Completas (Bs. As.: Luz del Día, 1948) 124-129.

10. En el mismo artículo define al arte como hacer "brotar vida de un lienzo y rodear esa vida con las mágicas ilusiones de la poesía" (125). Los verbos encierran un acto total: "ver o saber, acordarse, comparar, agrandar, transformar, es decir, imaginar, tal es la ley de la pintura también" (127).

11. Respecto del poder de la prensa pueden verse entre otros: "El diarismo", *El Nacional* 15 y 29 de mayo de 1841; "Sobre la lectura de periódicos", *Mercurio* 4 de julio y 7 de agosto de 1841; "El prospecto del *Semanario de Santiago*", *Mercurio* 19 de julio de 1842; "La publicación de libros en Chile", *Mercurio* 10 de junio de 1841. Recogidos en *Articulos críticos y literarios* tomo I. Sarmiento cuenta que Molière sometía sus obras al juicio de una criada: "(...) tenía la costumbre de leerlas a una criada vieja que de muchos años tenía a su servicio, porque había notado que en los pasajes en que esta pobre mujer, apoyada en el mango de su escoba se sonreía, era seguro que el público las aplaudía; mas si ella meneaba la cabeza con señales de desaprobación, bien podía prepararse para oir los silbos del público". "'Napoleón lo manda', vaudeville de Scribe", *Mercurio* 19 de julio de 1842. Recogido en *Artículos críticos y literarios*, tomo I.

ABREVIATURAS

A.	*Argirópolis*
B.	*Bases y puntos de partida para la organización política de la República Argentina*
C. y A.	*Conflicto y armonías de las razas en América*
C.E.A.	*Condición del extranjero en América*
C.G.	*El crimen de la guerra*
C.Q.	*Cartas Quillotanas*
Ch.	*El Chacho. Ultimo caudillo de la montonera de los Llanos*
F.	*Facundo o civilización y barbarie*
F.A.	*El general fray Félix Aldao*
F.P.	*Fragmento preliminar al estudio del derecho*
G.A.	*El gigante Amapolas*
P.A.	*Palabras de un ausente*
P.L.D.	*Peregrinación de Luz del Día*
R.M.	*La revolución de Mayo*
R.P.	*Recuerdos de provincia*
V.	*Viajes en Europa, Africa y Estados Unidos*
V.P.	*Mi vida privada*

BIBLIOGRAFÍA

Adorno, T. *Terminología filosófica, I.* Madrid: Taurus, 1983.

Ainsa, F. *Los buscadores de la Utopía.* Caracas: Monte Avila, 1977.

Alberdi, J. B. *Bases y puntos de partida para la organización política de la República Argentina.* Bs. As.: Sopena, 1957.

_____. *El crimen de la guerra.* Rep. Arg.: Univ. Nac. de La Plata, 1984.

_____. *El Edén. Páginas literarias.* Tomo I. Bs. As.: Librería La Facultad, 1920.

_____. *Escritos satíricos y de crítica literaria.* Bs. As.: Estrada, 1945.

_____. *Fragmento preliminar al estudio del derecho.* Bs. As.: Hachette, 1955.

_____. *Grandes y pequeños hombres del Río de la Plata.* Bs. As.: Plus Ultra, 1974.

_____. *Mi vida privada que se pasa toda en la República Argentina.* Tomo VII. Obras Completas. Bs. As.: Imprenta de "La Tribuna Nacional", 1887.

_____. *Obras escogidas. Cartas sobre la prensa y la política militante de la República Argentina.* Tomo VII. Bs. As.: Luz del Día, 1954.

_____. *Palabras de un ausente.* Tomo VII. Obras Completas. Bs. As.: 1887.

_____. *Palabras de un ausente que explica a sus amigos del Plata los motivos de su alejamiento.* Tomo VII. Obras Completas. Bs. As.: Imprenta de "La Tribuna Nacional", 1987.

_____. "Peregrinación de Luz del Día o Viaje y Aventuras de la Verdad en el Nuevo Mundo". *Obras selectas. Páginas literarias.* Tomo II. Bs. As.: "La Facultad", 1920.

_____. "Primera carta". *Cartas Quillotanas.* Bs. As.: Claridad, s/f.

_____. "Profecías". *Escritos póstumos.* Tomo XIII. Bs. As.: 1900.

Anderson, B. *Imagined Communities. Reflections on the Origin and Spread of Nationalism.* London: Verso, 1990.

Angenot, M. *La parole pamphlétaire. Typologie des discours modernes.* Paris: Payot, 1982.

Bajtin, M. "Biographie et autobiographie antiques". *Esthétique et théorie du roman.* Paris: Gallimard, 1978.

_____. "El problema de los géneros discursivos". *Estética de la creación verbal.* México: S. XXI, 1982.

_____. "Le discours dans la vie et dans la poésie"; "La structure de l'énoncé". *Le principe dialogique.* De T. Todorov. Paris: Seuil, 1981.

_____. "Formas del tiempo y del cronotopo en la novela (Ensayos sobre poética histórica)". *Problemas literarios y estéticos.* La Habana: Edit. Arte y Literatura, 1986.

_____. "El problema de los géneros discursivos". *la poétique de dostoievski.* Paris: Du Seuil, 1970.

Balibar, E. et I. Wallerstein. *Race. Nation. Classes. Les identités ambigües*. Paris: Edit. La Découverte, 1988.

Barba, E., comp. *Correspondencia entre Rosas, Quiroga y López*. No. 55. Bs. As.: Hyspamérica, Biblioteca Argentina de Historia y Política, 1986.

Barrenechea, A. M. "Las ideas de Sarmiento antes de la publicación del Facundo". *Filología* V.3: 193-210.

_____. "Función estética y significación histórica de las campañas pastoras en el Facundo". *Nueva Revista de Filología Hispánica* XV (1961).

_____. "Sobre la modalidad autobiográfica en Sarmiento". *Nueva Revista de Filología Hispánica* XXIX.2 (1980).

_____. "Autobiografía y epistolario: a propósito de una carta de Sarmiento a Frías". *Filología* XXIII.2 (1988).

Barthes, R. *Sade, Fourier, Loyola*. Paris: Du Seuil, "Points", 1971.

_____. Leçon. Paris: Seuil, 1978.

Beaujour, M. "Autobiographie et autoportrait". *Poétique* 32 (nov. 1977): 442-457.

Benichou, P. *El tiempo de los profetas. Doctrinas de la época romántica*. México: F.C.E., "Lengua y estudios literarios", 1984.

_____. *Le sacre de l'écrivain 1750-1830*. Paris: Librairie José Corti, 1973.

Benjamin, W. "Alegoria e drama barroco". *Origem do drama barroco alemão*. São Paulo: Editora Brasiliense, 1984. 181-258.

_____. "La obra de arte en la época de su reproductibilidad técnica". *Discursos interrumpidos*. Madrid: Taurus, 1982. 15-57.

Benveniste, E. "El hombre en la lengua". *Problemas de lingüística general*. México: Siglo XXI, 1974.

Bhabha, Homi K. "The Other Question...". *Screen* 24.6 (Nov.-Dec. 1983).

_____, ed. *Nation and Narration*. London and New York: Routledge, 1990.

Birge Vitz, E. "Type et individue dans l'autobiographie mediévale". *Poétique* 24 (1975): 420-445.

Bloch, E. *El principio esperanza*. 2 Vols. Madrid: Aguilar, 1977.

_____. *Entremundos en la historia de la filosofía*. Madrid: Taurus, 1984.

_____. *Natural Law and Human Dignity*. Cambridge, Mass.: MIT Press, 1986.

_____. *The Utopian Function of Art and Literature*. Cambridge: MIT, 1989.

Booth, W. *Retórica de la ironía*. Madrid: Taurus, 1986.

Borel, J. "Problèmes de l'autobiographie". *Positions et oppositions sur le roman contemporain*. Paris: Klincksieck, 1971.

Botana, N. *La tradición conservadora*. Bs. As.: Sudamericana, 1985.

Braudel, F. *La historia y las ciencias sociales*. Madrid: Alianza, 1984.

_____. "Antaño, ayer y hoy. Las grandes civilizaciones en el mundo actual". *Las civilizaciones actuales. Estudios de historia económica y social*. Madrid: Teanos, 1986.

Braunstein, Ph. "Aproximaciones a la intimidad, siglos XIV y XV". *Historia de la vida privada.* De Ph. Aries y G. Duby. Tomo 2. *De la Europa feudal al Renacimiento.* Madrid: Taurus, 1988. 526-619.

Bruss, E. "L'autobiographie considérée comme acte littéraire". *Poétique* 17 (1974): 14-26.

_____. *Autobiographical Acts: The Changing Situation of Literary Genre.* Baltimore: Johns Hopkins University Press, 1976.

Buber, M. *Caminos de utopía.* México: F.C.E., 1950.

_____. *Utopie et socialisme.* Paris: Aubier, 1977.

Bunkley, A. W. *La vida de Sarmiento.* Bs. As.: Eudeba, 1966.

Butor, M. "Una autobiografía dialéctica". *Sobre literatura. I.* Barcelona: Seix Barral, 1960.

Campobassi, J.S. *Sarmiento y Mitre. Hombres de Mayo y Caseros.* Bs. As.: Losada, 1962.

_____. *Sarmiento y su época.* 2 Vols. Bs. As.: Losada, 1975.

Canal Feijoo, B. *Constitución y revolución.* 2 Vols. Bs. As.: Hyspamérica, 1986.

_____. Alberdi. *La proyección sistemática del espíritu de Mayo.* Bs. As.: Losada, 1961.

Canetti, E. *Masa y poder.* 2 Vols. Madrid: Alianza Muchnik, 1983.

Castoriadis, C. *La institución imaginaria de la sociedad.* 2 Vols. Barcelona: Tusquets, 1989.

Certeau, M. DE. *Heterologies. Discourse on the Other.* Minneapolis: Univ. of Minnesota Press, 1986.

Cioran, E. M. *Histoire et Utopie.* Paris: Sin editor, 1960.

Cioranescu, A. *L'avenir du passé; utopie et littérature.* Paris: Gallimard, 1972.

Clastres, P. *La sociedad contra el estado.* Caracas: Monte Avila, 1978.

Cuadernos Hispanoamericanos. Los Complementarios/3. Abril 1989. Dedicado a Sarmiento.

Chavez, F. *Historicismo e iluminismo en la cultura argentina.* Bs. As.: C.E.A.L., Biblioteca argentina fundamental, Serie complementaria: Sociedad y cultura/20, 1982.

_____. *Vida del Chacho.* Bs. As.: Theoria, 1967.

Chatelet, D. y Pisier-Kouchner. *Historia del pensamiento político.* Madrid: Tecnos, 1987.

De la Vega Diaz, D. *Mitre y el Chacho.* La Rioja: 1939.

Deleuze, G. y F. Guattari. *Rizoma.* México: La red de Jonás, 1978.

_____. *Mille Plateaux.* Paris: Minuit, 1980.

De Man, P. "Autobiography as De-Facement". *The Rhetoric of Romanticism.* New York: Columbia Univ. Press, 1984. 67-81.

Derrida, J. *L'Otobiographie.* Paris: Galilée, 1984.

Didler, B. *Le journal intime*. Paris: P.U.F., 1976.

Donato, E. "The Ruins of Memory: Archeological Fragments and Textual Artifacts". *Modern Language Notes* 93 (1978): 575-596.

Donzelot, J. *La policía de las familias*. Valencia: Pre-textos, 1979.

Dubois, C. G. "Problèmes de l'utopie". Archive des Lettres modernes. Vol. 85. Paris: I. Menard, 1968. 263-266.

Duveau, G. *Sociologie de l'utopie et autres "essais"*. Paris: P.U.F., 1961.

Enzensberger, H. M. "La literatura en cuanto historia". Revista *Eco* 201 julio de 1978.

_____. ítica y delito. Barcelona: Seix Barral, 1966.

Febvre, L. "Civilisation: évolution d'un mot et d'un groupe d'idées". *Pour une histoire à part entière*. Paris: S.E.V.P.E.N., 1962.

Filogogía. XXIII.2 (1988). Homenaje a Sarmiento.

Foucault, M. *La verdad y las formas jurídicas*. México: Gedisa, 1983.

_____. *Un diálogo sobre el poder*. Madrid: Alianza, 1981.

_____. *El discurso del poder*. Bs. As.: Folios, 1983. (Presentación y selección, Oscar Terán).

_____. *Vigilar y castigar*. México: S. XXI, 1985.

_____. *Microfísica del poder*. Madrid: Las Ediciones de la Piqueta, 1980.

Freud, S. "Un recuerdo infantil de Leonardo de Vinci". *Obras Completas*. Tomo II. Bs. As.: Edic. Nuevo Mundo, 1974. 457-493.

_____. "Un recuerdo infantil de Goethe, en *Poesía y verdad*". Psicoanálisis Aplicado. *Obras Completas*. Tomo II. Bs. As.: Edic. Nuevo Mundo, 1974. 1128-1133.

_____. "Recuerdos infantiles y recuerdos encubridores". *Psicopatología de la vida cotidiana*. Tomo I. Bs. As.: Edic. Nuevo Mundo, 1974. 650-653.

Frye, N. *Anatomía de la crítica*. Caracas: Monte Avila, 1977.

Galvez, M. *Vida de Sarmiento, el hombre de autoridad*. Bs. As.: Emecé, 1945.

Gasche, R. "Self-Engendering as a Verbal Body". *Modern Language Notes* 93 (1978): 677-694.

García Merou, M. *Alberdi*. Bs. As.: Rosso Ediciones, 1939.

_____. *Sarmiento*. Bs. As.: Indiana, 1944.

Gellner, Ernest. *Nations and Nationalism*. Oxford: Basil Blackwell, 1988.

Glucksmann, A. *Le discours de la guerre*. Paris: Le Livre de Poche, 1985.

Gonzalez Echevarria, R. *The Voice of the Masters. Writing and Authority in Modern Latin American Literature*. Texas: Univ. of Texas Press, 1985.

Gossman, L. "History as Decipherment: Romantic Historiography and the Discovery of the Other" (mimeo).

_____. "History as Decipherment: Romantic Historiography and the Discovery of the Other" (mimeo).

Gramsci, A. *La política y el estado moderno.* No. 39. Barcelona: Planeta-Agostini, 1985.

Grandes y pequeños hombres del Río de la Plata. Bs. As.: Plus Ultra, 1974.

Grinberg, R. Introducción y notas. *Fragmento preliminar al estudio del derecho.* De J. B. Alberdi. Bs. As.: Biblos, 1987.

Gusdorf, G. "De l'autobiographie initiatique à l'autobiographie genre littéraire". *Revue d'histoire littéraire de la France* 6 (1975).

_____. "Conditions and Limits of Autobiography". *Autobiography: Essays Theoretical and Critical.* De J. Olney, comp. Princeton, New Jersey: Princeton University Press, 1980.

Habermas, J. *Teoría y praxis.* Bs. As.: Sur, 1966.

_____. *Historia y crítica de la opinión pública. La trasnformación estructural de la vida pública.* Barcelona: Gili, 1981.

_____. *El discurso filosófico de la modernidad.* Bs. As.: Taurus, 1989.

Halperin Donghi, T. *Una nación para el desierto argentino.* Bs. As.: C.E.A.L., 1981.

_____. "Sarmiento: su lugar en la sociedad argentina post-revolucionaria". *Sur* 341 (1977).

_____. "Lamartine en Sarmiento: *Les confidences* y la inspiración de *Recuerdos de provincia*". *Filología* XX.2 (1985): 177-189.

_____. "'Facundo' y el historicismo romántico. La estructura de 'Facundo'". *La Nación* 13 de marzo de 1955.

_____. "'Facundo'y el historicismo romántico. Civilización y barbarie". *La Nación* 23 de febrero de 1956.

_____. " 'Surgir en un día'. La búsqueda de un lugar en el mundo y las ambigüedades en un desenlace victorioso". *Filología* XXIII.2 (1988): 3-44. "Homenaje a Sarmiento".

Harshaw, B. "Fictionality and Fields of Reference. Remarks on a Theoretical Framework". *Poetics Today* 5.2 (1984): 227-251.

Hart, F. "Notes for an Anatomy of Modern Autobiography". *New Literary History* 1 (1970): 485-511.

Hawking, S.W. *Historia del tiempo. Del Big Bang a los agujeros negros.* Bs. As.: Edit. Crítica, 1988.

Hegel, G.W.F. *Principios de la filosofía del derecho.* Bs. As.: Sudamericana, 1975.

_____. *Lecciones sobre la filosofía de la historia universal.* Madrid: Edic. de la Univ. de Puerto Rico, Rev. de Occidente, 1953.

Henriquez Ureña, P. "Perfil de Sarmiento". *Las corrientes literarias en la América Hispánica.* México: F.C.E., 1949.

Hipp, M. T. *Mythes et réalités.* Paris: Klincksieck, 1976.

Hobsbawm, E. J. *Bandidos*. Barcelona: Ariel, 1976.

Horkheimer, M. y T. Adorno. *Dialéctica del iluminismo*. Bs. As.: Sur, 1969.

Horkheimer, M. *Crítica de la razón instrumental*. Bs. As.: Sur, 1973.

_____. *Teoría crítica*. Barcelona: Barral Edit., 1973.

_____. "Prejuicio y carácter"; "El psicoanálisis desde el punto de vista de la sociología". *Sociedad en transición: estudios de filosofía social*. No. 60. Barcelona: Planeta-Agostini, 1986.

Horowitz, I. "Autobiography as the Presentation of Self for Social Inmortality". *New Literary History* XI.I (automne 1977): 173-177.

_____ y otros. *Historia y elementos de la sociología del conocimiento*. Bs. As.: Eudeba, 1969.

Howarth, W. "Some principles of Autobiography". *Autobiography: Essays Theoretical and Critical*. De James Olney. Princeton: Princeton University Press, 1980. 85-114.

Ingenieros, J. "Las ideas sociológicas de Sarmiento". *Sociología argentina*. Bs. As.: 1918.

Jameson, F. "Of Islands and Trenches Neutralization and the Production of Utopian Discourse". *The Ideology of Theory. Essays 1971-1986* Vol. 2. Minneapolis: Univ. of Minnesota Press, 1988.

_____. "Third-World Literature in the Era of Multinational Capitalism". *Social Text* 19.5 (1986): 65-98.

Jitrik, N. *Muerte y resurrección de Facundo*. Bs. As.: C.E.A.L., 1968.

Kantorowicz, E. *Mourir pour la patrie*. Paris: P.U.F., 1984.

Katra, W. *Domingo Faustino Sarmiento, Public Writer (Between 1839 and 1852)*. Arizona: Center for Latin American Studies, Arizona State Univ., 1985.

Keeney, B. *Estética del cambio*. Bs. As.: Paidós, 1987.

Kelsen, H. *Teoría pura del derecho*. Bs. As.: Eudeba, 1966.

Kliemt, H. *Filosofía del Estado y criterios de legitimidad*. Barcelona: Edit. Alfa, 1984.

Kolnay, A. "La mentalité utopienne". *La Table Ronde* 153 (1960).

Kritzman, L. "Autobiography: Readers and Texts". *Disposition* IV.10 (1979): 117-121.

Lacay, C. *Sarmiento y la formación de la ideología de la clase dominante*. Bs. As.: Edit. Contrapunto, 1986.

Landsberg y otros. *Proceso al azar*. Barcelona: Tusquets, Superínfimos 7, 1986.

Lapouge, G. *Utopie et civilisations*. Paris: Weber, 1973.

"L'autobiographie". *Revue d'histoire Litteraire de France*. 6 (nov.-déc. 1975).

"Le discours juridique: analyses et méthodes". *Langages* 12.53 (mars 1979).

Leigh, J. "The Figure of Autobiography". *Modern Language Notes* 93 (1978): 733-749.

Lefort, C. "Esbozo de una génesis de la ideología en las sociedades modernas". *Las formas de la historia. Ensayos de antropología política*. México: F.C.E., 1988.

Legendre, P. *El amor del censor*. Barcelona: Anagrama, 1979.

_____ y otros. *El discurso jurídico. Perspectiva psicoanalítica y otros abordajes epistemológicos*. Bs. As.: Hachette, 1982.

Lejeune, Ph. "Autobiography in the Third Person". *New Literary History* 9 (1977): 27-50.

_____. *L'autobiographie en France*. Paris: Librairie Armand Colin, Colection V2, 1971.

_____. *Le pacte autobiographique*. Paris: Seuil, 1975.

_____. *Je est un autre. L'autobiographie de la littérature aux médias*. Paris: Seuil, 1980.

Lida, R. "Sarmiento y Herder". Sobretiro de la Memoria del Segundo Congreso Internacional de catedráticos de Literatura Iberoamericana. Los Angeles, California, 1940.

"Lieux de l'utopie". *Litterature*. 21 (février 1976).

Lotman, J. *Estructura del texto artístico*. Madrid: Istmo, 1970.

_____. "Tesi sull'arte come sistema secondario di modellizzazione". *Semiotica e Cultura*. Eds. J. Lotman y B. Uspenskij. Milano-Napoli: Riccardo Ricciardi Editore, 1975.

Lugones, L. *Historia de Sarmiento*. Bs. As.: Academia Argentina de Letras, 1988.

Lynch, J. *Juan Manuel de Rosas*. No. 46. Bs. As.: Hyspamérica, Biblioteca Argentina de Historia y Política, 1986.

Lyotard, J. F. *La condition postmoderne*. Paris: Les Editions de Minuit, 1979.

Ludmer, J. *El género gauchesco. Un tratado sobre la patria*. Bs. As.: Sudamericana, 1988.

Mannheim, K. *Ideología y utopía*. Madrid: Aguilar, Cultura e Historia, 1973.

Manuel, F. y F. Manuel. *El pensamiento utópico en el mundo occidental*. Vol. III. Madrid: Taurus, 1981.

Manuel, F. *Utopía y pensamiento utópico*. Madrid: Espasa-Calpe, 1982.

Maravall, J. A. "La palabra civilización y su sentido en el siglo XVIII". *Actas del V Congreso Internacional de Hispanistas*. Bordeaux, 1977.

Marcuse, H. *El fin de la utopía*. Bs. As.: S. XXI, 1969.

_____. *Eros y Civilización*. Barcelona: Ariel, 1981.

Mari, E. y otros. *Derecho y psicoanálisis. Teoría de las ficciones y función dogmática*. Bs. As.: Hachette, 1987.

Marin, L. "The Autobiographical Interruption: About Stendhal's *Life of Henry Brulard*". *Modern Language Notes* 93 (1978): 597-617.

Marin, L. "The Autobiographical Interruption: About Stendhal's *Life of Henry Brulard*". *Modern Language Notes* 93 (1978): 597-617.

_____. *Utópicas: juegos de espacios*. Madrid: S. XXI, 1975.

Martínez Estrada, E. *Sarmiento*. Bs. As.: Argos, 1946.

Matamoro, B. "La (re)generación del 37". *Punto de Vista* IX.28 (nov. 1986): 40-43.

May, G. *La autobiografía*. México: F.C.E., Breviarios, 1982.

Mayer, J. *Alberdi y su tiempo*. Bs. As.: Eudeba, 1963.

Misch, G. "El problema de la verdad en la autobiografía". *Revista del Instituto de Filosofía de la Universidad Nacional de Córdoba*. 1957.

Molloy, S. "Aspectos del discurso autobiográfico en la Argentina". *Actas del XXIII Congreso del Instituto Internacional de Literatura Iberoamericana*. París, (mimeo).

_____. "Sarmiento, lector de sí mismo en Recuerdos de provincia". *Revista Iberoamericana* 143 (abril-junio 1988): 407-418.

Moreau, P. *Le récit utopique*. Paris: P.U.F., 1982.

Morson, G.S. *The Bounderies of Genre. Dostoievsky's Diary of a Writer and the Traditions of Literary Utopia*. Austin: Univ. of Texas Press, 1981.

Mucchielli, R. *Le Mythe de la Cité idéale*. Paris: P.U.F., 1961.

New Literary History IX.I (Autumn 1977).

Newmann, B. *La identidad personal: autonomía y sumisión*. Bs. As.: Sur, 1973.

Oszlak, O. *La formación del estado argentino*. Bs. As.: Edit. Belgrano, 1982.

Pages Larraya, A. *Prosas de Martín Fierro*. Bs. As.: Raigal, 1952.

Palcos, A. Prólogo. *Facundo*. 2 Ediciones. Bs. As.: Edic. Culturales Argentinas, 1962.

Pavel, Th. *Univers de la fiction*. Paris: Du Seuil, 1988.

Paz, J. M. *Memorias póstumas. Guerras civiles*. Bs. As.: Albatros, 1945.

Poetique 56 (1983).

Peña, D. Alberdi. *Los Mitristas y la Guerra de la Triple Alianza*. Bs. As.: Peña Lillo, 1965.

Popolizio, E. *Alberdi*. Bs. As.: Hachette, 1960.

Prieto, A. *La literatura autobiogáfica en la argentina*. Bs. As.: C.E.A.L., Biblioteca argentina fundamental, Serie complementaria: Sociedad y cultura/6., 1982.

Prigogine, I. *¿Tan sólo una ilusión? Una exploración del caos al orden*. Barcelona: Tusquets, Cuadernos Infimos 111, 1983.

Rama, A. *La ciudad letrada*. Hanover: Ediciones del Norte, 1984.

Reisz de Rivarola, S. "Predicación metafórica y discurso simbólico". *Lexis* I (1977) 51-100.

Renza, L. "The Veto of Imagination: A Theory of Autobiography". *New Literary History* 9 (1977): 1-26.

Rest, J. *El cuarto en el recoveco.* Bs. As.: C.E.A.L., Biblioteca argentina fundamental, Serie complementaria: Sociedad y cultura/10, 1982.

Ricoeur, P. *Ideología y utopía.* Madrid: Gedisa, 1989.

Rodríguez Molas, R. *Historia social del gaucho.* Bs. As.: C.E.A.L., Capítulo, Biblioteca argentina fundamental, Serie complementaria: Sociedad y cultura/11.

Rojas, R. "Sarmiento". *La literatura argentina.* Tomo III. Bs. As.: Edit. La Facultad, 1920.

Romero, J.L. *Las ideologías de la cultura nacional y otros ensayos.* Bs. As.: C.E.A.L., Biblioteca argentina fundamental, Serie complementaria: Sociedad y cultura/3, 1982.

Ruyer, R. *L'Utopie et les utopies.* Paris: P.U.F., 1950.

Salomon, N. *Realidad, ideología y literatura en el "Facundo" de Domingo Faustino Sarmiento.* Amsterdam: (BHEA), Rodopi, 1984.

Sarlo, B. "Una vida ejemplar: la estrategia de Recuerdos de provincia". *Literatura y sociedad.* De C. Altamirano y B. Sarlo. Bs. As.: Hachette, 1983.

Sarmiento, D.F. "Segunda contestación a un Quidam". *Artículos críticos y literarios.* Tomo I. Bs. As: O.C., Edit. Luz del Día, 1948. 223.

_____. *Recuerdos de provincia.* Tomo III. Bs. As.: O.C., Edit. Luz del Día, 1948.

_____. *Conflicto y armonías de las razas en América.* Tomo XXXVII. Bs. As.: O.C., Edit. Luz del Día, 1953).

_____. *Viajes por Europa, Africa y América.* Tomo V. Bs. As.: O.C., Edit. Luz del Día, 1949.

_____. *Discursos parlamentarios.* Tomo XX. Bs. As.: O.C., Edit. Luz del Día, 1950.

_____. "Las novelas". *El Nacional* 14 de abril de 1856; *Páginas literarias.* Tomo XLVI. Bs. As.: O.C., Edit. Luz del Día, 1953.

_____. *Juan Facundo Quiroga.* Tomo VII. Bs. As.: O.C., Edit. Luz del Día, 1949.

_____. "Investigaciones". *Progreso* 27 de septiembre de 1844.

_____. *El Chacho. Ultimo caudillo de la montonera de los Llanos.* Tomo VII. Bs. As.: O.C., Edit. Luz del Día, 1949.

_____. *El general fray Félix Aldao.* Tomo VII. Bs. As.: O.C., Edit. Luz del Día, 1949.

_____. "Uditi o rustici". *El Diario* 2 de mayo de 1888.

_____. *Artículos críticos y literarios.* Tomo II. Bs. As.: Edit. Luz del Día, 1948.

_____. "*Facundo* o Civiltà o barbarie". *El Nacional* 22 de septiembre de 1881. *Páginas literarias.* Tomo XLVI. Bs. As.: O.C., Edit. Luz del Día, 1953.

_____. "De las biografías". *Mercurio* 20 de marzo de 1844. *Artículos críticos y literarios.* Tomo I. Bs. As.: Edit. Luz del Día, 1948.

Sennett, R. *El declive del hombre público.* Barcelona: Península, 1978.

_____. *La autoridad.* Madrid: Alianza, 1982.

Servier, J. *L'utopie*. Paris: P.U.F., 1979. "Que sais-je?".

Starobinsky, J. *La relación crítica*. Madrid: Taurus, 1974.

Teran, O. *Alberdi póstumo*. Bs. As.: Puntosur, 1988.

Thom, R. *Parábolas y catástrofes*. Barcelona: Tusquets, Superínfimos 5, 1985.

Torres Rivas, E. "La nación: problemas teóricos e históricos". *Estado y política en América Latina*. Ed. N. Lechner. México: S. XXI, 1988.

Vance, E. "Le moi comme langage". *Poétique* 14 (1973).

Verdevoye, P. *D.F. Sarmiento, éducateur et publiciste (entre 1839 et 1852)*. Paris: Institut des hautes études de l'Amérique latine, Université de Paris, 1963.

Victorica, J. *Urquiza y Mitre*. No. 30. Bs. As.: Hyspamérica, Biblioteca argentina de historia y política, 1986.

Vignaux, G. *La argumentación. Ensayo de lógica discursiva*. Bs. As.: Hachette, 1986.

_____. "Le discours juridique: analyses et méthodes". *Langages* 53 (mars 1979).

Viñas, D. *De Sarmiento a Cortázar*. Bs. As.: S. XXI, 1971.

_____. *Indios, ejército y frontera*. Argentina: S. XXI, 1982.

Voloshinov, V. *El signo ideológico y la filosofía del lenguaje*. Bs. As.: Nueva Visión, 1976.

Von Bertalanffy, L. *Perspectivas en la teoría general de sistemas*. Madrid: Alianza, 1982.

Wagensberg, J. *Ideas sobre la complejidad del mundo*. Barcelona: Tusquets, Superínfimos 3, 1985.

Wainberg, F. *El salón literario*. Bs. As.: Hachette, 1958.

Weber, M. *Política y ciencia*. Bs. As.: Leviatán, 1985.

White, H. *Tropics of Discourse. Essays in Cultural Criticism*. Baltimore: The Johns Hopkins University Press, 1985.

Wittgenstein, L. *Tractatus logico-philosophicus*. Madrid: Alianza, 1984.

Zalazar, D. *La evolución de las ideas de Domingo F. Sarmiento*. New Jersey: Slusa, 1986.

Zumthor, Paul. *Essai de poétique mediévale*. Paris: Du Seuil, Col. Poétique, 1972.

_____. "Autobiographie au Moyen Age". *Langue, Texte, Enigme*. Paris: Du Seuil, Col. Poétique, 1975.

TESTIMONIOS GRÁFICOS

ÍNDICE DE ILUSTRACIONES

1. Retrato de Domingo Faustino Sarmiento en Chile. Sostiene un ejemplar de El Argirópolis.

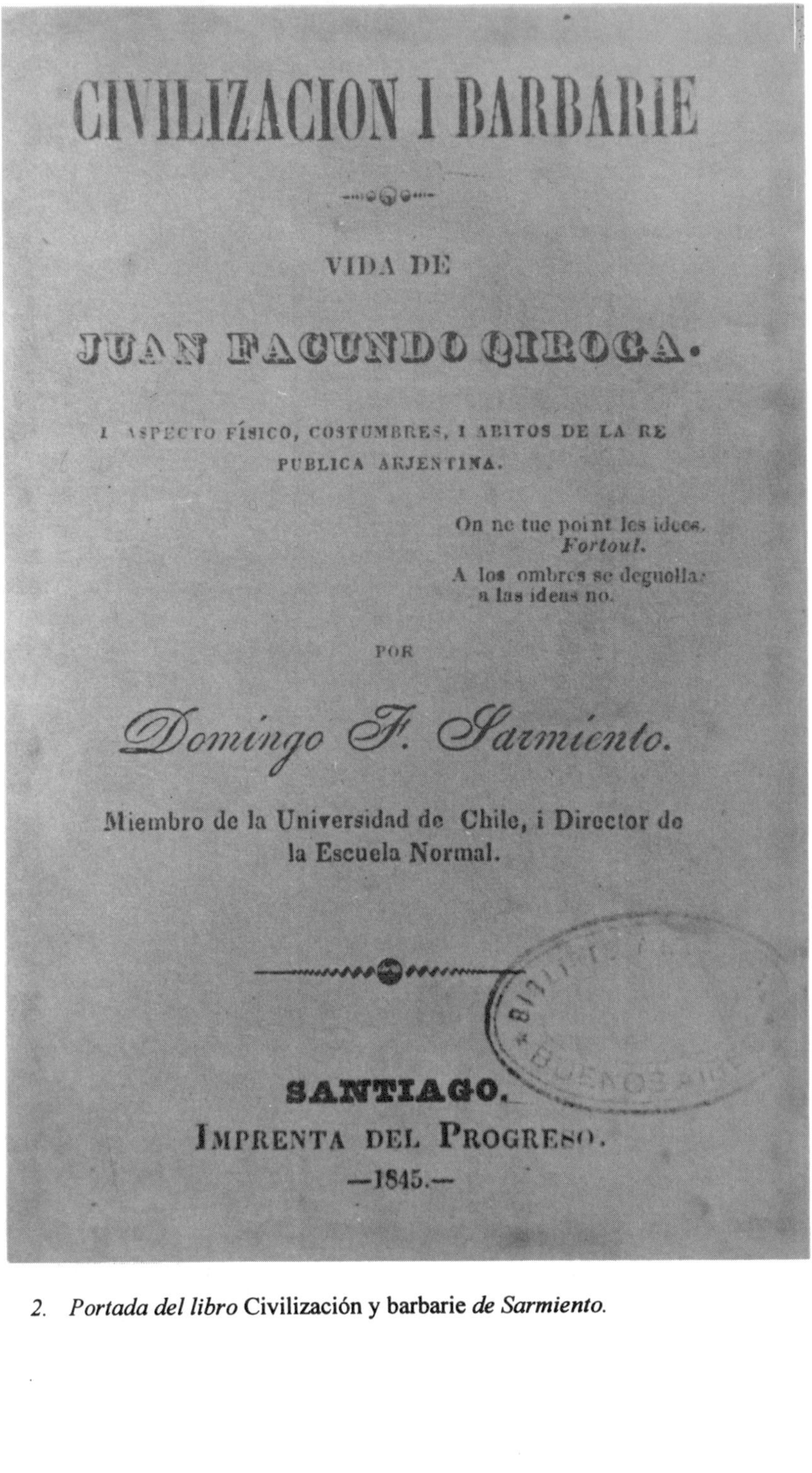

CIVILIZACION I BARBARIE

VIDA DE

JUAN FACUNDO QIROGA.

I ASPECTO FÍSICO, COSTUMBRES, I ABITOS DE LA REPUBLICA ARJENTINA.

On ne tue point les idées.
Fortoul.

A los ombres se deguella:
a las ideas no.

POR

Domingo F. Sarmiento.

Miembro de la Universidad de Chile, i Director de la Escuela Normal.

SANTIAGO.

IMPRENTA DEL PROGRESO.

—1845.—

2. *Portada del libro* Civilización y barbarie *de Sarmiento.*

3. *Juan Bautista Alberdi en su juventud.*
Oleo realizado por Carlos Pellegrini en 1832.

4. J. B. Alberdi participó en la fundación de la Asociación de Mayo y le tocó redactar la decimotercera palabra simbólica del Dogma Socialista.

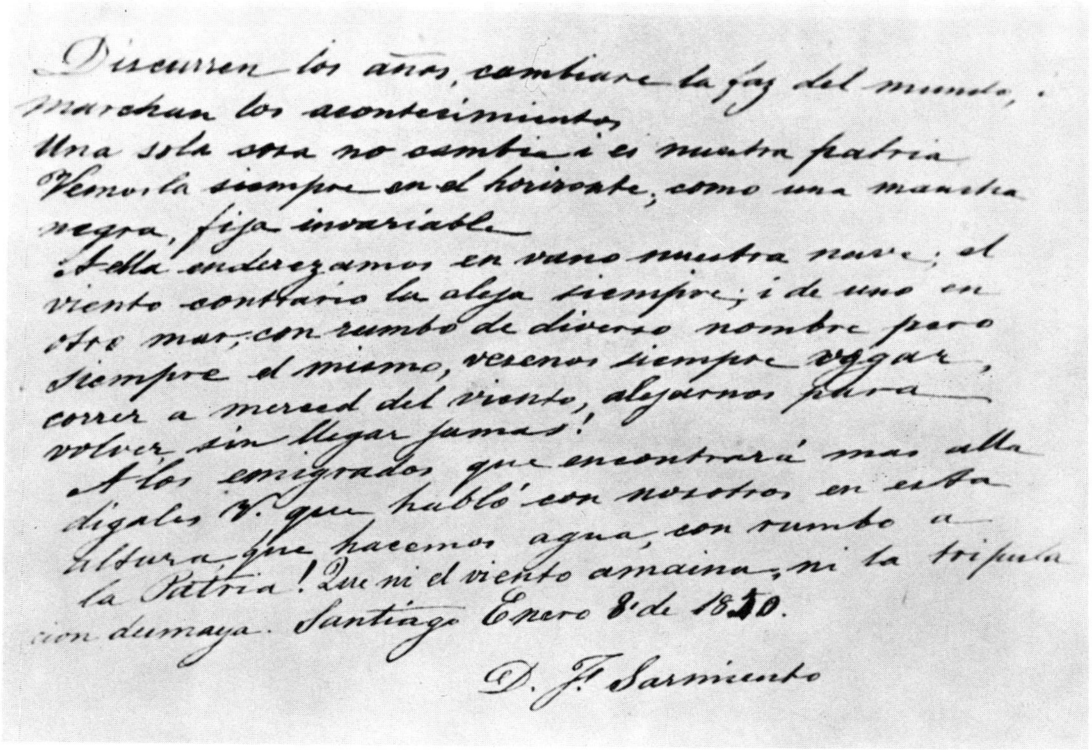

Discurren los años, cambiase la faz del mundo,
marchan los acontecimientos,
Una sola cosa no cambia i es nuestra patria
Vémosla siempre en el horizonte, como una mancha
negra, fija invariable
¡Allá enderezamos en vano nuestra nave; el
viento contrario la aleja siempre; i de uno en
otro mar, con rumbo de diverso nombre pero
siempre el mismo, veremos siempre vagar,
correr a merced del viento, alejarnos para
volver sin llegar jamas!
A los emigrados que encontrará mas allá
dígales V. que habló con nosotros en esta
altura que hacemos agua, con rumbo a
la Patria! Que ni el viento amaina, ni la tripula
cion desmaya. Santiago Enero 8 de 1850.

D. F. Sarmiento

5. *Fragmento de una carta de Sarmiento al general Alvarez Thomas.*

6. *La iglesia Matriz de Montevideo. Litografía de 1839 por Adolfo D'Hastrel. Colección González Garaño.*

7. *Retrato de Juan Bautista Alberdi en Chile.*

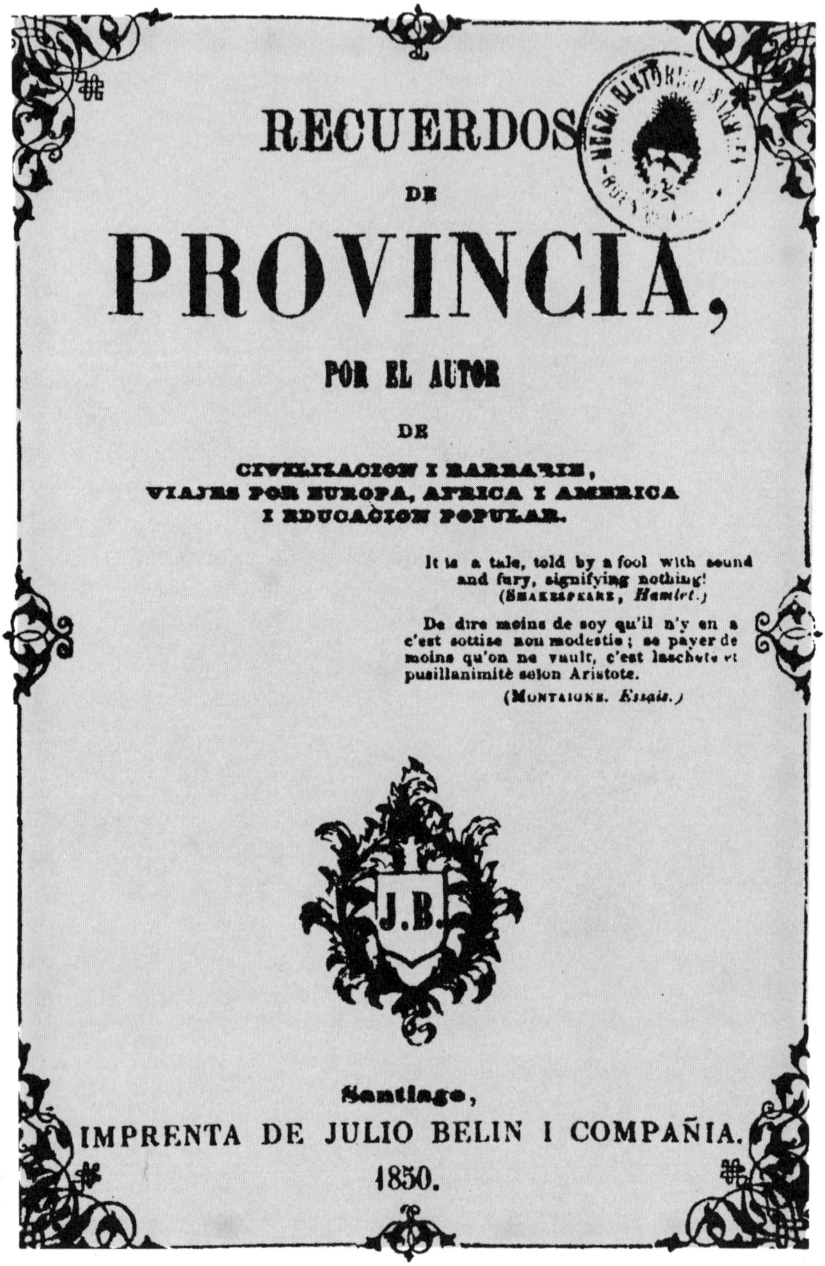

RECUERDOS

DE

PROVINCIA,

POR EL AUTOR

DE

CIVILIZACION I BARBARIE,
VIAJES POR EUROPA, AFRICA I AMERICA
I EDUCACION POPULAR.

It is a tale, told by a fool with sound and fury, signifying nothing!
(SHAKESPEARE, *Hamlet.*)

De dire moins de soy qu'il n'y en a c'est sottise non modestie; se payer de moins qu'on ne vault, c'est lascheté et pusillanimité selon Aristote.
(MONTAIGNE. *Essais.*)

J.B.

Santiago,
IMPRENTA DE JULIO BELIN I COMPAÑIA.
1850.

8. *Portada de la edición príncipe de* Recuerdos de Provincia.
Ejemplar que se conserva en el Museo Histórico Sarmiento.

ANALES

DE LA

UNIVERSIDAD DE CHILE,

CORRESPONDIENTES

AL AÑO DE 1843 I AL DE 1844.

SANTIAGO,

IMPRENTA DEL SIGLO.

—Octubre de 1846.—

9. *Portada del volumen de* Anales de la Universidad de Chile *correspondiente al período 1843-1844 y que contiene la* Memoria *presentada por Juan Bautista Alberdi para revalidar el título de abogado que obtuviera en el Uruguay.*

MEMORIA

sobre la conveniencia i objetos de un congreso jeneral americano, leida ante la facultad de leyes de la Universidad de Chile para obtener el grado de licenciado, por J. B. Alberdi, abogado en la República del Uruguai.

Los congresos jenerales, a dicho el abate De-Pradt, son en materias políticas, lo qe las juntas de médicos en la curacion de las enfermedades. Sus dictámenes pueden carecer de eficacia i acierto; pero su reunion supone siempre la presencia de un mal. Un mal estar social i político aflije efectivamente a los pueblos de Sud-América desde qe disuelto el antiguo edificio de su vida jeneral, trabajan i conspiran por el establecimiento del qe debe sucederle. Todos sienten qe las cosas no están como deben estar: una necesidad vaga de mejor órden de cosas se ace esperimentar en todos los espíritus. Exuberantes de juventud i fuerzas de vitalidad, dotados de una compleccion sana i vigorosa, nuestros pueblos abrigan necesariamente la esperanza de su curacion en el mal de qe se sienten poseidos. E aqí, señores, la situacion i espíritu qe an excitado constantemente a los pueblos de Sud-América desde el principio de su emancipacion a ablar de la convocacion de un congreso jeneral o continental: i a fé señores qe los pueblos de Sud-América no se eqivocan cuando llevan su vista a este medio curativo de sus padecimientos. Una enfermedad social los aflije. Este echo es real. Las naciones no están sujetas a esas dolencias nerviosas qe a veces acen sentir males qe no existen. Los pueblos ambicionan salir de este estado i a fé, señores, qe tienen razon. Ellos se fijan en la necesidad de una gran junta medical, de un congreso organizador continental, como en uno de los medios de arribar al fin deseado, i es mi creencia, señores, qe tampoco se eqivocan en este punto. Los Estados Americanos no piensan; ni an pensado jamas, qe la reunion de una asamblea semejante pueda ser capaz de sacarlos por sus solos trabajos del estado en qe se encuentran: pero creen qe entre los muchos medios de susceptible aplicacion a la estirpacion de los males de carácter jeneral, uno de los mas eficaces puede ser la reunion de la América en un punto i en un momento dados para darse cuenta de su situacion jeneral, de sus dolencias i de los medios qe en la asociacion de sus esfuerzos pudieran encontrarse para cambiarla en un sentido ventajoso.

10. Primera página de la Memoria *de Juan Bautista Alberdi que contiene los fundamentos del Panamericanismo del que fue un legítimo precursor.*

11. Daguerrotipo de Domingo F. Sarmiento en su época de Gobernador de San Juan.

PEREGRINACION

DE

LUZ DEL DIA

Ó

VIAJE Y AVENTURAS DE LA VERDAD

EN EL NUEVO MUNDO

CUENTO

PUBLICADO POR A''.

MIEMBRO CORRESPONDIENTE DE LA ACADEMIA ESPAÑOLA.

BUENOS AIRES

CÁRLOS CASAVALLE, EDITOR

IMPRENTA Y LIBRERÍA DE MAYO

241, CALLE DE MORENO Y CALLE DEL PERÚ, 64

Propiedad del autor.

12. *Portada de la primera edición de* Luz del día, *escrita en 1871, que Juan Bautista Alberdi publicara anónimamente en Europa.*

13. Aspecto que presentaba la Casa Blanca cuando Sarmiento visitó por segunda vez la ciudad de Washington, D.C., como ministro plenipotenciario de la Legación Argentina en 1865 (National Archives).

14. Al final de la calle, del lado derecho, el edificio del Capitolio. A la izquierda de la fotografía se observa el aspecto que presentaba en 1865 la antigua estación del ferrocarril Baltimore-Ohio, puerto de entrada y salida de quienes visitaban Washington, D.C. y que Sarmiento alude en su libro de Viajes. *Detrás del edificio de la estación se ve una gran casa residencial, con cuatro chimeneas, originalmente edificada por George Washington en 1798. (National Archives).*

15. Sarmiento en la Legación Argentina en la ciudad de Washington, D.C., en 1865. Aparece acompañado, de izquierda a derecha, por Albac, Salcedo, Juan Lavalle y Bartolomé Mitre y Vedia.

16. La admiración de Sarmiento por el presidente Abraham Lincoln lo llevó a escribir una certera biografía donde subraya la sencillez y grandeza de la desaparecida figura (Library of Congress).

17. Juan Bautista Alberdi. Daguerrotipo de sus años de vida en Francia.

18. Aspecto que presentaba el Cabildo de Buenos Aires al comenzar la década de 1880. Dibujo de D. Lancelot.

19. Sarmiento como presidente de la República.

20. Imagen de Sarmiento, parte de una colección de postales antiguas.

21. Expresiva fotografía de Juan Bautista Alberdi en su ancianidad.

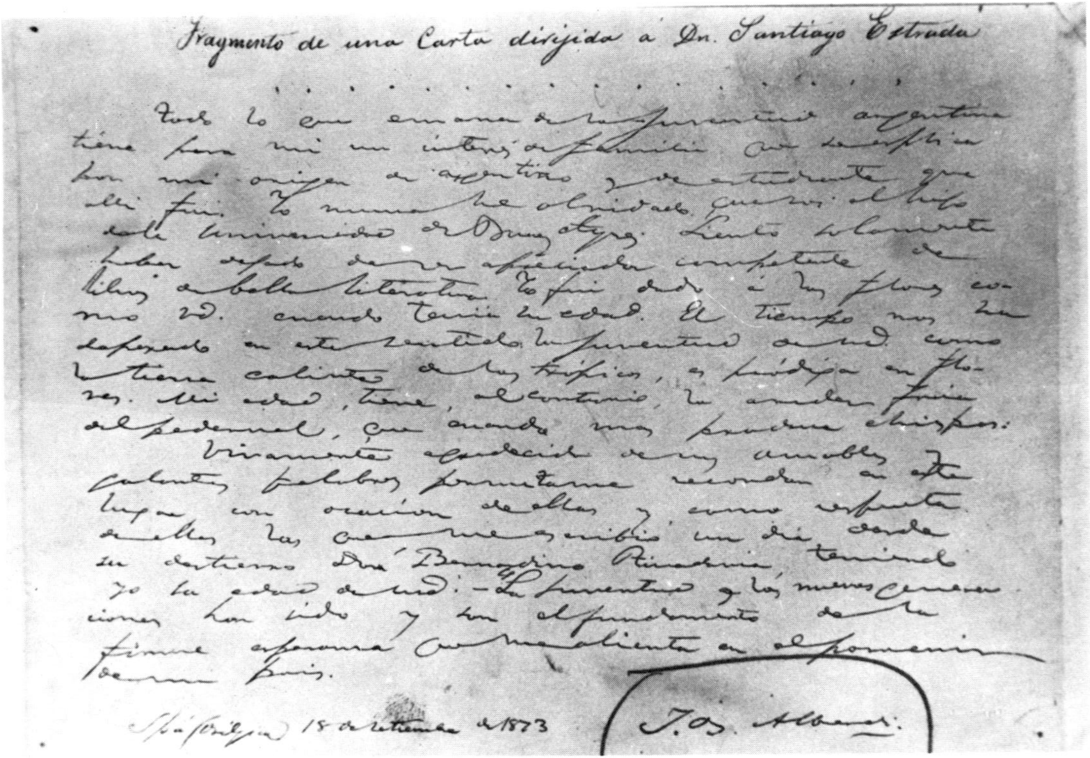

Fragmento de una Carta dirijida á Dn. Santiago Estrada

. . . .

Todo lo que emana de la juventud argentina tiene para mi un interes de familia que se explica por mi origen de argentino y de estudiante que alli fui. Yo nunca he olvidado que fui el hijo de la Universidad de Buenos Ayres. Siento solamente haber dejado de ser apreciador competente de libros de bella literatura. Yo fui dado á las flores como Vd. cuando tenia su edad. El tiempo nos ha separado en este sentido. La juventud de Vd. como la tierra caliente de los tropicos, es prodiga en flores. Mi edad, tiene, al contrario, la aridez fria del pedernal, que cuando mas produce chispas.

Vivamente agradecido de sus amables y galantes palabras permitame recordar en este lugar con ocasion de ellas y como respuesta á ellas las que me escribio un dia desde su destierro Dn. Bernardino Rivadavia teniendo yo la edad de Vd.: — La juventud y las nuevas generaciones han sido y son el fundamento de la firme esperanza que me alienta en el porvenir de mi pais.

[illegible] 18 de setiembre de 1873

J. B. Alberdi

22. *Fragmento de una carta de Juan Bautista Alberdi dirigida a Santiago Estrada en 1873.*

Colección INTERAMER / *INTERAMER Collection*

Los estudios y trabajos que integran la colección INTERAMER tienen por finalidad poner al alcance del lector temas vinculados con el desarrollo socio-educativo y cultural que se produce en nuestra región. Se dirige tanto a docentes e investigadores como a público en general interesado en la presentación condensada de conocimientos indispensables para la comprensión crítica de problemas de nuestra región. La serie no se limita a una época, a una problemática o a una escuela de pensamiento y presenta obras que forman una biblioteca de consulta y orientación en torno a la educación y la cultura de nuestro tiempo.

The objective of the research and studies that comprise the INTERAMER series is to inform the reader of themes related to socio-educational and cultural developments in the Region. INTERAMER is directed to educators, researchers, and to the general public, all of whom may be interested in a condensed presentation of knowledge that is critical to the understanding of our Region's problems. The series is not limited to an era, a single problem, or to a school of thought, but rather, to a larger extent, presents studies that can be used as consultative material regarding education and culture of our time.

INTERAMER No.

21. *Los sistemas de educación superior en los países del MERCOSUR: Elementos fundamentales y bases para su integración*
    Enrique Saravia, ISBN 0-8270-3125-4 — $8.00

22. *Un huracán llamado progreso: Utopía y autobiografía en Sarmiento y Alberdi*
    Adriana Rodríguez Pérsico, ISBN 0-8270-3158-0 — $18.00

23. *Azul... de Rubén Darío: Nuevas perspectivas*
    Jorge Eduardo Arellano, ISBN 0-8270-3176-9 — $10.00

24. *Indicadores de la comprensión lectora*
    Margarita Gómez-Palacio, ISBN 0-8270-3167-X — $10.00

25. *¿Pedagogía masculina - educación femenina?*
    Winfried Böhm, ISBN 0-8270-3169-6 — $12.00

26. *La iconografía musical latinoamericana en el renacimiento y en el barroco: Importancia y pautas para su estudio (Spanish and English)*
    Rosario Alvarez, ISBN 0-8270-3177-7 — $8.00

27. *Escuela, fracaso y pobreza: Cómo salir del círculo vicioso*
    Inés Aguerrondo, ISBN 0-8270-3168-8 — $12.00

28. *La educación ambiental se enraiza en el continente*
    Marco A. Encalada, ISBN 0-8270-3172-6 — $8.00

29. *La enseñanza de la historia*
Josefina Zoraida Vázquez y Pilar G. Aizpuru, comps.,
ISBN 0-8270-3174-2 $14.00

30. *El español en el nuevo mundo: Estudios sobre historia lingística hispanoamericana*
María Beatriz Fontanella de Weinberg, comp.,
ISBN 0-8270-3170-X $12.00

31. *La educación para el trabajo en el MERCOSUR: Situación y desafíos*
María Antonia Gallart, ISBN 0-8270-3283-8 $12.00

32. *Hacia una mejor calidad de nuestras escuelas*
Sylvia Schmelkes, ISBN 0-8270-3300-1 $12.00

33. *Gabriela Mistral: An Artist and Her People*
Elizabeth Horan, ISBN 0-8270-3277-3 $14.00

34. *Colombia: Literatura y cultura del siglo XX*
Isabel Rodríguez Vergara, ed., ISBN 0-8270-3276-5 $18.00

35. *The Legal Framework of Education in the Organization of Eastern Caribbean States*
Kenny D. Anthony, ISBN 0-8270-3301-X $10.00

36. *Oficio crítico: Notas de introducción a la literatura hispanoamericana*
David Lagmanovich, ISBN 0-8270-3287-0 $14.00

37. *Education, Equity and Economic Competitiveness in the Americas. Volume I: Key Issues*
Jeffrey Puryear and José Joaquín Brunner, eds.
ISBN 0-8270-3314-1 $12.00

38. *Lectura y vida*
María Elena Rodríguez, comp., ISBN 0-8270-3173-4 $12.00

39. *Adquisición de la lengua escrita*
María Elena Rodríguez, comp., ISBN 0-8270-3367-2 $14.00

40. *Educación, equidad y competitividad económica en las Américas. Volumen II: Estudios de caso*
Jeffrey Puryear and José Joaquín Brunner, eds.
ISBN 0-8270-3315-X $22.00

41. *Theory, Practice, and the Education of the Person*
Winfried Böhm, ISBN 0-8270-3423-7 $16.00

42. *La idea de universidad*
Mónica Luque, ISBN 0-8270-3285-4 $18.00

43. *Educación y medio ambiente en los países Andinos*
Beatrice Edwards, ed., ISBN 0-8270-3284-6 $16.00

44. *Etnia y nación, Vol. I*
George de Cerqueira Leite Zarur, comp.,
ISBN 0-2870-3286-6 In Press

45. *Etnia y nación, Vol. II*
George de Cerqueira Leite Zarur, comp.,
ISBN 0-2870-3424-5 In Press

46. *Educación y justicia: Términos de una paradoja*
Pablo Latapí, ISBN 0-8270-3380-X $14.00

47. *Nuevas perspectivas de planificación educativa*
Carlos Múñoz Izquierdo, ISBN 0-8270-3379-6 In Press

48. *Arquitectura vernacular en Panamá*
Julio E. Mora Saucedo, et al., ISBN 0-8270-3278-1 $14.00

49. *Aportes para una pedagogía de la persona*
Giuseppe Flores d'Arcais, ISBN 0-8270-3425-3 $12.00

50. *El puente de las palabras:*
Homenaje a David Lagmanovich
Ines Azar, ed., ISBN 0-8270-3302-8 $24.00

Para adquirir algunas de estas publicaciones, haga su pedido adjuntando un cheque (personal o bancario) a orden de la OEA a la siguiente dirección:

Departamento de Asuntos Educativos
Centro Editorial
1889 "F" Street, NW
Washington, DC 20006
USA

To order any of these publications, please make your check (personal or bank) payable to the OAS and send to:

Department of Educational Affairs
Editorial Center
1889 "F" Street, NW
Washington, DC 20006
USA